Hye Won World Best

Hye Won World Best

Hye Won World Best

Hye Won World Best

Hye Won World Best 10

明心寶鑑
명심보감

황병국 역해

惠園出版社

일러두기

- 이 책은 예부터 전해 내려오는 명심보감 초략본과 염의편까지의 증보편을 저본으로 전편을 모두 번역 수록했다.
- 이 책은 한글역(譯), 원문(原文), 주(註), 해의(解義)의 순으로 배열했다.
- 번역은 현대적 감각에 맞게 의역한 곳도 있으나 가능한 원문에 가깝도록 노력했다.
- 원문에는 독음(讀音)을 달아 이해를 도왔으며 토(吐)는 고토를 그대로 썼다.
- 해의를 통해 본문이 전달하고자 하는 의미를 좀더 상세히 보충하는 데 힘썼다.

머리말

　현대를 가리켜 흔히 가치 부재의 시대라고 말한다. 오랜 세기에 걸쳐 우리의 정신적 버팀목이 되어 왔던 전통적 가치관은 흔들리다 못해 뿌리째 뽑혀 표류하고 있다는 탄식의 소리가 자못 높다. 하긴 요즈음 돌아가는 세태 —— 팽배하는 배금사상, 이미 마지노 선을 지나 무너져 버린 상하의 의리와 질서, 인간성 회복은 꿈이 아닐까 싶게 만신창이가 된 윤리도덕의 상실 —— 등을 보고 있노라면 누구라도 한번쯤 그런 탄식을 하지 않을 수 없는 것이 현실이기도 하다.
　그러나 우리는 이러한 가치 부재의 현상을 개탄하고만 있을 수는 없다. 어떤 방법으로든 우리의 전통적 도덕규범과 이에 합치되는 가치관을 확립하여 실종된 삶의 참의미를 일깨워 주어야 한다.
　그 방법 중의 하나를 고전읽기운동에서 찾아볼 수 있을 것이다. 동양의 여러 고전에는 바로 한 세기 전까지만 해도 우리의 영혼에 밝은 등불이 되어 주던 참진리가 고스란히 담겨 있다. 이 영혼의 등불을 따라 길을 밝힐 때 우리는 비로소 진정한 의미의 인간성 회복을 꿈꿀 수 있을 것이다.
　동양의 여러 고전 중에서도 명심보감은 특히 고금을 통해 널리 알려지고 폭넓게 읽혀진 책의 하나이다. 명심보감이 담고 있는, 수천 년간 차곡차곡 쌓아온 자연과 인생에 대한 격조높은 생활철학은 어느 것 하나 동양정신의 향기로운 진수를 간직하고 있지 않은 것이 없다.
　마음을 밝히는 보배로운 거울 앞에서 현재의 자신의 모습을 돌아보고 아픈 반성과 자기성찰을 할 때 우리는 비로소 가치 부재의 혼돈에서 벗어나 참된 삶의 길을 똑바로 바라볼 수 있을 것이다.

차 례

머리말
일러두기
명심보감 해제 ············ 13
계선편(繼善篇) ············ 19
천명편(天命篇) ············ 29
순명편(順命篇) ············ 35
효행편(孝行篇) ············ 41
정기편(正己篇) ············ 47
안분편(安分篇) ············ 75
존심편(存心篇) ············ 81
계성편(戒性篇) ············ 101
근학편(勤學篇) ············ 113
훈자편(訓子篇) ············ 121
성심편 상(省心篇 上) ············ 131
성심편 하(省心篇 下) ············ 171
입교편(立敎篇) ············ 201
치정편(治政篇) ············ 223
치가편(治家篇) ············ 233
안의편(安義篇) ············ 241
준례편(遵禮篇) ············ 245
언어편(言語篇) ············ 253
교우편(交友篇) ············ 259
부행편(婦行篇) ············ 267
증보편(增補篇) ············ 275
팔반가(八反歌) ············ 279
효행편 속편(孝行篇 續篇) ············ 289
염의편(廉義篇) ············ 297

명심보감 해제
(明心寶鑑解題)

서 언

　오랜 세월을 두고 우리의 정신세계에 지대한 영향을 미친 동양의 여러 고전 중에서도 명심보감은 특별히 애독되어 온 수양서이다. 특히 수세기에 걸쳐, 자라나는 젊은 세대는 반드시 숙독해야 할 교훈집이요, 처세훈집이었다. 이것은 명심보감이 담고 있는 내용이 그만큼 교육적이라는 한 반증이기도 했다.
　우리의 선인(先人)들이 예부터 삶에서 가장 소중하게 여겼던 덕목은 자기수양이었다. 이 세상에 한 인간으로 태어나서 정도(正道)를 걷는 올바른 인물이 되기 위해서는 먼저 자기수양이 반드시 필요했던 것이다. 이 자기수양이란 결국 도덕적으로 완성된 덕을 쌓는 일이나 다름없다.
　동양사상, 그 중에서도 유교사상에서는 도(道)와 인(仁)과 의(義)를 인생의 근본으로 삼고 있다. 따라서 이 인의로 완성된 도덕적 인물이 되자면 엄격한 자기수양이 뒤따라야 하는 것이다. 명심보감은 바로 이러한 자기수양의 지침서로서 장구한 세월동안, 그 가치를 조금도 잃지 않고 오늘까지 전해 내려온 것이다. 그리고 오늘날과 같은 혼탁한 가치 부재의 상황에서 명심보감의 고전으로서의 가치는 오히려 빛난다.
　명심보감은 문자 그대로 우리의 마음을 밝게 비추어 주는 보배로운 거울과 같은 책이다. 그렇다면 이 거울에는 대체 어떤 것들이 비추어져 있고 또 비추어 볼 수 있는 것일까?

　명심보감은 앞에서도 언급한 것처럼 인생의 수신서이다. 그러므로 그 내용도 생활적인 지침에서부터 올바른 처세를 위한 여러 경구들, 행동의 좌우명, 그밖에 인생의 지혜가 될 만한 말씀들을 다양하게 수록해 놓고 있다. 그 경구나 일화에 수록된 인물과 서책도 다채로워서 오히려 어떤 일정한 체계가 없어 보이기까지 하며, 유교사상과 도교사상이 뒤섞여 있기도 하다.

　그러나 그 모든 말씀들이 일관된 하나의 흐름으로 통일되어 있으니 그것이 바로 수기치인의 도이다. 그리고 아무래도 유교적 덕목이 더 강조되어 있다고 보아야 할 것이다. 그 까닭은 여러 곳에서 유교의 실천적 덕목인 삼강오륜에 관해 설명함으로써 우리 인생에서 무엇이 정도를 걷는 길인가를 보여 주고 있기 때문이다.

원본 및 초략본과 편자

　불과 몇 년 전 방대한 분량의 원본이 발견됨으로써 명심보감의 편자는 중국 명(明)나라의 학자 범입본(范立本)이라는 사실이 밝혀졌다. 그러나 이 원본의 내용이 너무나 방대하기 때문에 우리 나라에서는 그 내용 중 진수만을 간추린 초략본이 오랫동안 전해 내려왔다. 이 초략본이 원본을 압도하면서 세상에 널리 퍼져 수세기에 걸쳐 인생의 길잡이 역할을 해온 것이다.

　이 초략본의 편자는 고려 충렬왕(忠烈王) 때의 학자인 추적(秋適) 선생이다. 추적 선생은 양지추씨(陽智秋氏)의 시조로 호는 노당(露堂)이다. 그는 과거에 급제한 뒤 처음에는 안동(安東)의 서기로 있다가 직사관(直史館)에 발탁되어 좌사간(左司諫)이 되었고 훗날에는 민부상서(民部尙書)·예문관제학(藝文館提學) 등을 지냈다.

그는 성품이 강직하고도 활달했다. 사간으로 있을 때 내시 황석량(黃石良)이란 인물이 왕의 총애를 받았다. 그것을 기화로 그의 고향 합덕부곡(合德部曲)을 현(縣)으로 승격시키려 하므로, 추적은 이의 부당성을 공격했다. 그러다가 결국 드디어는 참소를 당하고, 왕의 노여움을 사서 형틀에 얽혀 순마소(巡馬所)로 압송되었다. 이때 그를 압송하던 관원이 사람들이 보지 않도록 큰길을 피하여 지름길로 가자고 하자 그는 다음과 같이 말해 사람들을 놀라게 했다.

"나는 큰길로 가면서 백성들이 이 꼴을 보게 하겠다. 한 나라의 사간으로서 옳은 말을 하다가 형틀에 얽히는 것이 어찌 부끄러운 일이라고 그것을 피하겠는가?"

그는 노년에도 식사를 잘하였고 건강했지만 생활은 언제나 검소했다. 그리고는 "손님을 대접하는 데 흰밥에 고깃국이면 됐지 어찌 진수성찬을 마련해야만 극진한 대접이겠는가?"라고 하였다.

명심보감은 오랫동안 그의 편저로 알려져 왔다. 그러던 중 범입본의 원본이 발견됨으로써 그는 단지 초략본의 편자임이 밝혀졌다. 그러나 오늘날 우리가 명심보감이라고 하면 그의 이 초략본을 두고 하는 말이다. 그가 어떻게 명심보감을 입수해 초략본을 펴내게 되었는지의 경위는 그 뜻이 밝혀진 글이 발견되지 않았으므로 상세히 알 수는 없다. 그러나 책의 내용으로 보아 그 의도는 공부하는 사람은 말할 것도 없고, 누구나 성현들이 남긴 훌륭한 말과 행실을 알아서 덕성과 예지를 기르고, 착하고 바르고 인자한 인간성을 닦아 올바르고 보람 있는 삶을 누리도록 하려는 데 있었음을 알 수 있다.

내용과 사상

　명심보감은 이미 말한 것처럼 도덕적으로 사람의 심신 수양에 알맞은 말과 행실을 성현들이 남긴 책, 곧 경사자집(經史子集)에서 뽑아 엮은 것이다. 그 내용은 선하고 악한 점을 분별하여 선한 행실을 하게 한 계선편(繼善篇)이 10장, 하늘의 명을 따르는 천명편(天命篇)이 7장, 타고난 운명에 순응하는 순명편(順明篇)이 5장, 어버이에게 효도하는 효행편(孝行篇)이 6장, 자기 자신의 행실을 바로잡는 정기편(正己篇)이 26장, 주어진 분수를 지키는 안분편(安分篇)이 7장, 바른 마음을 가지는 존심편(存心篇)이 20장, 성품을 경계하는 계성편(戒性篇)이 10장, 학문을 권고하는 권학편(勸學篇)이 8장, 자녀를 가르치는 훈자편(訓子篇)이 11장, 마음가짐을 반성하는 성심편(省心篇)이 90장, 가정교육의 법도를 세우는 입교편(立敎篇)이 13장, 나라의 정사를 다스리는 치정편(治政篇)이 8장, 가정을 다스리는 치가편(治家篇)이 8장, 의리를 지키는 안의편(安義篇)이 3장, 예절을 지키는 준례편(遵禮篇)이 7장, 말을 삼가하는 언어편(言語篇)이 7장, 좋은 벗을 사귀는 교우편(交友篇)이 8장, 부녀의 행실을 바로잡는 부행편(婦行篇)이 5장으로 구성되어 있다. 모두 19편 259장이다. 여기에 누군가가 덧붙인 증보편(增補篇)이 2장, 8가지를 반성하는 노래인 팔반가(八反歌)가 8장, 효도한 사실을 적은 속효행편(續孝行篇)이 3장, 청렴한 행실을 적은 염의편(廉義篇)이 3장 더 덧붙여져 있다. 이들 내용을 한 마디 말로 묶으면 마음가짐과 행실을 바르게 하고 착하게 살아야 한다는 점을 깨닫게 한 것이 대부분이다.
　이 책에 실려 있는 명언이나 경구를 값진 생활신조로 삼아 어진 성품과 착한 슬기를 기르고, 마음가짐과 몸가짐을 닦으며, 나와 남, 가정과 사회, 나아가서 우리 나라와 다른 나라가 어울려 사는 복잡한 관계를 원만하게 해결하며 살아갈 때 우리의 삶은 더욱 빛날 것이다.

또한 이 책의 참된 가치는 그 하나하나의 사실이 읽는 사람으로 하여금 얼마만큼의 지혜와 힘을 지니게 하여 살아가게 하고, 그 힘이 얼마나 오래 지속되고, 또 그 영향이 얼마나 남에게 미치게 하는지에 달려 있다. 인간의 생활이란 결코 나 한 사람의 마음과 행동만으로 좌우되는 것은 아니다. 하지만 나의 한 가지 행실이 남에게 미치는 영향은 실로 크고, 그것이 어질고 착하고 참되고 바른가 그렇지 않은가에 따라서 사회·도덕적으로 조성되는 결과는 여러 가지이다.

명심보감에는 고귀한 삶의 보람을 가꾸게 하는 경구들이 꽉 채워져 있다. 따라서 그 이름대로 사람의 마음을 밝혀 주는 보배로운 거울이 될 만한 값진 책이다. 사실 그 가운데는 현실적으로 부합되지 않는 것도 간혹 있으나, 대체적으로 그 하나하나의 사실이 귀한 보배보다 값지지 아니한 것이 없다. 그러므로 공부하는 사람들이 귀중한 고전의 하나로 이 책을 들게 되는 것이다.

우주의 영원성에 비하면 사람의 생애란 너무나 짧다. 이 짧은 생애에 큰 보람을 찾는 생활이란 무엇일까? 그것은 우리가 매순간마다 진실하고 선하게 살려고 힘쓰고, 인생을 천리(天理)에 순응시켜 선악을 분별하며, 남의 자식된 도리로 효성을 다하며, 자신의 마음가짐과 몸가짐을 올바르게 닦는 데 있다 할 것이다.

부디 자라나는 우리의 젊은 세대들이 이 참된 고전을 좀더 가까이 접해 향기로운 삶의 교훈들로 삼기를 바랄 뿐이다.

계선편
(繼善篇)

　계선편은 선(善)에 관한 여러 경구들로 구성되어 있는 일종의 선행록이다. 계선(繼善)이란 쉽게 풀이하면 끊이지 않고 선을 이어가라는 의미로 받아들일 수 있다. 악을 행하기는 쉬워도 끊임없이 선을 행하려면 노력이 필요한 것이 인간의 속성이다. 그러므로 명심보감의 편자도 이 계선편을 책의 첫장에 놓음으로써 행하기 힘든 선에의 의지를 독려하고 있는지도 모를 일이다. 선은 남을 위해서라기보다 나 자신을 위한 것임을 깨닫고 힘써 행해야 할 것이다.

1

　착한 일을 하는 사람에게는 하늘이 복으로써 이를 갚고, 악한 일을 하는 사람에게는 하늘이 재앙으로써 이를 갚느니라. ────공 자(孔子)

[原文] 子曰, 爲善者는 天報之以福하고 爲不善者는 天報之以禍하니라.

[註] 공자(孔子) : B.C. 552~479. 중국 춘추시대(春秋時代) 말기, 노(魯)나라 창평향 추읍(昌平鄕 陬邑―지금의 산동성 곡부현)에서 태어난 성인(聖人). 성은 공(孔), 이름은 구(丘), 자는 중니(仲尼). 유가(儒家)의 비조(鼻祖)이며, 여러 나라를 두루 돌아다니며 치국(治國)의 도(道)를 설(說)하기 30년, 육경(六經) 곧 예(禮)・악(樂)・시(詩)・서(書)・역(易)・춘추(春秋)를 산술(刪述)하고 인(仁)을 이상(理想)의 도덕으로 삼았다. 그리고 효제(孝悌)와 충서(忠恕)를 이상을 이루는 근거로 하였다. 뒤에 그의 제자들이 그의 언행을 기록하여 놓은 논어(論語) 7권이 있음. 위(爲) : 여기에서는 일을 한다로 해석할 수 있다. 천(天) : 하늘. 하느님을 가리킴. 보(報) : 갚다. 보답하다. 화(禍) : 재앙.

[解義] 선행을 행하는 착한 사람에게는 하늘이 복을 내리고 악행을 일삼는 나쁜 사람에게는 하늘이 재앙을 내린다는 것은, 착한 사람에게는 가까이하려는 사람과 도우려는 사람이 많아서 번영과 행복을 누릴 수 있으나, 악한 사람은 사람들이 멀리하려 하기 때문에 고립에 빠지게 되고 따라서 불행과 비운이 닥쳐온다는 것이다. 즉 자업자득의 이치를 가리킨 것이다.
　맹자(孟子)에도 '스스로 불러들인 재앙은 피할 수 없다'는 구절이 나온다. 사람으로 태어나 악행만을 일삼는다는 것은 스스로 하늘의 분노를 초래하는 것이다. 그러므로 피해 갈 도리가 없는 것이다.

2

　한(漢)나라의 소열황제(昭烈皇帝)가 임종 때에 그의 아들에게 조칙을 내려서 말씀하였다.
　"착한 일이 작다 해서 이를 행하지 않으면 안 되고, 악한 일이 작다고 해서 이를 행하여서는 안 되느니라."
　　　　　　　　　　　　　　——한소열(漢昭烈)

原文 漢昭烈이 將終에 勅後主曰 勿以善小而不爲하고 勿以惡小而爲之하라.

註 한소열(漢昭烈): 중국 촉한(蜀漢)의 첫임금 소열황제를 말한다. 성은 유(劉), 이름은 비(備), 자는 현덕(玄德), 소열은 시호임. 제갈공명(諸葛孔明)·관우(關羽)·장비(張飛)를 기용하여 조조(曹操)·손권(孫權)과 함께 천하를 셋으로 나누어 촉한을 건국했음. 후주(後主): 소열황제의 아들. 이름은 선(禪). 어리석었던 것으로 전해진다. 칙(勅): 조칙(詔勅). 임금이 내리는 글을 말한다.

解義 촉한의 소열황제가 죽을 때 그의 아들인 유선(劉禪)에게 경계하여 말한 글이다. 착한 일이라면 아무리 작은 것이라도 이를 모두 행하지 않으면 안 되고, 악한 일이면 아무리 작은 일이라 해도 이를 행하여서는 안 된다는 것이다.
　이 글에서 의미심장하게 강조되고 있는 것은 선악간에 '작은 것'의 존재를 우습게 여기지 마라는 것이다.

3

　하루라도 착한 일을 생각하지 않는다면 모든 악이 다 저절로 일어날 것이니라.　　　——장　자(莊子)

原文 莊子曰, 一日不念善이면 諸惡이 皆自起일지니라.
                  장자왈   일일불념선   제악   개자기

註 장자(莊子) : 기원전 중국 전국시대(戰國時代)의 사상가. 도학자. 이름은 주(周). 송(宋)나라 사람으로 만물 일원론(萬物一元論)을 주창하였다. 인생관은 삶과 죽음을 초월하여 절대 무한의 경지에 소요(逍遙)함을 목적으로 하였다. 또한 인생은 모두 천명이라는 숙명설(宿命說)을 취하였다. 제악(諸惡) : 온갖 악. 기(起) : 일어나다. 생겨나다.

解義 인간이 일상생활을 살아감에 있어서 한순간이라도 선(善)을 마음 속에 생각하지 않는다면 마음이 방종해진다. 따라서 온갖 나쁜 생각이 머리 속을 어지럽히게 되며 자연 나쁜 행동을 하게 된다. 바로 이 점을 경계한 글이다.

모든 인생사를 초월해 '자유'로울 것을 주장한 장자도 선에 관한 한 일구월심할 것을 역설한 것이다.

4

착한 일을 보면 목마른 사람이 물을 찾듯이 주저하지 말며, 악한 것을 들으면 귀머거리인 것처럼 하라. 착한 일이란 모름지기 탐내어야 하고, 악한 일이란 즐겨하지 말지니라. —— 태 공(太公)

原文 太公曰, 見善如渴하고 聞惡如聾하라. 又曰善事란 須貪하고 惡事란 莫樂하라.
        태공왈   견선여갈   문악여롱   우왈선사
        수탐   악사   막락

註 태공(太公) : 중국 주(周)나라 초기의 정치가. 성은 강(姜), 이름은 상(尙). 속칭은 강태공(姜太公). 문왕(文王)이 위수(渭水) 가에서 처음 만나 스승으로 삼았으며, 뒤에 무왕(武王 ; 문왕의 아들)을 도와 은(殷)나라를 멸하고 천하를 평정했다. 그 공으로 제(齊)나라에 봉함을 받아 그 시조(始祖)가 되었다. 여갈(如渴) : 목마른 것같이 하다. 여기서는 '목마른 사람이 물을 찾듯이 급히 서둔다'로 풀이했다.

解義 착한 일을 보았을 때는 마치 극심한 갈증 끝에 물을 찾듯이 급히 서둘러서 해야만 한다. 그러나 악한 말은 귀머거리같이 귀를 막고 아예 듣지 말라는 뜻이다. 주자(朱子)도 '선을 실행에 옮기는 것을 바람의 빠름과 같이 하라'고 말씀했다. 이 또한 선을 실천하는 의지를 강조한 교훈이다.

5

한평생 착한 일을 행하여도 착한 것은 오히려 부족하고, 하루 동안만 악한 일을 행하여도 악은 그대로 남느니라. ── 마 원(馬援)

原文 馬援曰, 終身行善이라도 善猶不足이요, 一日行惡이라도 惡自有餘니라.

註 마원(馬援) : B.C. 11∼A.D. 49. 후한(後漢) 사람으로, 광무제(光武帝)를 도운 유명한 장군. 티벳 지방을 정벌한 것을 비롯하여 여러 난을 다 스렸으며 많은 무공을 세웠다. 유(猶) : 오히려의 뜻. 유여(有餘) : 남음이 있다. 여유가 있다.

解義 선은 그것을 행하려면 많은 노력과 의지가 필요하다. 반대로 악의 유혹에는 쉽게 빠지는 것이 인간이다. 그러나 선이란 많이 행할수록 좋은 것이다. 한평생을 두고 행하여도 오히려 부족한 것이 이 선이다. 악은 어떤가. 이는 단 하루를 행하여도 그 자국이 가시어지지 않는다. 그런 만큼 아주 조그마한 것일지라도 악을 행해서는 안 되는 것이다.

6

많은 돈을 모아서 자손에게 남겨 준다고 해도 자손이 반드시 그 돈을 능히 지킬 수 없고, 많은 책을 모아서 자손에게 남겨 준다고 해도 자손이 반드시 그 책을 능히 모두 읽는다고 볼 수 없다. 그러므로 남모르는 가운데 음덕을 쌓아서 자손을 위함만 같지 못하느니라.

──사마온공(司馬溫公)

原文 司馬溫公曰, 積金以遺子孫이라도 未必子孫이 能盡守요 積書以遺子孫이라도 未必子孫이 能盡讀이니 不如積陰德於冥冥之中하여 以爲子孫之計也니라.

註 사마온공(司馬溫公) : 1019~1086. 중국 북송(北宋)의 정치가. 이름은 광(光), 자는 군실(君實), 시호는 문정공(文正公). 왕안석(王安石)의 새로운 법에 반대한 그는 낙양에서 수사(修史)에 전념하였고, 철종 즉위 후에는 재상이 되어 구법을 부활시켰다. 저서에는 자치통감(資治通鑑) 등이 있다. 적금(積金) : 돈을 쌓다. 즉 재물을 모으다. 능진수(能盡守) : 능히 다 지킬 수 있는 것. 음덕(陰德) : 남이 알지 못하게 선을 행하고 덕을 쌓는 것. 명명지중(冥冥之中) : 어두워 나타나지 않는 가운데. 역시 남모르게의 뜻임. 자손지계(子孫之計) : 후손을 잘 살도록 하기 위한 원대한 계획.

解義 재물과 공명의 허망함을 일깨우면서, 인생에서 가장 소중한 것은 선행을 행하는 것임을 강조한 글이다. 우리 속담에 '부자가 삼대를 못 간다' 하는 말이 있다. 부에 따르는 도의(道義)가 없을 때, 아무리 많은 재산인들 하늘이 지켜줄 리가 없다.

자손들이 오래도록 잘살게 하기 위해서는 돈이나 명예나 권세를 쌓아 두기보다는 남모르는 가운데 선행을 쌓고 인덕(仁德)을 베푸는 것이 가장 좋은 방법이다. 부와 권세란 바람과 같을지라도 덕은 영원하기 때문이다.

7

은혜와 의리를 널리 베풀도록 하라. 인생이 살다 보면

어느 곳에서 서로 만나지 않으랴. 원수와 원한을 맺지 말라. 좁은 길에서 만나게 되면 피하기 어려우니라.
―― 경행록(景行錄)

原文 景行錄에 曰, 恩義를 廣施하라. 人生何處 不相逢이랴 讐怨을 莫結하라. 路逢狹處면 難回避니라.

註 경행록(景行錄) : 중국 송(宋)나라 때의 책이름. 떳떳하고 밝은 행위를 하라고 가르친 책임. 광시(廣施) : 널리 베푸는 것. 막결(莫結) : 맺지 말라의 뜻. 노봉(路逢) : 길거리에서 만나다.

解義 결초보은(結草報恩)이라는 말이 있다. 옛 중국 춘추시대, 진나라 위무자(魏武子)에게 과(顆)라는 아들이 있었다. 그는 부친의 유언을 어기고 서모를 개가시켜 따라 죽는 것을 면하게 해 주었다. 후에 그가 전쟁에 나가 적국의 두회란 인물과 싸워 목숨이 위태롭게 되었다. 이때 서모의 아버지의 혼령이 적군의 앞길에 풀을 잡아매어 두회를 사로잡게 하고 그의 목숨을 구해 주었다. 결초보은이란 이때부터 생겨난 말이라고 한다.
 '심은 대로 거두리라'는 말은 우리 무상한 인생에서 이처럼 언제나 들어맞는 말이다. 따라서 사람은 언제 어디에서나 은혜와 의리를 널리 베푸는 데 힘써야 한다. 내가 남을 도와 줌으로써 남도 나를 돕게 되며 서로 발전과 성공을 가져올 수 있기 때문이다.
 반면 마음을 악하게 가지고 남과 원수가 된다거나 원한을 맺는 일을 해서는 안 된다. 우리 속담에 '원수는 외나무 다리에서 만난다'는 말이 있듯이 서양 격언에도 '원수를 가진 자는 도처에서 그를 만난다'고 했다. 이처럼 남을 해친다든지 못할 노릇을 하고는 마음이 편치 않을 뿐만 아니라 보복을 두려워해서 한시도 안심하고 살 수가 없는 것이다.

8

나에게 착하게 하는 사람에게는 나 또한 착하게 대하고, 나에게 악하게 하는 사람에게도 나는 또한 착하게 대할 것이다. 내가 먼저 남에게 악하게 함이 없으면 남도 능히 나에게 악하게 함이 없을지니라. ──장 자

原文 莊子曰, 於我善者도 我亦善之하고 於我惡者도 我亦善之니라. 我旣於人에 無惡이면 人能於我에 無惡哉인저.

註 어아(於我):나에게. 선자(善者):선을 행하는 사람. 아역(我亦):나 또한. 나 역시. 선지(善之):그에게 착하게 하다. 재(哉):감탄의 어조사. 없을 것이다, 또는 있으리오 등의 뜻임.

解義 나에게 잘하는 사람에게는 물론이거니와 나에게 잘못하는 사람에 대해서도 이편에서는 착하게 대할 수 있어야 군자라 할 수 있다. 군자란 언제나 남의 잘못을 용서할 줄 아는 아량이 있어야 하는 것이다.
 이러한 포용력 있는 대인관계야말로 지혜로운 삶의 근본을 이루는 것임을 깨달아야 하겠다. 공자도 논어(論語)에서 '원수에게 은혜를 베풀라(以德報怨)'고 했다.

9

하루 착한 일을 행할지라도 복은 비록 곧 따르지 아니하나 화는 저절로 멀어지게 되리라. 하루 악한 일을 행할지라도 화는 비록 따르지 않으나 복은 저절로 멀어지게 되리라. 선을 행하는 사람은 봄동산의 풀과 같아

서 그 풀의 자라나는 것은 보이지 않으나 날로 더하는 바가 있고, 악을 행하는 사람은 날로 이지러지는 바가 있느니라. ──동악성제 수훈(東岳聖帝垂訓)

原文 東岳聖帝垂訓에 曰, 一日行善이라도 福雖未至나 禍自遠矣오 一日行惡이라도 禍雖未至나 福自遠矣니 行善之人은 如春園之草하여 不見其長이라도 日有所增하고 行惡之人은 如磨刀之石하여 不見其損이라도 日有所虧니라.

註 동악성제(東岳聖帝): 도가(道家) 중의 한 사람으로 연대와 성명은 알려진 바가 없다. 수훈(垂訓): 훈계를 내리는 것. 휴(虧): 이지러지다.

解義 '선과 악에는 마침내 보답이 있는 것으로, 단지 빠르고 늦음이 있을 뿐이다' 하는 말이 있다.

착한 일을 했다고 해서 당장에 무슨 좋은 일이 생기는 것은 아니나, 재앙을 멀리할 수는 있으며, 악한 짓을 했다고 해서 그 당장에 무슨 나쁜 결과가 나타나는 것은 아니지만 복은 따르지 않는 법이다. 이렇듯 선을 행한다는 것은 재앙을 멀리하고 복이 오게 하는 지름길이니 우리는 언제나 이 선을 행하기에 힘써야 할 것이다.

10

선한 일을 보거든 아직 미치지 못하는 것처럼 하고, 악한 일을 보거든 끓는 물을 만지는 것처럼 하라.
──공 자

原文 子曰, 見善如不及하고 見不善如探湯하라.

註 불급(不及) : 미치지 못하다. 불선(不善) : 착하지 못한 것. 즉 악한 것. 탐탕(探湯) : 손으로 끓는 물을 만지는 것.

解義 다른 사람이 착한 일을 행하는 것을 볼 때는 자기의 선이 부족한 것을 깊이 반성해 선을 행하기에 힘써야 하고, 악한 일을 보았을 때는 끓는 물에 손이라도 댄 것처럼 생각해서 이를 멀리 해야 한다.
 논어에 나오는 말로서 '선'에 대한 공자의 생각을, 뛰어난 비유로 잘 나타내 주고 있는 명언이다.

천명편
(天命篇)

　천명편은 유가(儒家)의 천명사상(天命思想)에서 비롯된 권선징악의 실제적 도덕률들을 보여 주고 있다. 유가의 천명사상은 바로 이 천명편의 첫장에 나오는 공자의 말씀, '하늘의 뜻에 따르는 사람은 살아남고 하늘의 뜻을 거역하는 사람은 망한다' 하는 이 한 구절에 집약되어 있다고 볼 수 있다. 하늘의 뜻에 순종한다는 것은 결국 선을 행함에 있다. 선을 버릴 때 그것은 곧 하늘을 버리는 것이 되니, 어찌 하늘이 두렵지 않으랴. 그러니 인간은 살아 있는 동안 천도(天道)를 따라야 한다는 것이 이 천명편의 의지이기도 하다.

1

하늘을 따르는 자는 살아남고, 하늘을 거역하는 자는 망할지니라. ──공자

原文 子曰, 順天者는 存하고 逆天者는 亡이니라.
(자왈, 순천자   존   역천자   망)

註 순천자(順天者) : 천명(天命)에 순종하는 사람. 여기에서 하늘이란 천명을 뜻한다. 존(存) : 존재하다. 여기에서는 살아남다의 뜻.

解義 공자가 말하는 순천자는 천명을 받들어 치세를 확립하고 인의(仁義)의 도를 세운 요순(堯舜)과 문왕(文王)·무왕(武王)·탕(湯)임금을 가리킨다. 역천자란 하늘의 뜻을 거스르고 불인(不仁)을 행함으로써 스스로 멸망을 초래한 걸주(桀紂)를 가리킨다.

이처럼 공자를 비롯해 맹자 등 옛 중국의 성현들은 선과 정의를 행하는 것을 하늘의 뜻에 순종하는 것으로 해석했고, 악과 불의를 행하는 것을 하늘의 뜻에 거역하는 것으로 풀이했다. 따라서 천명을 부여받은 사람만이 치국지세를 이룰 수 있다고 믿었던 것이다.

2

하늘의 들으심은 고요하여 소리가 없도다. 멀고 아득한데 어느 곳에서 찾을 것인가. 이것은 높지도 않고 또한 멀지도 않으니 이 모두가 다만 사람의 마음 속에 있는 것이니라. ──소강절(邵康節)

原文 康節邵先生曰, 天聽이 寂無音하니 蒼蒼何處尋고 非
(강절소선생왈,   천청   적무음   창창하처심   비)

高亦非遠이라 都只在人心이니라.
_{고역비원} _{도지재인심}

註 소강절(邵康節) : 1011~1077. 중국 송(宋)나라 때의 유학자(儒學者). 이름은 옹(雍), 자는 요부(堯夫), 강절은 시호이다. 이정지(李挺之)에게서 도가(道家)의 도서선천상수(圖書先天象數)의 학(學)을 배웠고 신비적인 수리학설(數理學說)을 세운 인물이다. 저서로는 황극경세서(皇極經世書), 격양집(擊壤集) 등이 있다. 천청(天聽) : 하늘이 듣다. 적무음(寂無音) : 고요하여 아무런 소리가 없는 것. 창창(蒼蒼) : 멀고도 아득함. 도(都) : 모두, 다.

解義 하늘은 멀고 아득하기만 하고 아무 소리도 들려 오지 않으니 찾을 길이 없다. 그렇다면 하늘은 어디에 있는 것일까? 모두가 다 다만 사람의 마음 속에 있을 뿐이다.

하늘이 마음 속에 있다는 것은 결국 우주의 근본섭리가 마음에 내재되어 있다는 의미이다. 그리고 그것을 제대로 활용하고, 하지 않고 역시 마음의 작용에서 비롯되는 것이다.

채근담(菜根譚)에 '마음자리가 밝으면 어두운 방안에도 푸른 하늘이 나타나고 생각이 어두우면 밝은 대낮에도 도깨비가 나타난다(心體光明 暗室中 有靑天 念頭暗昧 白日下 生厲鬼)'는 말이 나오는데 역시 이 장과 뜻이 일맥상통한다 하겠다.

3

사람의 사사로운 말일지라도 하늘의 들으심은 우뢰와 같고, 어두운 방 속에서 마음을 속일지라도 귀신의 눈은 번개와 같으니라. —— 현 제(玄帝)

原文 玄帝垂訓에 曰, 人間私語라도 天聽은 若雷하고 暗室欺心이라도 神目은 如電이니라.

註 현제(玄帝) : 도가(道家)에서 받들어 모시는 신. 사어(私語) : 사사로운 개인적인 말. 약뢰(若雷) : 약(若)은 ～와 같다는 뜻. 여기에서는 우뢰와 같다. 기심(欺心) : 마음을 속이다. 전(電) : 번개.

解義 하늘은 사람들이 사사로이 하는 한 마디 말이라도 놓치지 않고 듣고 있다. 또한 아무리 남이 보지 않는 곳에서 양심을 속이는 행동을 하여도 귀신의 눈은 속일 수 없다. 서양의 격언에 '양심은 우리 내면에 있는 하느님의 음성이다' 하는 말이 있다. 우리 속담에도 '낮말은 새가 듣고 밤말은 쥐가 듣는다'는 것이 있다. 모두 남이 보지 않고 듣지 않는 곳이라 할지라도 말과 행동을 삼가야 함을 일러 주는 글들이다.

4

만일 악한 마음이 가득 차면 하늘이 반드시 벌을 내리리라. ──익지서(益智書)

原文 益智書에 云, 惡鑵이 若滿이면 天必誅之니라.

註 익지서(益智書) : 중국 송나라 때의 책 이름. 악관(惡鑵) : 악한 마음. 주(誅) : 베어서 죽인다는 뜻. 여기에서는 벌을 내리다로 풀이함.

解義 사람의 마음 속에 악한 생각이 가득 차 있다면 이는 이미 선을 좋아하는 대자연의 섭리에 반(反)하는 행위이다. 따라서 하늘의 뜻을 거역하는 것이니 천벌을 받지 않을 수 없다. 그리고 이는 곧 스스로 불러들인 재앙이니 역시 피할 수 없는 것이기도 하다.

5

만일 사람이 착하지 못한 일을 하여 그 이름을 세상

에 나타냈다면 다른 사람이 비록 그를 해치지 않는다 해도 하늘이 반드시 그를 죽일 것이니라. ──장 자

原文 莊子曰, 若人이 作不善하여 得顯名者는 人雖不害나 天必戮之니라.

註 현명(顯名) : 현달(顯達)한 이름. 이름을 나타냄. 불해(不害) : 해치지 않음. 육(戮) : 살륙의 뜻.

解義 순자(荀子)는 '이름을 훔치는 것은 재물을 훔치는 것과 같다'고 해서 허명(虛名)을 탐하는 자를 도둑에 비유했다. 장자 역시 사람으로서 악한 짓을 해서 영달한 자는 일시적으로는 부귀영화를 누릴지 모르나 결코 하늘이 용서하지 않을 것이며, 그 영화와 명예를 오래 간직할 수 없을 것임을 설파하고 있다.

6

오이씨를 심으면 오이를 얻고, 콩을 심으면 콩을 얻는다. 하늘의 그물은 넓고 넓어서 그 그물눈이 성기지만 빠뜨리지는 않느니라.

原文 種瓜得瓜하고 種豆得豆니 天網이 恢恢하여 疎而不漏니라.

註 종과(種瓜) : 과(瓜)는 오이. 오이씨. 천망(天網) : 하늘의 그물. 곧 하늘의 섭리를 이르는 말임. 회회(恢恢) : 넓고 넓음. 매우 넓음.

解義 우리의 속담에도 '콩 심은 데 콩 나고, 팥 심은 데 팥 난다'

는 말이 있다. 이러한 인과응보는 하늘의 섭리에 의해 움직이며 하늘의 그물눈은 성기지만 결코 작은 업보도 빠뜨리는 법이 없다. 사람이 선을 행하면 반드시 복이 오고 악을 행하면 재앙이 돌아오는 것은 천리(天理)의 변함 없는 법칙인 것이다.

7

악한 일을 하여 하늘에 죄를 얻으면 잘못을 빌 곳이 없느니라. ──공자

原文 子曰, 獲罪於天이면 無所禱也니라.

註 획죄(獲罪) : 죄를 얻다. 죄를 저지르다. 무소도(無所禱) : 기도드릴 곳이 없다. 호소할 데가 없다는 말.

解義 악한 행동을 하여 하늘에 죄를 짓게 되면 잘못을 빌 곳이 없다는 뜻이다. 천벌의 두려움을 말함으로써 악한 일을 저지르지 말 것을 교훈하는 글이다.

순명편
(順命篇)

　　순명편은 이미 하늘로부터 주어진 운명에 순응한다는 의미를 담고 있다. 인간은 태어날 때부터 이미 하늘로부터 얼마만큼의 천분(天分)을 부여받고 있으니, 그 이외의 것을 탐하고자 하면 하늘이 그대로 두고 보지는 않을 것이란 뜻이다. 결국 탐욕을 버리라는 뜻으로 받아들임이 옳을 듯하다. 인간으로서 할 수 있는 최선을 다하고 그 다음에는 천명을 기다린다는 자세로 세상을 살아간다면 자연히 모든 집착으로부터 벗어날 수 있을 것이다.

1

죽고 사는 것은 명에 달려 있고, 부귀는 하늘의 뜻에 달려 있느니라. ──공 자

原文 子曰, 死生이 有命이요 富貴는 在天이니라.

解義 공자는 본래 운명론자는 아니었다. 그는 운명론자이기보다는 오히려 '하지 못하는 것인 줄 알면서 하려는 사람'이었다. 그리하여 도탄에 빠진 민중을 구하고 치세의 도를 확립하려고 언제나 부지런히 천하를 주유하였으나 끝내 뜻을 얻지 못했다. 따라서 이런 한탄이 나왔는지도 모를 일이다.

사람이 죽고 사는 것은 어디까지나 명(命)에 있기 때문에 사람의 마음대로는 되지 않으며, 부귀는 하늘의 뜻에 달려 있기에 억지로 구할 수 없는 것이다. 그러나 공자는 모든 것이 다 운명이라 하여 아무것도 하는 것 없이 가만히 있을 것이 아니라 사람으로서 할 일을 최선을 다해 한 후에 천명을 기다려야 할 것을 여러 곳에서 강조하고 있다.

2

세상의 모든 일은 이미 그 분수가 정해져 있는데, 세상 사람들은 부질없이 스스로 바쁘게 움직인다.

原文 萬事가 分已定이어늘 浮生이 空自忙이니라.

註 부생(浮生) : 부(浮)는 떠다니다. 곧 덧없는 인생. 공(空) : 부질없이. 공허하게. 망(忙) : 바쁘다. 황망하다.

解義 인간사 모든 일은 이미 다 그 분수가 정해져 있다는 전제 아래 세상 사람들이 부질없이 바쁘게 움직이고 있는 어리석음을 깨우쳐 주고 있다.

이 글은 운명에 순응하기만 할 뿐 인생에서 그것을 헤쳐나가려는 노력은 할 필요가 없다는 뜻은 아니다. 그보다는 뜬구름 같은 부귀 공명을 잡기 위해 미망 속에서 허덕이는 어리석음을 저지르지 말라는 교훈의 뜻이 더 강하다.

3

화(禍)는 가히 요행으로는 면하지 못하고, 복(福)은 가히 두 번 다시 구하지 못하리라. ──경행록

原文 景行錄에 云, 禍不可倖免이요, 福不可再求니라.

註 행면(倖免) : 행(倖)은 요행. 요행히 면하는 것. 재구(再求) : 다시 얻는 것. 다시 구하는 것.

解義 어떻게든 피해 갈 수 없는 재앙이라면 어떤 요행으로도 모면할 수 없는 법이다. 또한 이미 한 번 지나가 버린 복은 두 번 다시 돌이킬 수 없는 것이 세상사이다.

4

때가 오매 바람이 일어 등왕각으로 보내어 주고, 운이 따르지 않으매 천복비에도 벼락이 떨어진다.

原文 時來風送滕王閣이오 運退雷轟薦福碑라.

순명편 37

📰 시래(時來) : 때가 오다. 적절한 시기가 오다. 풍송(風送) : 바람에 실어 보내다. 등왕각(滕王閣) : 지금의 강서성 남창현(江西省 南昌縣)에 있음. 당고조(唐高祖)의 아들 이원영(李元嬰)이 홍주도독(洪州都督)으로 있을 때 세운 것으로, 그가 등왕(滕王)에 봉해졌으므로 그렇게 부른다. 천복비(薦福碑) : 중국 강서성 천복사에 있던 비로, 원(元)나라 때 마치원(馬致遠)이 세웠다거나 당나라의 대명필(大名筆)인 구양순(區陽詢)이 비문을 썼다고 전해지기도 한다. 여기에서는 후자를 따랐다.

解義 이 글은 당나라 때의 천재시인으로 29세에 요절한 왕발(王勃)의 고사에서 유래한 것이다. 화려하고도 웅혼한 시풍(詩風)으로 당대를 휩쓸었던 왕발이 아직 나이 어릴 때 일이다. 어느 날 동정호(洞庭湖) 부근에서 머물고 있는데, 꿈 속에 한 노인이 나타나 현몽을 했다.

9월 9일, 등왕각에서 낙성 연회가 있으니 그 자리에 참석해 〈등왕각서〉라는 대문장을 지으라는 것이 현몽의 요지였다. 그때가 9월 7일이고 등왕각이 있는 남창현까지는 7백 리나 되었으므로 하룻밤 사이에 가기에는 도저히 불가능한 길이었다.

그러나 왕발은 꿈이 너무도 생생하였기 때문에 배에 오르게 되었고, 그때부터 순풍이 불어와 배는 날으듯이 달려 단숨에 등왕각에 이르렀다. 그리하여 오늘날까지도 명문으로 회자되고 있는 그 〈등왕각서〉를 지었으니 그의 행운이야말로 하늘이 내린 것이 아닐 수 없다.

이와는 정반대로 지독하게도 운이 없는 한 가난한 서생의 이야기가 천복비에 얽힌 것이다. 송나라의 가난한 서생이었던 그는 당나라 대명필 구양순의 글씨로 유명한 천복산의 천복비를 탁본하기로 마음먹었다. 가서 탁본을 해 올 수만 있다면 1부에 몇 백 냥씩은 받게 될 것이므로 곤궁에서 벗어나리라 생각했기 때문이다. 그리하여 당시 재상 범중엄(范中淹)의 도움으로 소용되는 노자를 얻어 가지고 천복산으로 달려갔다.

몇천 리 길을 허위허위 달려 마침내 천복산에 도착한 바로 그 날 밤에 문제가 일어났다. 그날 따라 천둥번개를 동반한 폭풍우가 몰아치더니 벼락마저 떨어졌다. 그리고 공교롭게도 그 벼락이 천복비에 맞아 비는 그만 산산조각이 나고 말았다.

따라서 이 가난한 서생의 부푼 꿈과 그간의 지독한 고생도 물거품이 되고 말았던 것이다.

왕발의 기막힌 행운과 가난한 서생의 지독한 불운에 얽힌 이 고사는 그 뒤 세상을 경계하는 좋은 표본으로서 오늘날까지도 전해지고 있는 것이다.

5

어리석고 귀먹고 고질이 있고 벙어리인데도 집은 큰 부자요, 지혜롭고 총명하건만 도리어 가난하다. 운수는 해와 달과 날과 시로써 분명히 정해져 있으니, 따지고 보면 부귀와 가난함은 사람의 뜻에 연유된 것이 아니라 하늘의 뜻에 달린 것이니라.　　　——열자(列子)

原文 列子曰, 痴聾痼瘂도 家豪富요 智慧聰明도 却受貧이라 年月日時가 該載定하니 算來由命不由人이니라.

註 열자(列子): 중국 전국(戰國)시대 초기 노(魯)나라[또는 정(鄭)나라]의 철학자로 이름은 어구(禦寇). 사상적으로는 도가(道家)에 속하며, 그의 사상을 엮은 책으로서 열자(列子)가 있다. 각(却): 도리어, 오히려의 뜻. 연월일시(年月日時): 생년월일시, 즉 타고난 사주(四柱)를 말한다. 해재정(該載定): 해(該)는 이것이라는 뜻이다. 여기에서는 곧 운명을 가리킨다. 재정(載定)은 정해져 있다는 뜻. 운명은 정해져 있는 것이라는 뜻이다. 산래(算來): 따지고 보면.

解義 '뿌린 대로 거두리라'는 말이 있지만 한편 그렇지 못한 것이 또한 인간사이기도 하다. 앞의 가난한 서생의 경우처럼 아무리 많은 노력을 기울여도 모든 것이 허사가 되는 일은 흔하다.

열자는 이런 모든 인간사의 불공평함과 허망함을 잘 알아 이와 같은 탄식을 했을 것이다. 그러나 '수인사대천명(修人事待天命)'이라는 말이 있다. '사람으로서 할 수 있는 바를 다하고 천명을 기다린다'는 뜻이다.

인간의 운명이 어차피 이율배반적이고 모순덩어리라 해도 그것을 개선하려는 노력을 포기하는 것조차 허락되지는 않는다. 그런 의미에서 열자의 말도 모든 일에 탐욕을 갖지 말고 겸허한 자세를 가지라는 교훈으로 받아들임이 옳을 듯하다.

효행편
(孝行篇)

　효(孝)와 충(忠)은 유교사상에서 가장 중요한 근간을 이루는 덕목으로서, 이 효행편에서는 특히 효의 중요성을 설파하고 있다. 우리는 전통적으로 강한 가족적인 유대로 묶여져 왔다. 이 유대의 핵이 되는 것이 바로 효이다. 자식된 도리로서 그 가정의 어른인 어버이에게 효도를 다한다면, 그 가정은 화목과 번영을 누릴 수 있을 것이다. 공자는 진정한 효란 정치에까지 영향을 미친다고 했다. 요즘과 같은 핵가족 사회에서 이 효행편의 여러 경구들은 새삼 그 의미를 되짚어 볼 필요가 있겠다.

1

아버지 나를 낳으시고 어머니 나를 기르시니, 아아 애달프다, 어버이시여. 나를 낳아 기르시느라 얼마나 애쓰셨으랴. 그 깊은 은혜를 갚고자 하나, 그 은혜 하늘과 같이 다함이 없도다. ──시 경(詩經)

原文 詩曰, 父兮生我하시고 母兮鞠我하시니 哀哀父母여 生我劬勞셨다 欲報之德인대 昊天罔極이로다.

註 시경(詩經) : 오경(五經)의 하나. 공자가 편찬했다고 하며, 은대(殷代)부터 춘추(春秋) 시대까지의 시 311편[그 중 6편은 사(詞)가 없음]이 수록되어 있다. 크게 국풍(國風)・아(雅)・송(頌)의 셋으로 나뉘어 있는데 이 시는 소아(小雅)편에 보인다. 국(鞠) : 기르다의 뜻. 혜(兮) : 어조사. 애애(哀哀) : 아아 애달프다의 뜻 구로(劬勞) : 애쓰고 수고하다.

解義 내 목숨 있는 동안은 자식의·몸을 대신할 것을 원하고, 내 죽은 뒤에는 자식의 몸을 지킬 것을 원하는 것이 자식을 위하는 부모의 심정이다.

　이렇듯 깊은 은혜로 우리를 낳고 기르고 가르쳐 훌륭한 인간으로 만들어 주신 어버이의 숭고한 사랑과 노고는 진정 다함이 없다. 그러나 자식은 저 넓은 하늘과 같이 끝없는 그 은혜를 보답할 길이 없으니 그것을 안타까이 여길 수밖에 없는 것이다.

2

효자가 어버이를 섬기는 것은, 그 기거하심에는 공경을 다하고, 봉양함에는 즐거움을 다하고, 병에 걸리셨을 때에는 근심을 다하고, 돌아가신 때에는 슬픔을 다하고, 제사 때에는 엄숙함을 다하는 것이니라.
――공　자

原文 子曰, 孝子之事親也에 居則致其敬하고 養則致其樂하고 病則致其憂하고 喪則致其哀하고 祭則致其嚴이니라.

註 사친(事親): 어버이를 섬기는 것. 거(居): 기거하는 것. 치(致): 다하는 것.

解義 자식으로서 어버이를 섬기는 방법을 설명하고 자식된 자의 취할 바 태도를 제시한 것이다.
　공자는 부모를 공경할 것을 늘 효의 첫째 덕목으로 삼았다.
　'오늘날에는 효란 부모를 먹여 살리는 것을 뜻한다. 그러나 개와 말도 먹여 살리기는 한다. 다만 공경하지 않는다면 짐승을 기르는 것과 무엇이 다르겠는가.'
　오늘의 현실에도 어김없이 적용되는 공자의 말씀이다.
　증자(曾子)의 효행에 얽힌 이야기도 아름답다. 증자의 아버지인 증석(曾晳)이 생전에 고욤을 아주 즐겨 먹었다. 그러자 증자는 차마 고욤을 먹지 못했다. 어느 날 맹자의 제자가 맹자에게 그 문제를 가지고 물었다.
　"회나 구운 고기하고 고욤하고 어느 쪽이 더 맛있겠습니까?"
　"회나 구운 고기겠지."
　"그렇다면 증자는 왜 회나 구운 고기는 먹으면서 고욤은 먹지 않았습니까?"
　그러자 맹자께서 대답했다.
　"회나 구운 고기는 다같이 좋아하는 것이고, 고욤은 증석 혼자만이 좋아했던 것이다. 아버지의 이름은 부르기를 꺼리지만 성은 꺼리지 않는데 성은 다같이 쓰는 것이고, 이름은 혼자만 쓰는 것이기 때문이다."
　본받을 만한 옛 성현들의 아름다운 효가 아닐 수 없다.

3

부모가 살아 계실 때에는 멀리 떠나지 아니하며, 떠나되 반드시 그 행방을 알려야 하느니라. ──공 자

原文 子曰, 父母在어시든 不遠遊하며 遊必有方이니라.
　　　자왈　부모재　　　　불원유　　　유필유방

註 유필유방(遊必有方) : 먼 곳을 갈 때는 반드시 그 가는 곳이 있어야 한다. 여기에서 유(遊)는 외출, 여행의 뜻이다. 방(方)은 행방.

解義 부모의 사랑이란 가없는 것으로 자신이 부모가 되어 보기 전에는 알 수 없다. 다만 자식된 도리로서 효행은 당연한 것이다. 자식은 부모에게 근심을 끼칠까 걱정스럽고 또 나이 많은 부모의 일이 걱정스럽기 때문에 멀리 집을 떠나지 않는다. 또한 집을 떠나더라도 반드시 때와 장소를 알리고, 행동을 함부로 해서는 안 되는 것이다. 이 글은 논어 이인편(里仁篇)에 나온다.

4

아버지께서 부르시면 속히 대답하여 머뭇거리지 말며, 입 안에 음식이 있거든 곧 뱉고 대답하여야 하느니라.
──공 자

原文 子曰, 父命召어시든 唯而不諾하고 食在口則吐之일지니라.
　　　자왈　부명소　　　　유이불락　　　식재구즉토지

註 유이불락(唯而不諾) : 대답하고 즉시 가는 것. 식재구즉토지(食在口則吐之) : 음식이 입 안에 있으면 이를 뱉고 대답한다.

[解義] 아버지께서 부르시면 그 부르심을 존중하여 머뭇거리지 말고 속히 대답하고 달려가며, 입안에 음식이 있으면 곧 뱉어 버리고 대답하는 것이 자식의 올바른 태도이다.

 이 글은 그만큼 부모를 깍듯이 공경하라는 의미를 담고 있다. 공자는 여기에 인용된 것 외에도 많은 글들을 통해 여러 번 '효'에 관해 언급하고 있다. 맹자도 '효의 지고함은 어버이를 존경하는 것 이상으로 큰 것이 없다'고 강조했다.

5

 내가 어버이에게 효도하면 내 자식이 또한 나에게 효도한다. 내가 어버이에게 효도하지 않는데 내 자식이 어찌 나에게 효도할 것인가? ──태공

[原文] 太公曰, 孝於親이면 子亦孝之하나니 身旣不孝면 子何孝焉이리오.

[註] 효어친(孝於親) : 부모에게 효도하다. 하효언(何孝焉) : 어찌 효도할 것인가?

[解義] '부모가 온 효자가 되어야 자식이 반 효자'라는 것은 우리네 속담이다. 나 자신이 부모에게 효도하면 자식도 본받아서 나에게 효도하게 되고, 나 자신이 부모에게 불효를 한다면 자식도 또한 나에게 불효하게 된다. 자식이 부모에게 효도하는 것이 당연한 도리이겠으나 자식을 교육하는 면에 있어서도 본이 되어야 함을 역설한 것이다.

6

 효순한 사람은 또한 효순한 자식을 낳을 것이며, 오

역(忤逆)한 사람은 또한 오역한 자식을 낳으리라. 이것을 믿지 못하겠거든 저 처마 끝의 낙수를 보라. 방울방울 떨어져 내리는 것이 어김이 없지 않은가.

原文 孝順^{효순}은 還生孝順子^{환생효순자}요 五逆^{오역}은 還生五逆子^{환생오역자}하나니 不^불信^신커든 但看簷頭水^{단간첨두수}하라 點點滴滴不差移^{점점적적불차이}니라.

註 효순(孝順) : 부모에게 효도를 다하고 순종하며 따르는 것. 환(還) : 또한의 뜻. 오역(五逆) : 이것은 원래 불교에서 말하는 '오무간업(五無間業)'에서 비롯된 말이다. 여기에서는 유교적인 의미에서의 오역죄를 뜻하는 것으로 봄이 옳겠다. 조부모나 부모를 죽이는 패륜·패역이 이에 해당한다. 첨두(簷頭) : 집의 처마끝을 가리킨다. 차이(差移) : 어긋남.

解義 앞장과 뜻이 이어지는 글이다. 내 자식에게 악업을 물려주지 않으려거든 효순한 삶을 살아갈 것을 경계하고 있다. 효란 곧 올바른 삶의 출발점이 되는 것이다.
　어떤 사람이 정치에 관해 묻자 공자는 '서경에 이르기를 오직 효도하고 우애하는 것이 정치를 펴는 근본이라 했다'고 대답했다. 이처럼 유가에서는 '효행'이 모든 세상사의 근본이었다.
　이 '효행편'은 이러한 여러 효행에 관한 일화와 경구들을 모아 진실된 삶의 모습이란 '효'로부터 출발한다는 교훈을 깨우쳐 주고 있다.

정기편
(正己篇)

'정기(正己)'란 쉽게 풀이하면 자기 자신을 올바로 세우는 것이라고 볼 수 있다. 따라서 이 정기편은 자기 자신을 올바르게 하는 여러 경구들로 구성되어 있다. 유교사상에서 '나를 올바르게 한다'는 것은 군자가 되기 위해 자신을 수양하고 깨우치는 것을 말한다. 군자가 먼저 스스로를 깨우치고 났을 때 비로소 남에게도 영향을 미쳐 민중을 바른 길로 인도할 수 있는 것이다. 이 정기편에는 특히 정도(正道)를 걷는 생활에 대해 정곡을 찌르는 감동적인 경구들이 많다. 따라서 명심보감 전편 중에서 가장 근간을 이루는 편이라고 할 수 있다.

1

다른 사람의 선한 것을 보고 나의 선함을 찾고, 다른 사람의 악한 것을 보고 나의 악함을 찾을지니라. 그와 같이 하면 바야흐로 유익함이 있으리라.
——성리서(性理書)

原文 性理書^{성리서}에 云^운, 見人之善而尋己之善^{견인지선이심기지선}하고 見人之惡而尋己之惡^{견인지악이심기지악}이니 如此^{여차}면 方是有益^{방시유익}이니라.

註 성리서(性理書): 송대(宋代)의 성리학(性理學)에 관한 책. 성리학은 그 당시 인간의 심성과 우주의 원리를 연구하는 학문이었다. 심기지선(尋己之善): 나의 선함을 찾다. 심(尋)은 찾다의 뜻. 방(方): 바야흐로, 드디어.

解義 착한 사람과 악한 사람이 다 나의 스승이란 말이 있듯이 다른 사람을 거울삼아 나의 악을 버리고 남의 선을 따름으로써 자신을 바르게 하는 일이야말로 지극히 유익한 것이다.

공자도 논어에서 '세 사람이 함께 길을 가면 그 중에 반드시 내 스승될 만한 이가 있다. 그 좋은 점을 골라서 따르고 좋지 못한 점을 거울삼아 고칠 것이니라'고 했다.

아무리 쓸모없고 나쁜 사람이라도 자세히 살피면 반드시 무언가 배울 것이 있음을 강조한 것이다.

2

대장부는 마땅히 남을 용서할지언정 남에게서 용서받는 사람이 되어서는 안 되느니라. ——경행록

原文 景行錄에 云, 大丈夫는 當容人이언정 無爲人所容이니라.

註 용(容) : 용납하다. 대장부(大丈夫) : 여기에서는 군자의 뜻.

解義 여기에서 대장부란 군자의 개념에 가깝다. 유가에서 군자란 가장 이상적인 인간상이다. 학식과 덕행이 뛰어나고 충성되고 효도하며 너그럽고 온화한 인물──이러한 인물이라면 당연히 남의 잘못은 너그러이 용서해 주되, 정도(正道)에서 벗어나는 일을 행해 남에게서 용서를 받거나 지탄을 받는 일은 없어야 할 것이다.
 정기편은 '자신을 올바르게 하는 것'을 깨우치는 글들로 엮어져 있다. 유교사상에서는 특히 '수신(修身)'을 큰 덕목으로 치는데 이 역시 자기 자신의 몸과 마음을 올바로 가질 것을 교훈하는 말이다. 자기를 올바르게 갖는다는 것은 곧 군자가 되는 길과 통한다고 할 수 있다.
 정기편은 바로 이 군자가 되는 올바른 길을 제시해 주고 깨우쳐 주는 여러 편의 글들로 엮어져 있다.

3

 내 몸이 귀하다고 하여 다른 사람을 천하게 여기지 말며, 자기 자신이 크다고 하여 다른 사람의 작음을 업신여기지 말며, 자신의 용맹을 믿고 적을 가볍게 여기지 마라.　　　　　　　　　　　　──태 공

原文 太公曰, 勿以貴己而賤人하고 勿以自大而蔑小하고 勿以恃勇而輕敵하라.

註 귀기(貴己) : 자기 자신을 귀하게 여기는 것. 멸소(蔑小) : 작은 것을

업신여기다. 멸시하다. **시용**(恃勇) : 용맹을 믿다. 시(恃)는 믿다, 의지하다의 뜻. **경적**(輕敵) : 적을 가볍게 여기다. 우습게 보다의 뜻.

解義 내 몸이 귀하다고 하여 다른 사람을 천하게 여긴다든지, 자기 자신이 크다고 해서 다른 사람의 작음을 업신여긴다든지, 용맹을 믿고 적을 가볍게 여기는 것은 군자가 지켜야 할 덕목과는 거리가 먼 것이다. 군자는 무엇보다 우선 겸양의 미덕을 갖추어야 한다. 우리의 속담에 '병에 가득 찬 물은 저어도 소리가 나지 않는다' 하는 말이 있다. 학식이 깊은 사람일수록 아는 체 떠들고 다니지 않는다는 뜻이다.

예전에 안자(晏子)가 제(齊)나라 정승으로 있을 때의 일이다. 안자를 모시는 마부가 있었는데 어느 날 이 마부의 아내가 자기 남편의 행동을 엿보았다. 남편은 비록 마부이긴 하나 정승을 모셨으므로 그 기세가 정승인 안자보다도 더 등등했다. 그날 밤 그의 아내가 그에게 말했다. "이것 보시오. 안자께서는 한 나라의 재상인데도 몸가짐이 조심스러운데 당신은 그의 마부이면서 뭐가 그리 당당합니까?"

그날 밤 이후 마부는 언동이 아주 조심스러워졌다. 안자가 그 까닭을 묻자 마부는 아내의 말을 고해 올렸다. 안자는 곧바로 그를 왕께 천거해 벼슬을 내렸다. 이처럼 유가에서는 겸양지덕을 반드시 갖추어야 할 덕목으로 여겼던 것이다.

서구에서도 겸손한 자세는 높이 평가되어 프랑스의 시인 P. 발레리는 '인생이란 겸양이란 긴 교훈이다' 하는 말을 남겼다.

4

다른 사람의 허물을 듣거든 마치 부모의 이름을 들은 것과 같이 하여 귀로 듣더라도 입으로는 말하지 마라.

——마 원

原文 馬援이 曰, 聞人之過失이어든 如聞父母之名하여 耳可得聞이언정 口不可言也니라.

註 여문부모지명(如聞父母之名) : 부모의 이름을 듣는 것처럼 하다. 옛 유교 교육에서는 남이 자기 부모의 이름을 부르는 것을 듣기는 해도 자신의 입으로 부르지는 못하는 것으로 가르침으로써 부모에 대한 공경심을 심어 주었다.

解義 인간인 이상 누구든 남의 허물을 탓하기는 쉬운 일이다. 그러나 결코 하지 않아야 할 일 중의 하나가 남의 허물을 들추어내고 다니는 일이다. 이 글은 바로 이 점을 경계할 것을 가르치고 있다.

순자(荀子)도 '유언(流言)은 지자(智者)에게서 그친다. 소문이란 일반 백성에게는 전해지나 성인은 침묵할 뿐 다시 전하지 않는다'고 했다.

5

다른 사람으로부터 비방을 들어도 화내지 말며, 다른 사람으로부터 칭찬을 들어도 기뻐하지 마라. 다른 사람의 악한 것을 듣더라도 이에 바로 동조하지 말고 다른 사람의 착한 것을 듣거든 곧 나아가 이를 정겹게 대하며, 또 그를 따르며 기뻐하라. 시에 이렇게 말했다.

착한 사람 보기를 즐거워하며
착한 일 듣기를 즐거워하며
착한 말 전하기를 즐거워하며
착한 뜻 행하기를 즐거워하라
다른 사람의 악을 듣거든
가시를 몸에 지닌 것같이 하고

다른 사람의 착함을 듣거든
　　난초를 몸에 지닌 것같이 하라.　　　──소강절

原文 康^강節^절邵^소先^선生^생이 曰^왈, 聞^문人^인之^지謗^방이라도 未^미嘗^상怒^노하며 聞^문人^인之^지譽^예라도 未^미嘗^상喜^희하며 聞^문人^인之^지惡^악이라도 未^미嘗^상和^화하며 聞^문人^인之^지善^선則^즉就^취而^이和^화之^지하고 又^우從^종而^이喜^희之^지니라 其^기詩^시에 曰^왈, 樂^낙見^견善^선人^인하며 樂^낙聞^문善^선事^사하며 樂^낙道^도善^선言^언하고 樂^낙行^행善^선意^의하고 聞^문人^인之^지惡^악이어든 如^여負^부芒^망刺^자하고 聞^문人^인之^지善^선이어든 如^여佩^패蘭^란蕙^혜니라.

註 방(謗) : 비방. 다른 사람을 나쁘게 비평하는 말. 예(譽) : 명예. 여기에서는 칭찬하는 말. 화(和) : 부화뇌동. 동조하다. 망자(芒刺) : 가시. 패(佩) : 여기에서는 몸에 지니다의 뜻. 난혜(蘭蕙) : 난초.

解義 다른 사람으로부터 비방하는 말을 들었을 때는 자신을 반성하라. 그러나 남이 나를 칭찬한다 해서 기뻐하지 말 일이다. 다른 사람의 악한 것을 듣더라도 이에 바로 동조해서는 안 된다. 그러나 다른 사람의 착함을 들었을 때는 곧 나아가 이를 정겹게 대하고 또 기뻐해야 한다. 이렇게 해서 선을 행하기를 즐겨하는 사람이 되어야 하는 것이다.
　불교에서는 '종이나 경쇠를 고요히 치듯이 선한 마음으로 온화하게 말하면, 그의 몸에는 시비가 없어 이미 열반에 든 것이나 다름이 없다'고 했다.
　소강절 선생은 모든 사람들이 그와 같이 선한 마음을 간직해 은은한 난의 향기가 피어나듯 품격을 갖추기를 바라서 이런 글을 남겼을 것이다.

6

나보고 착하다고 말하는 사람은 곧 내게 해로운 사람이요, 나의 좋지 못한 점을 깨우쳐 주는 사람은 곧 나의 스승이니라.

原文 道吾善者는 是吾賊이오 道吾惡者는 是吾師니라.
_{도오선자   시오적   도오악자   시오사}

註 도(道) : 말하다. 언(言)과 같음. 오(吾) : 자기 자신. 나.

解義 나에게 아부하고 잘한다고 추켜 세우는 사람은 아무래도 경계해야 될 대상이다. 반대로 나를 비판하여 허물을 충고해 주는 사람이야말로 진정으로 나를 위해 주고 도와 주는 사람이니 비판하는 말을 잘 받아들여 허물을 고치기에 힘써야 할 것이다.

논어 술이편(述而篇)에 다음과 같은 이야기가 나온다.

진나라 사패(요즘의 법무장관) 벼슬에 있는 이가 공자에게 "노(魯)나라의 소공(昭公)은 예를 아는 분입니까?"하고 물었다.

공자는 "예를 아는 분이오."하고 대답했다.

공자가 나가고 나자 사패는 공자의 제자인 무마기(巫馬期)에게 다가와 말했다. "내가 들으니 군자는 편들지 않는다고 하는데, 군자 역시 편을 드는군요. 소공이 오나라에서 비(妃)를 맞는데 동성(同姓)이라, 오맹자(吳孟子)라고 칭했습니다. 이런 노나라 임금이 예를 안다면 누가 예를 모르겠소?"

무마기가 이 말을 공자에게 고하자 공자는 말했다.

"나는 행복하구나. 내게 잘못이 있으면 반드시 남들이 알아차리니."

공자와 같은 성인도 허물이 있었으나 우리와 다른 점이 바로 이런 면모이다. 공자는 아첨을 쓰게 여기는 대신 허물을 충고해 주는 말을 달게 여겼던 것이다.

7

부지런함은 값으로 따질 수 없는 보배이며, 근신함은 몸을 지키는 부적이니라. ——태 공

原文 太公이 曰, 勤爲無價之寶요 愼是護身之符니라.

註 근(勤):근면함. 부지런함. 무가지보(無價之寶):값을 매길 수 없는 보배. 신(愼):근신. 몸과 마음을 삼가는 것. 부(符):부적, 호신부.

解義 사람이 세상을 살아가는 데 가장 중요한 것의 하나가 부지런함이다. 그리고 모든 것을 삼가는 근신하는 태도만이 허물을 적게 해서 내 몸을 보전할 수 있는 최선의 길이다.

누구나 부지런하고, 말과 행동에 근신하는 태도를 잃지 않을 때 비로소 올바른 삶의 길을 걷고 있다고 할 것이다.

그러므로 부지런함은 값으로 따질 수 없는 보배요, 근신함은 몸을 지키는 부적으로서 최고의 가치를 지니게 되는 것이다.

8

삶을 보존하려는 사람은 욕심을 적게 하고, 몸을 보존하려는 사람은 그 이름이 세상에 널리 퍼지는 것을 피하는 법이다. 허나 욕심을 없애기는 쉬운 일이로되, 이름 내려는 마음을 없애기는 어려우니라. ——경행록

原文 景行錄에 曰, 保生者는 寡慾하고 保身者는 避名이니 無慾은 易나 無名은 難이니라.

註 보생자(保生者) : 삶을 온전히 보전하려는 사람. 과욕(寡慾) : 욕망을 적게 하다. 피명(避名) : 이름을 피하다. 즉 명예를 탐하지 않다. 이(易) : 쉽다. 수월하다. 무명(無名) : 이름이 없는 것.

解義 우리의 생(生)에서 욕심을 적게 가지는 것이야말로 올바른 삶의 길임은, 동서고금을 통해 자명한 이치이다. 하지만 그렇게 되기가 쉽지 않은 것이 또한 인간이다. 그리하여 이 글에서도 삶을 온전히 보전하고 싶다면 욕심을 줄이라고 경고하고 있는지도 모를 일이다.

회남자(淮南子)에도 '이신역물(以身役物)'이라고 했다. 물욕으로 인해 내 한 몸이 오히려 물건에 부림을 당한다는 뜻이다.

명예 역시 마찬가지이다. 인간인 이상 공명심이 없는 사람은 드물다. 그리고 그것이 허명임을 깨닫고 피해 갈 줄 아는 현명함을 지닌 사람 역시 드물다.

'명예를 존중하는 사람은 천 승의 나라도 사양할 수 있으나 진정 그러한 사람이 아니면 한 대그릇의 밥과 한 나무그릇의 국에도 내색을 한다.'

맹자의 말씀이다. 이 경행록의 교훈과도 통하는 정곡을 찌르는 말이라 하겠다.

❾

군자는 세 가지 경계할 것이 있으니, 젊을 때는 혈기가 정해져 있지 않으므로 여색(女色)을 경계하고, 장성함에 따라 혈기 또한 왕성하므로 싸움을 경계하며, 늙음에 따라 혈기가 이미 쇠약해지므로 탐하여 얻고자 하는 것을 경계해야 하느니라. ──공 자

原文 子曰, 君子有三戒하니 少之時엔 血氣未定이라 戒之

재색　　　　급기장야　　　　혈기방강　　　　　제지재투　　　　급
在色하고 及其壯也하얀 血氣方剛이라 戒之在鬪하고 及
기로야　　　　혈기기쇠　　　　제지재득
其老也하얀 血氣旣衰라 戒之在得이니라.

註 삼계(三戒) : 세 가지 경계해야 할 계율. 기쇠(旣衰) : 이미 줄어들었다. 득(得) : 탐욕으로 물건을 얻으려는 것.

解義 이 세상에서 올바른 삶을 살아가려면 많은 경계해야 할 것들이 있다. 그 중에서도 공자는 인간의 삶을 청년기, 장년기, 노년기로 나누어 청년시절에는 여색을, 장년기에는 쓸데없는 싸움을, 노년기에는 탐욕을 경계하라고 가르치고 있다.

　여색은 젊은이의 총명과 예지를 미혹되게 하고, 싸움은 장년의 삶을 투쟁일변도로 이끌어 역시 미혹되게 할 뿐이다. 인간은 나이 들면 누구나 삶에 집착하는 데 정비례해서 재물에 집착하게 된다. 그것이 얼마나 무위하고 추악한 것임을 잘 아는 공자는 특히 노년의 욕심을 줄일 것을 강하게 경고하였다.

10

　성내는 것이 심하면 기운은 한쪽으로 편벽되어 상하게 되고, 생각을 자주 많이 하면 정신이 크게 상하게 된다. 정신이 피곤하면 마음이 쉽게 고달파지고, 기운이 약하면 그에 따라서 병이 생기느니라. 슬픔과 기쁨을 지나치게 하지 말고, 음식은 마땅히 골고루 섭취할 것이며, 밤에 술 취하는 것을 거듭 삼가고, 새벽에 성내는 것을 가장 경계할지니라.
　　　　　　　　　　——손진인 양생명(孫眞人養生銘)

　　　　손진인양생명　　　운　　　노심편상기　　　사다태손신
原文 孫眞人養生銘에 云, 怒甚偏傷氣오 思多太損神이라

神疲心易役이오 氣弱病相因이라 勿使悲歡極하고 當令飮
食均하며 再三防夜醉하고 第一戒晨嗔하라.

註 손진인(孫眞人) : 도가(道家)에 속하는 사람이다. 손(孫)은 성이며, 진인(眞人)이란 일반적으로 도가에서 참된 생을 깨달아 도를 얻은 사람을 가리키는 말이다. 여기에 나오는 손진인이 누구인지에 관해서는 정확하게 알려져 있지 않다. 양생명(養生銘) : 양생(養生)이란 심신을 건강하게 보존하고 기른다는 의미이다. 따라서 양생명이란 양생을 위한 계명, 또는 명문(銘文)이라 할 수 있다. 상기(傷氣) : 기(氣)가 상하는 것. 태손신(太損神) : 정신을 크게 소모시키는 것. 신피(神疲) : 정신이 피로한 상태. 신진(晨嗔) : 새벽에 화를 내는 것.

解義 손진인이라는 도가의 사람이 양생법을 설파해 놓은 글이다. 그에 의하면 너무 심하게 화를 내면 기운을 상하게 되고, 생각이 너무 많으면 정신을 크게 소모시키게 되고, 슬픔과 기쁨이 너무 극도에 이르러도 정신적인 타격을 가져오며, 음식은 골고루 먹어서 영양을 섭취해야 한다고 했다.

또한 밤에 술 취하는 것은 극히 몸에 해로우니 절대로 금해야 하며, 제일 경계할 일은 새벽에 화를 내는 일이라 하였으니, 이를 지켜 심신의 건강에 유의해야 할 것이다.

11

음식이 깨끗하면 마음이 맑아지고, 마음이 맑으면 잠도 절로 편안해지느니라. ——경행록

原文 景行錄에 云, 食淡精神爽이오 心淸夢寐安이니라.

註 식담(食淡) : 음식 맛이 산뜻함. 담박한 음식을 먹는 것을 뜻하기도 한다. 심청(心淸) : 마음이 맑은 것. 몽매(夢寐) : 잠 자는 것.

解義 언제나 먹는 것을 담박하게 함으로써 정신을 맑게 하는 것은 예부터 내려오는 정통적인 양생법이다. 또한 마음 속을 깨끗하게 함으로써 잠을 편히 잘 수 있다. 그리고 잠이 편해야 일상이 덜 번거롭게 되는 것이다.

12

마음가짐을 바로 하여 사물을 대한다면, 비록 공부를 하지 않았더라도 능히 덕 있는 군자가 될 수 있느니라.

原文 定心應物하면 雖不讀書라도 可以爲有德君子니라.
_{정심응물   수부독서   가이위유덕군자}

註 정심(定心) : 마음을 바로 하다. **응물**(應物) : 사물에 대응하는 것. 독서(讀書) : 책을 읽다. 여기서는 공부를 하는 것을 말한다.

解義 군자란 반드시 많은 글을 읽고 박식해야 되는 것은 아니다. 그보다는 매사에 마음가짐을 바로 하고, 사리 판단을 명확하게 할 수 있다면 바로 군자라 할 것이다.

　정약용(丁若鏞)은 군자에 대해 정의하기를 '예를 지키면 **공손**하게 되고 바른 도리를 지키면 깨끗하지 않을 수 없다. 따라서 이 예와 의(바른 도리)가 완전하면 온화하고 진정한 예에 맞으리니 일러 군자라고 한다' 하였다. 군자에게 가장 소중한 덕목은 학식이 아니라 바로 정도(正道)를 지키는 일임을 강조한 것이다.

13

분함을 제압하기를 불을 끄듯이 하고, 욕심을 누르기를 물을 막듯이 할지니라. ── 근사록(近思錄)

原文 近思錄에 云, 懲忿을 如救火하고 窒慾을 如防水할지니라.

註 근사록(近思錄) : 중국 송나라 때 주자(朱子)와 그의 제자인 여조겸(呂祖謙)이 함께 지은 책. 사람의 교양을 높이고 처세를 바르게 하며, 일상 수양에 필요한 622조목을 추려 내어 14부로 나눈 14권의 책임. 징분(懲忿) : 분한 마음이 일어나지 않도록 하는 것. 질욕(窒慾) : 욕심을 막는 것. 방수(防水) : 물을 막다.

解義 '분노와 어리석은 행동은 나란히 걸으며 회한이 그 둘의 발꿈치를 문다'고 말한 사람은 B. 프랭클린이다. '현자일지라도 화를 내게 되면 현명함을 잃는다'는 말도 있다. 이처럼 분노의 감정은 사람을 어리석게 만든다.

근사록에서 경고하는 것도 바로 이 점이다. 인간인 이상 누구나 분노하는 감정을 갖게 되나 이성을 잃지 않고 잘 다스릴 때 비로소 정도를 걸을 수 있게 되는 것이다.

욕심도 마찬가지이다. 자기의 부귀나 영화를 위해 정도를 벗어나면서까지 욕심을 부리게 되면 몸과 집을 망치게 되고, 사회에 해독을 끼치는 무서운 결과를 초래할 수도 있다. 그러므로 올바른 이해와 정도를 벗어나는 삶을 살지 않도록 우리 모두 유의해야 할 것이다.

14

여색 피하기를 원수 피하듯이 하고, 바람 피하기를 화살 피하듯이 하라. 빈 속에 차를 마시지 말 것이며, 한밤중에는 밥을 적게 먹도록 하라. ——이견지(夷堅志)

原文 夷堅志에 云, 避色을 如避讐하고 避風을 如避箭하라. 莫喫空心茶하고 少食中夜飯하라.

註 이견지(夷堅志) : 중국 송대(宋代)의 사람인 홍매(洪邁)가 엮은 설화집(說話集). 송나라 초기부터 그가 살아 있을 당시까지의 민간의 이상한

일이나 이야기를 모은 책으로 모두 420권인데, 약 절반만이 전해지고 있다. 전(箭) : 화살. 끽(喫) : 먹다, 마시다. 공심(空心) : 빈 마음. 빈 속. 중야(中夜) : 한밤중. 깊은 밤.

解義 여색을 삼가는 것은 군자가 반드시 지켜야 할 세 가지 계율 중의 하나이다. 여색을 탐하다가 단명하고 가정을 파경으로 이르게 한 예는 얼마든지 있다.

바람을 쐬게 되면 병에 걸릴 염려가 있고 빈 속에 차를 마시면 자극성이 있어서 위장을 해칠 염려가 있으며, 밤중에 음식을 많이 먹으면 신체에 장애를 가져오기 때문에 역시 조심해야 할 일들이다.

이 글은 옛 중국 선가(仙家)의 양생법에서 비롯된 것으로 보인다. 그러면서도 오늘을 살아가는 현대인들에게도 꼭 필요하고 당연히 지켜야 할 건강법이 아닌가 생각된다. 건강한 생활을 위해 실생활에 응용해 지켜나가도록 힘쓸 일이다.

15

쓸데없는 말과 급하지 않은 일은 버려 두고 다스리지 마라. ─── 순 자(荀子)

原文 荀子曰, 無用之辯과 不急之察을 棄而勿治하라.
(순자왈) (무용지변) (불급지찰) (기이물치)

註 순자(荀子) : B.C. 298~238. 중국 전국(戰國)시대의 유학자로 이름은 황(況). 공자의 제자인 자하(子夏)의 학파에 속하며, 맹자의 성선설(性善說)에 대하여 순자는 성악설(性惡說)을 주창하였다. 그 밖에 성현의 예를 규범으로 해서 백성을 다스리는 것을 정치의 요체로 삼는 예치주의(禮治主義)를 주창하기도 했다. 순황(荀況), 순경(荀卿), 손경(孫卿) 등의 여러 이름으로 여러 책에 그의 글이 실려 있으며 한비자, 이사(李斯) 등이 그의 제자이다. 저서로는 순자(荀子)가 있다. 무용지변(無用之辯) : 쓸데없는 말. 기(棄) : 버리다.

[解義] 공자는 '평생토록 선을 행해도 한 마디 말의 잘못으로 이를 깨뜨린다'고 했다. 불교에서는 '허망한 말은 모두 죄'라고 가르치고 있다. 모두 순자의 '무용지변'과 통하는 말들이다.

이조시대(李朝時代) 세조(世祖) 때의 일이다. 진일(眞逸) 선생이란 분이 있었다. 그는 일찍이 왕비의 조카뻘이 되는 서후산(徐後山)과 함께 한림원에 들었다. 서후산은 왕비의 조카뻘인데다 문명(文名)도 높았고 세조의 총애 역시 각별하였다. 그런데 진일 선생이 퇴궐해 어느 땐가 서후산의 백씨(白氏)에게 문득 다음과 같이 말했다.

"서후산은 제명대로는 살지 못할 것입니다."

백씨가 놀라 그 까닭을 묻자 진일 선생은 대답했다.

"사람됨이 지나치게 강직하고 사나워서 하고 싶은 말을 다하기를 좋아하니 어찌 죽음을 피할 수 있겠소."

정말 얼마 지나지 않아 서후산은 피살되는 비운을 겪었다.

서후산은 할 말을 했음에도 죽음을 면하지 못했는데 하물며 허언에 있어서랴. 순자는 바로 이 점을 경계한 것이다.

이러한 교훈은 말뿐 아니라, 일과 탐욕에도 다같이 적용되니 명심해야 할 것이다.

16

모든 사람이 좋아하더라도 반드시 살펴야 하며 모든 사람이 미워하더라도 반드시 살펴야 하느니라.

———공 자

[原文] 子曰, 衆이 好之라도 必察焉하며 衆이 惡之라도 必察焉이니라.

[註] 중(衆) : 대중. 모든 사람. 오지(惡之) : 싫어하다. 미워하다.

解義 며도는 평판만으로 사람을 평가할 때 범하기 쉬운 어리석음을 경계한 글이다. 여론은 얼핏 공정한 것처럼 보인다. 그러나 때때로 그것이 어느 한쪽의 편견으로 치우치기 시작할 때는 걷잡을 수 없는 폭력이 되기도 한다.

개인적인 경우에도 편견에 사로잡혀 상대를 보면 결국 그의 절반 밖에 볼 수가 없다. 여기에서 생겨나는 인간관계의 오해와 그에 따른 비극 또한 만만치가 않다.

인간에게는 양면성이 있는 만큼 편견에 사로잡혀 어느 한 면만을 보고 전체를 안다고 해서는 안 될 것이다.

17

술 취한 가운데도 말이 많지 않음은 참다운 군자요, 재물에 대해 분명한 사람은 대장부이니라.

原文 酒中不語는 眞君子요 財上分明은 大丈夫니라.

解義 중국에서 술이 처음 만들어진 것은 우(禹)임금 때로 전해진다. 그때 우임금은 의적(儀狄)이 만들어 올린 술을 맛보고는 '후세에 술로써 망하는 나라가 반드시 있을 것이다'고 했다. 그리고는 그 술을 없애 버리도록 명령했다.

이 우임금의 선견지명은 들어맞아 예부터 오늘까지 우리 사회에 술로 인해 생겨나는 병폐는 한두 가지가 아니다.

논어에 보면 공자도 술을 마셨다. 그러나 결코 난삽한 데 이르지 않았다고 기록돼 있다. 공자 같은 성인도 술을 마셨으되 군자로서의 자세에는 흐트러짐이 없었다는 이야기이다.

유향(劉向)의 설원(說苑)에는 '술이 들어가면 혀가 나오고 혀가 나오면 말에 실수가 따르고 말을 실수하면 몸을 망친다'하는 구절이 있다. 이 장 역시 술을 마시면 말이 많아지는 병폐를 경계한 글이다.

'재물에 대해 분명한 사람은 대장부'란 구절도 군자가 새겨들어야 할 말이다. 작은 일에 신용이 불분명한 사람은 더불어 큰 일을 도모할 수가 없기 때문이다.

18

모든 일에 너그러움을 좇는다면 그 복이 저절로 두터워지리라.

原文 萬事從寬이면 其福自厚니라.
　　　　만사종관　　　　기복자후

註 종(從) : 따르다. 좇다. 여기에서는 이런 의미보다는 의역해서, 베풀다의 뜻 정도로 보는 것이 무리가 없을 듯하다. 관(寬) : 너그러움, 관용.

解義 인생의 덕목 가운데 가장 으뜸가는 것의 하나가 바로 이 관용, 즉 너그러움이다.
　중국 '오패(五覇)'의 하나인 초(楚)나라 장왕(莊王) 때의 일이다. 어느 날 군신간에 연회를 열고 한창 흥을 돋우고 있을 때였다. 갑자기 촛불이 모두 꺼지면서 연회장이 암흑세계가 되고 말았다. 이때 한 신하가 느닷없이 장왕의 애첩에게 입을 맞추었다. 순간적으로 깜짝 놀란 애첩은 엉겁결에 상대의 갓끈을 잡아 떼고는 왕에게 고해 바쳤다.
　"지금 어떤 몹쓸 자가 첩에게 무례한 짓을 하였기에 그 자의 갓끈을 잡아 떼었사오니 잡아 가두소서."
　애첩의 말에 장왕은 "오늘밤 이 자리에서 갓끈을 떼지 않은 사람에게는 모두 벌을 내릴 것이오."하고 호통을 쳤다.
　그 자리에 모였던 사람들은 다투어 갓끈을 잡아 떼었고, 불을 켠 뒤 보니 누가 범인인지 알 길이 없어졌다. 덕분에 연회는 흥겹게 계속되었다. 그후 2년이 지났을 때 초나라와 진나라 사이에 전쟁이 벌어졌다. 이때 초나라는 계속 패전을 거듭해 어려운 지경을 당하게 되었다. 그러자 어떤 장수 하나가 군사를 이끌고 달려와 진나라 군을 섬멸해 나갔다. 장왕은 뜻밖의 원군에 놀라 그 장수를 불러 만나보았다. 그리고 그에게서 바로 2년 전 애첩에게 무례한 짓을 하였던 바 장왕의 너그러움으로 살아난 장본인이란 고백을 듣게 되었다. 이 장수는 장왕의 너그러움에 감복해 언젠가 그를 위해 은혜를 갚을 결심을 하고 있었던 것이다.

이처럼 관용이란 덕목은 스스로 복을 두터이하는 것이니 새겨둘 만한 교훈이 아닐 수 없다.

19

다른 사람을 알려고 하거든 먼저 모름지기 자기 자신을 헤아려 보라. 다른 사람을 해치는 말은 도리어 자기 자신을 해치는 것이며, 피를 머금어 다른 사람에게 뿜으면 먼저 자기 자신의 입이 더러워지느니라.

——태 공

原文 太公이 曰, 欲量他人일제 先須自量하라 傷人之語는 還是自傷이니 含血噴人이면 先汚其口니라.

註 욕량(欲量):헤아려 보고 싶은 욕심, 생각. 수(須):모름지기. 환(還):도리어, 오히려. 함혈(含血):피를 머금다. 오(汚):더러워지다. 더럽게 하다.

解義 소크라테스의 '너 자신을 알라'는 말은 너무도 유명한 격언이다. 동양에도 그러한 종류의 금언은 수없이 많다. 남을 비판하기는 쉬워도 자기 자신을 냉정하게 바라보기는 그만큼 어렵기 때문이다.

'누군가를 비난하는 것은 위험한 불꽃이다. 그 불꽃은 자존심이라는 화약고의 폭발을 유발하기 쉽다. 그리고 이 폭발은 흔히 사람의 목숨까지 빼앗아 간다'는 말이 있다.
 누군가 다른 사람을 비난하거나 칭찬할 때는 먼저 자기 스스로를 돌아볼 필요가 있다. 특히 남을 비난할 때는 남도 나를 비난하리라는 점을 먼저 새겨 두어야 한다.
 태공의 '피를 머금어 다른 사람에게 뿜으면 먼저 자기의 입이 더러워진다'는 말은 시대를 넘어서 누구에게나 아픈 교훈이 될 것이다.
 '남을 아는 사람은 현명한 사람이고 자신을 아는 사람은 덕이 있는 사람이다. 남에게 이기는 사람은 힘이 강한 사람이나 자기 자신을 이기는 사람은 더 굳센 사람이다.' ——노자의 말이다.

20

 무릇 모든 유희는 이로울 것이 없으며, 오직 부지런함만이 공을 이루리라.

[原文] 凡戲(범희)는 無益(무익)이나 惟勤(유근)이 有功(유공)이니라.

[解義] 부질없이 귀중한 시간을 놀이에 허비한다는 것은 아무런 성과도 얻을 수 없는 어리석은 일이며, 부지런히 노력하는 것만이 성공의 길이라는 것을 모르는 사람은 없다. 하지만 실천하기는 어려운 것이니, 보통 사람들에게는 부지런히 일하기보다는 즐거운 유희에의 유혹이 늘 더 강하기 때문이다.
 '부지런히 일하는 사람의 집은 굶주림이 들여다보기는 해도 안으로 들어가지는 않는다'고 했다.
 삶에 주어진 소중한 시간을 물처럼 흘려 허비하지 말고 부지런히 일에 힘써 생의 보람을 찾을 일이다.

21

남의 외밭에서는 신발을 고쳐 신지 말고, 오얏나무 아래에서는 갓을 고쳐 쓰지 마라.　　──태공

原文　太^{태공}公이 曰^왈, 瓜^{과전}田에 不^{불납리}納履하고 李^{이하}下에 不^{부정관}正冠이니라.

註　과전(瓜田) : 외밭. 납리(納履) : 신을 신다. 여기서는 신을 고쳐 신다로 풀이함. 정(正) : 바로잡다. 정(整)과 같음.

解義　남의 외밭 가에서 신을 고쳐 신기 위해서 몸을 구부린다면 멀리서 보는 사람은 외를 따려는 걸로 의심하게 마련이고, 남의 오얏나무 아래에서 갓을 고쳐 쓰기 위하여 손을 위로 올린다면 역시 오얏을 따려는 걸로 의심하게 마련이다. 그러니 이렇듯 남에게 의심받을 일은 아예 처음부터 하지 않는 것이 가장 현명한 처신이다.
　이 글은 오랜 세월 동안 인구에 회자되어 온 너무도 유명한 격언으로, 군자가 정도를 가려면 처음부터 얼마나 분명한 처세가 필요한가 하는 데 대한 뛰어난 비유의 하나이다.

22

마음은 편할 수 있을지언정 몸은 일을 하지 않으면 안 되고, 도(道)는 즐길 수 있을지언정 마음은 근심을 염두에 두지 않으면 안 된다. 몸은 일하지 않으면 게을러져서 허물어지기가 쉽고, 마음은 우환을 생각하지 않으면 방탕에 빠져서 행동을 정하지 못한다. 그러므로 편안함은 수고롭게 일하는 데서 생겨야 언제나 기쁠 수 있

고, 즐거움은 근심하는 데에서 생겨야 싫음이 없으니, 편안하고 즐거운 사람이 어찌 근심과 수고로움을 잊을 수 있겠는가. ――경행록

原文 景行錄에 曰, 心可逸이언정 形不可不勞요 道可樂이언정 心不可不憂니 形不勞則怠惰易弊하고 心不憂則荒淫不定이라 故로 逸生於勞而常休하고 樂生於憂而無厭하나니 逸樂者는 憂勞를 豈可忘乎아

註 심가일(心可逸): 마음을 편안히 함. 형(形): 육신, 몸을 가리킴. 불가불(不可不): ~하지 않을 수 없다. 이폐(易弊): 쉽게 무너지다. 허물어지기 쉽다의 뜻. 황음(荒淫): 방탕하여 주색에 빠지는 것. 휴(休): 기쁘다의 뜻. 무염(無厭): 싫증나지 않음. 싫어함이 없음. 기가망호(豈可忘乎): '잊을 수 있겠는가'의 뜻.

解義 '삶 자체는 악이 아니지만 방종하게 사는 것은 악이다'라는 말이 있다. 무슨 일이든지 정도를 벗어나서는 곧 악의 유혹에 물들게 마련이다.

사람은 언제나 마음과 행동이 정도를 벗어나지 않아 방탕하지 않아야 한다. 또한 수고롭게 일하고 노력하는 데서 즐거움을 얻을 수 있도록 해야 한다.

몸이 편안함을 얻었어도 수고롭던 시절을 잊지 않고, 즐거움을 얻었어도 근심하던 시절을 잊지 않는 일이야말로 편안함과 즐거움을 오래 간직할 수 있는 방법이 아니겠는가.

23

귀로는 다른 사람의 그릇됨을 듣지 말고, 눈으로는 다른 사람의 단점을 보지 말며, 입으로는 다른 사람의 허

물을 말하지 않아야만 군자라고 할 수 있느니라.

原文 耳不聞人之非하고 目不視人之短하고 口不言人之過
라야 庶幾君子니라.

註 이불문(耳不聞) : 귀로 듣지 않다. 비(非) : 비리. 잘못. 단(短) : 단점. 결점. 과(過) : 허물. 서기(庶幾) : 거의.

解義 '자기 집 현관이 지저분하다면 이웃집 지붕의 눈을 치우지 않았다고 탓하지 말라'고 말씀한 분은 공자이다. 인간은 누구나 남의 잘못이나 결점은 잘 들추어 내고 말하면서도 자신의 허물에는 눈을 감게 마련이다.
 '사람들은 남의 잘못을 말하면서 그것을 끔찍한 것으로 여긴다. 그러나 그것이 자기 자신의 그림자라고는 생각지 못한다.' ── 프랑스 어느 도덕가의 말이다. 그리고 그것이 인간의 모습이다.
 그러므로 남의 옳지 않은 말을 듣지 않고, 남의 나쁜 점을 보지 않으며, 남의 허물을 말하지 않는다는 것은 이미 인간으로서 높은 경지에 이르러 거의 군자에 가깝다고 할 수 있다. 이와 같은 일을 실천하고 높은 수양을 쌓기에 힘써야 할 것이다.

24

기쁨과 노여움은 마음 속에 있으나 말이란 입 밖으로 나가는 것이니 어찌 삼가지 않을 수 있으랴.
── 채백개(蔡伯喈)

原文 蔡伯喈 曰, 喜怒는 在心하고 言出於口하나니 不可不愼이리오.

註 채백개(蔡伯喈) : 중국 후한(後漢) 때의 문인. 백개(伯喈)는 자이다. 하남(河南) 사람으로, 박학하고 시문에 능했다고 한다. 그밖에 수학, 천문, 서도, 음악 등에도 뛰어났으며 영자팔법(永字八法)을 고안한 것으로 알려져 있다.

解義 '사불급설(駟不及舌)'이란 말이 있다. 네 마리 말이 끄는 마차라도 혀의 빠름에 미치지 못한다 함이니, 말은 한 번 꺼내면 그만큼 빨리 퍼지고 또 취소할 수 없는 것이므로 늘 신중해야 한다는 뜻이다.

말이란 참으로 조심해서 하지 않으면 그로 인하여 재앙과 근심을 불러들이고 일과 몸을 망치는 경우가 허다하다. 언제나 말을 조심하도록 힘써야 할 것이다.

25

재여가 낮잠을 자고 있는 것을 보고 공자께서 말씀하셨다.

"썩은 나무는 조각할 수 없고, 썩은 흙으로 친 담은 흙손질을 할 수 없느니라."

原文 宰予가 晝寢이어늘 子曰, 朽木은 不可雕也요 糞土之墻은 不可杇也니라.

註 재여(宰予) : 중국 춘추시대 노(魯)나라 사람으로 공자의 제자. 자는 자아(子我). 재아(宰我)라고도 한다. 이른바 공문십철(孔門十哲)의 한 사람으로 자공(子貢)과 더불어 언변에 능했다고 한다. **주침(晝寢)** : 낮잠. **조(雕)** : 조각하다. **분토(糞土)** : 썩어서 찰기가 없는 흙. **장(墻)** : 담장. **오(杇)** : 흙손질하는 것.

解義 이 글은 논어에 나오는 것으로, 재여가 낮잠을 자자 공자가 크게 책망을 하는 것이다.

공자는 이 글 뒤에 덧붙여 정신이 썩은 재여 같은 사람에게 꾸지람은 해서 무엇하겠는가 하고 한탄하고 있다. 공자의 말씀으로는 가혹할 정도로 심한 책망이다.

학덕을 쌓아 군자가 되어 '치국평천하'할 것에 뜻을 두고 수업하는 제자들이라 공자의 실망도 컸으므로 그렇듯 심하게 책망을 했을 것이다.

'그릇이 맑지 않으면 무엇을 넣어도 시어진다'라는 말이 있다. 정신자세가 똑바르지 않으면 아무리 학문을 닦은들 소용이 없다. 공자는 제자가 올바른 정신자세를 확립하고 정진하기를 원했던 것이다. 그리고 이 교훈은 오늘날에도 온전히 그대로 적용되는 것이 아니겠는가.

26

복은 청렴하고 검소한 데서 생기고, 덕은 자신을 낮춰 겸손한 데서 생기고, 도는 편안하고 고요한 데서 생기고, 생명은 화창한 데서 생기고, 근심은 욕심이 많은 데서 생기고, 재앙은 탐욕이 많은 데서 생기고, 허물은 경솔하며 교만한 데서 생기고, 죄악은 어질지 못한 데서 생겨나느니라.

눈을 경계하여 다른 사람의 그릇됨을 보지 말고, 입을 경계하여 다른 사람의 단점을 말하지 말고, 마음을 경계하여 탐내거나 화내지 말고, 몸을 경계하여 나쁜 친구를 사귀지 마라.

유익하지 않은 말은 함부로 하지 말고 나와 관계없는 일을 함부로 하지 마라.

임금을 높여 받들고, 부모에게는 효도하며, 웃어른을 삼가 존경하고 덕 있는 사람을 우러러 받들며, 어진 사람과 어리석은 사람을 분별하고, 무식한 사람을 꾸짖지 말고 용서하라.

세상 일을 순리대로 좇아 물리치지 말며, 이미 지나갔거든 좇지 말고 몸이 불우하게 되었어도 잘되기를 바라지 말며, 일이 이미 지나갔거든 이를 생각하지 마라.

총명한 사람도 때로는 그 생각이 어리석을 수 있고, 치밀하게 계획을 세웠어도 편의(便宜)를 잃는 수가 있다.

다른 사람에게 손해를 끼치면 자기 자신도 마침내는 손해를 입을 것이며, 세력을 믿고 그에 의존하면 재앙이 따를 것이다. 경계하는 것은 마음 속에 있고 지키는 것은 의기에 있느니라.

절약하지 않으면 집을 망하게 하고, 청렴하지 않으면 지위를 잃게 되느니라.

그대에게 평생을 두고 스스로 경계할 것을 권하건대, 가히 놀랍게 여겨 잘 새겨 두도록 하라.

위에는 하늘의 굽어봄이 있고, 아래에는 땅의 신령이 살피고 밝은 곳에는 삼법(三法)이라는 것이 있어 서로 계승하며, 어두운 곳에는 귀신이 있어 서로 따른다.

오직 바른 것을 지키고 마음을 속이지 말 것이니, 이를 경계하고 경계할지어다.　　　　――자허원군(紫虛元君)

原文 紫虛元君誠諭心文에 曰, 福生於淸儉하고 德生於卑退하고 道生於安靜하고 命生於和暢하고 憂生於多慾하고 禍生於多貪고 過生於輕慢하고 罪生於不仁이니라.
戒眼莫看他非하고, 戒口莫談他短하고 戒心莫自貪嗔하고 戒身莫隨惡伴하라.
無益之言을 莫妄說하고 不干己事를 莫妄爲하라.

정기편 71

존군왕효부모　　　　　경존장봉유덕　　　　　별현우서무식
尊君王孝父母하고 敬尊長奉有德하고 別賢愚恕無識하
라.
　　　　물순래이물거　　　　　물기거이물추　　　　　신미우이물망
　　　物順來而勿拒하며 物旣去而勿追하고 身未遇而勿望하
　　　　　사이과이물사
며 事已過而勿思하라.
　　　　총명　　　다암매　　　산계　　　실편의
　　　聰明도 多暗昧요 算計도 失便宜니라.
　　　　손인종자실　　　　　의세화상수
　　　損人終自失이오 依勢禍相隨라.
　　　　계지재심　　　　　수지재기　　　　위부절이망가　　　　인불렴이
　　　戒之在心하고 守之在氣라 爲不節而亡家하고 因不廉而
실위
失位일지니라.
　　　　권군자경어평생　　　　　가탄가경이가사
　　　勸君自警於平生하나니 可歎可警而可思니라.
　　　　상림지이천감　　　　　하찰지이지기　　　　명유삼법상계
　　　上臨之以天鑑하고 下察之以地祇라 明有三法相繼하고
암유귀신상수
暗有鬼神相隨라.
　　　　유정가수　　　심불가기　　　계지계지
　　　惟正可守요 心不可欺니 戒之戒之할지어다.

註 자허원군(紫虛元君): 도가(道家)에 속하며, 이름과 연대는 불분명하다. 원군(元君)은 도가에서 여자 등선자(登仙者)에 대한 칭호로 남자의 진인(眞人)과 같은 뜻이라고도 한다. 아무튼 자허원군이 누구인지는 분명치 않다. 성유심문(誠諭心文): 참으로 정성껏 마음을 깨우치는 글이라는 뜻 비퇴(卑退): 비(卑)는 몸을 낮춘다는 뜻이고, 퇴(退)는 겸손의 뜻. 화창(和暢): 마음이 온화하고 맑은 것. 경만(輕慢): 사람이 경솔하고 교만한 것. 막간(莫看): 보지 마라의 뜻. 탐진(貪嗔): 탐내고 성내는 것. 악반(惡伴): 나쁜 짝. 나쁜 벗을 이르는 말이다. 불간기사(不干己事): 간(干)은 관계된다로 풀이하여, 자기에게 관계없는 일이라는 뜻. 존장(尊長): 나이 많은 어른을 말함. 별(別): 분별 또는 구별. 미우(未遇): 불우한 처지에 놓이는 것. 산계(算計): 계획을 짜 놓는 것. 천감(天鑑): 하늘의 살핌. 지기(地祇): 지신(地神). 땅의 신령. 삼법(三法): 경(輕)중(中)·중(重)의 세 가지 율법.

解義 '정기편'의 마지막 장인 이 글은 어느 것 하나 살아가면서 꼭 필요한 금과옥조 아닌 것이 없다. 지금까지도 정기편에는 생

활의 정곡을 파고드는 교훈들이 많았다. 그 중에서도 이 마지막 장에는 사람살이에서 반드시 지켜야 할 온갖 도덕적 세목들이 분명하고도 세세히 기록되어 있어 특히 인상적이다.

맑고 검소한 생활은 복을 불러오는 계기가 되고, 자신을 낮추는 겸손한 자세는 아름다운 미덕으로서 다른 사람으로부터 존경과 사랑을 받는 계기를 만든다. 마음이 편안하고 고요하면 정신이 통일되어 진리를 깨달을 수 있고, 마음이 너그럽고 유쾌하면 건강을 오래 유지할 수 있다.

사람은 욕심이 많으면 마음에 근심이 많아지고, 탐욕에 눈이 어둡게 되면 패가 망신하는 재앙을 불러오기 쉽다.

모든 허물은 말과 행동의 경솔과 교만에서 생기며, 마음과 행동이 어질지 못하면 남을 해치거나 불의를 자행하는 죄악을 범하게 된다.

다른 사람의 그릇된 것을 지적하거나 남의 결점을 지적하게 되면 인간관계를 원만히 유지할 수 없고, 탐욕한 생각이 있으면 마음에 번민을 가져오고 성내면 신경을 자극시켜 몸에 해롭다.

나쁜 벗을 따르면 나도 거기에 물들기 쉬우니 나쁜 벗을 경계해야 하고, 쓸데없는 말을 함부로 지껄인다거나 자기와 관계없는 일에 함부로 나서게 되면 자칫 큰 과오를 저지르기 쉽다. 그러므로 유익하지 않은 말은 하지 않아야 한다.

군왕을 높여 받들고, 부모에게 효도하며, 웃어른을 공경하고 덕 있는 이를 받드는 것은 사람이 마땅히 해야 할 도리이다.

현명하고 어리석은 사람을 분별하되, 무식한 사람은 꾸짖지 말고 너그럽게 대해야 한다.

세상일이 순리로 오는 것은 이를 물리치지 말며, 일이 이미 지나간 것은 쫓지 말고, 몸이 불우하게 되었어도 기적을 바라지 않는다는 것은 분수를 지켜 **천명에 따르라**는 것이다.

총명한 사람도 때로는 그 생각이나 판단이 흐릴 수가 있고, 아무리 치밀하게 세운 계획도 기대에 어긋나는 수가 있다. 또한 남에게 손해를 끼치면 자기 자신도 손해를 입고 만다.

세력에 아부하는 것은 재앙을 불러오는 끈을 잡아당기는 것이며, 그 세력이 무너질 때 자신도 함께 몰락을 당하는 것은 역사의 교훈이 보여 주는 바 그대로이다.
  근검 절약을 하지 않음으로써 집을 망치고, 청렴하지 못해서 벼슬자리를 잃게 되는 예 역시 허다하다.
  위에서는 하늘이 굽어보고 아래에서는 땅의 신령이 살펴보고 있으니 세상을 살아감에 있어 정도를 지키고 양심을 속이는 일이 없도록 경계하고 또 경계해야 할 것이다.

안분편
(安分篇)

　　유가사상의 또다른 특징의 하나는 '안분지족(安分知足)' 하는 삶에 대한 투철한 의식이다. 이 안분편에는 자기 자신의 분수를 알고 욕망의 키를 줄여 자족하는 삶을 살 때 탐욕의 미망에서 벗어날 수 있음을 가르치는 경구들이 가득 차 있다. 인간의 생(生)이 행복하려면 이 안분지족하는 삶의 지혜를 깨닫지 않으면 안 된다. 아무리 천하를 소유하고 있어도 스스로 더 많은 것을 원하면 그는 언제까지나 가장 불행한 사람으로 남을 수밖에 없다. 그러나 '나물 먹고 물 마시고 팔베개를 하고 누워도' 그 가운데 낙이 있다면 그는 행복할 수 있는 것이다.

1

만족함을 알면 가히 즐거울 것이요, 탐내는 마음이 많으면 근심이 끊이지 않으리라. ——경행록

原文 景行錄에 云, 知足可樂이오 務貪則憂니라.

註 지족(知足) : 분수를 지켜 만족할 줄 아는 것. 무탐(務貪) : 탐욕에 힘쓰는 것. 곧 탐욕스런 마음이란 뜻.

解義 옛날 중국에 신발이 없어서 슬퍼하던 한 사나이가 있었다. 그러던 중 우연한 기회에 그는 신발은커녕 아예 발 자체가 없는 사람을 만나게 되었다. 그 순간 이 사나이는 비로소 신발이 없는 자신의 운명에 만족하게 되었다고 한다.
　무슨 일에든지 만족할 줄 모르는 것 이상의 불행은 없다. 아무리 많은 것을 가졌어도 만족할 줄 모른다면 그는 언제나 갈증에 허덕이는 비극적인 인생을 살아야 한다. 그리하여 예부터 동양에서는 '지족안분(知足安分)'이라 하여 만족할 줄 알고 분수를 지키는 것을 처세의 큰 교훈으로 삼아 왔다.
　'안분편'은 바로 이 '지족안분'의 처세에 대한 교훈집이다.
　첫장에서부터 '만족할 줄 알면 생이 즐거울 것이나, 탐욕한다면 불행할 것'임을 경고하는 그 깊은 뜻을 잘 새겨둘 필요가 있을 것이다.

2

만족할 줄 아는 사람은 빈천하여도 또한 즐거우나, 만족할 줄 모르는 사람은 부귀해도 또한 근심하느니라.

[原文] 知足者는 貧賤亦樂이오 不知足者는 富貴亦憂니라.
(지족자)   (빈천역락)   (부지족자)   (부귀역우)

[註] **지족자(知足者)** : 만족할 줄 아는 사람. 곧 분수를 아는 사람. **빈천(貧賤)** : 가난하고 천한 것. **낙(樂)** : 즐거움.

[解義] '누항자락(陋巷自樂)'이란 말이 있다. 더럽고 누추한 곳에서 천하게 살면서도 늘 스스로 만족하고 즐긴다는 뜻이다. 진정으로 그렇게 살 수 있었던 분으로 공자의 제자로서 덕행이 뛰어났던 안회(顔回)가 있다.
 그 자신 특별한 애정을 기울였던 인물인 안회에 대해서 공자는 다음과 같은 말을 남겼다.
 "어질도다, 안회여. 한 대그릇 밥과 한 표주박 물로 누추한 거리에 살고 보면 남들은 그 괴로움을 견디지 못하는데 안회는 그 즐거움을 고치지 않으니, 어질도다, 안회여."
 누구나 다 안회처럼 살기란 공자의 말씀대로 힘드는 일이다. 하지만 최소한 그렇게 살고자 노력할 때 우리는 생에서 더욱 큰 기쁨을 찾아낼 수 있을 것이다.

3

분수에 넘친 생각은 헛되이 정신을 상하게 할 뿐이며, 허망한 행동은 도리어 화만을 부르게 되느니라.

[原文] 濫想은 徒傷神이오 妄動은 反致禍니라.
(남상) (도상신)   (망동)   (반치화)

[註] **남상(濫想)** : 분수에 넘치는 생각. 쓸데없는 생각. **도(徒)** : 헛되이. **반(反)** : 도리어. 오히려. **치화(致禍)** : 재앙을 불러오다.

[解義] 이 글은 분수에 넘치는 생각과 허망한 행동을 경계한 것이다. 주역(周易)에 보면 '항룡유회(亢龍有悔)'라는 말이 나온다.

지나치게 높이 올라간 용은 회한이 있으리란 뜻이다. 이 역시 스스로의 분수에 넘치는 행동을 경계한 말이다.

자기 분수에 맞지 않는 헛된 욕망에 사로잡혀 있는 **모양은 치**수가 맞지 않는 남의 옷을 빌어 입은 것과도 같다. 따라서 **겉보**기에도 우스꽝스러울 뿐 아니라 영혼에도 깊은 상처를 내게 마련이다. 망령된 행동 역시 마찬가지이다. 그러므로 어떤 경우에도 자기 분수에 넘치지도 모자라지도 않게 중도를 잡아 처신해서 후회하는 일이란 별로 없는 법이다.

4

만족을 알아 늘 만족해 한다면 일생동안에 욕됨이 없을 것이며, 그침을 알아 늘 그친다면 일생동안에 부끄러움이 없으리라.

原文 知足常足이면 終身不辱하고 知止常止면 終身無恥니라.

註 지족상족(知足常足): 만족할 줄을 알아 언제나 만족한다는 뜻. 종신(終身): 죽을 때까지. 즉 한평생의 뜻임. 지지(知止): 그칠 때를 아는 것. 무치(無恥): 치욕이 없음. 부끄러움이 없는 것.

解義 작은 것에 만족할 줄 모르는 사람이라면 그 어떤 것에 대해서도 만족할 수가 없다. 하지만 족할 때 그 족함을 알아 언제나 넉넉할 수 있다면 그가 바로 부자이다. 내 마음이 풍요로우니 탐욕과는 거리가 멀게 되고 따라서 일생에 욕됨이 누를 끼칠 일이란 처음부터 일어날 까닭이 없다.

또한 매사에 분수를 지켜서 멈추어야 할 때 멈출 줄 안다면 일생동안 **부끄러움이** 찾아올 일이란 없지 않겠는가.

5

가득 차면 손실을 초래하고, 겸손하면 이익을 얻을지니라. ——서　경(書經)

原文 書에 曰, 滿招損하고 謙受益이니라.
(서　왈　만초손　겸수익)

註 서(書) : 서경(書經). 서경은 삼경(三經) 또는 오경(五經)의 하나. 중국 요순(堯舜) 때로부터 주(周)나라 때까지의 정치에 관한 기록을 수집하여 펴낸 책 현재 전하는 것은 모두 20권 58편임. 만(滿) : 가득하다.

解義 이 글은 서경 대우모(大禹謨)편에 보인다. 어느 날 순(舜) 임금이 신하 우(禹)에게 어리석은 묘족(苗族)을 칠 것을 명령했다. 그러나 묘족은 30일이 지나도록 항복해 오지 않았다. 이때 익(益)이 우에게 한 충고에 이 글이 들어 있다.

익은 우에게 성(盛)한 힘으로 하기보다는 겸손할 것을 촉구했고, 우는 힘으로 누르는 대신 문교와 덕을 크게 폈다. 그러자 70일만에 묘족은 크게 감화되어 귀복해 왔다.

무슨 일에든지 가득 차서 자만하면 결국은 손실을 가져올 뿐이며, 겸허하게 매사를 충실히 이행해 나가면 하늘은 반드시 이에 상을 내린다. 그것이 바로 하늘의 올바른 이치라는 것이 이 글이 지니는 교훈이다.

6

편안한 마음으로 분수를 지키면 몸에 욕됨이 없을 것이요, 기틀을 잘 알면 마음은 저절로 한가하리니, 비록 인간 세상에서 살더라도 도리어 인간 세상을 벗어난 것이 되리라. ——안분음(安分吟)

原文 安分吟에 曰, 安分身無辱이오 知機心自閑이니 雖居
人世上이나 却是出人間이니라.

註 안분음(安分吟): 중국 송나라 때에 나온 안분시(安分詩)를 말함. 지기(知機): 세상 일의 돌아가는 기미, 기틀을 아는 것. 각시(却是): 도리어. 출인간(出人間): 인간 세상을 벗어난다는 뜻.

解義 편안한 마음으로 분수를 지키면 몸에 욕됨이 돌아오지 않고 세상 일의 돌아가는 기틀을 알게 되면 마음이 절로 한가로워지는 것은 당연한 이치이다. 그리고 이와 같은 경지에 이르게 되면 비록 세상사로 번다한 속세에 산다 할지라도 속세를 벗어나서 선경(仙境)에 머무르는 것과 다를 바가 없을 것이다.

7

그 지위에 있지 않고는 그 정사를 논하지 말지니라.
──공 자

原文 子曰, 不在其位면 不謀其政이니라.

註 기위(其位): 각기 맡은 바 그 지위의 뜻. 모(謀): 그 일로 모여 논의하는 것. 기정(其政): 정(政)은 직(職)과 같은 뜻으로, 그 지위와 그 지위에 따르는 제반 정사를 의미한다.

解義 이 글은 일과 직분에 대한 공자의 분명한 한계의 천명이라고 할 수 있다. 각기 맡은 바 지위에 있으면서 자기 직책을 완수하면 되는데, 공연히 남의 일에 주제넘게 간섭해 나쁜 결과를 가져오는 일은 오늘날 우리 주변에서도 흔히 볼 수 있다. 하지만 공자께서는 분명한 어조로 자기 일의 한계를 명확히 지킬 것을 강조하고 있다.

존심편
(存心篇)

　존심편은 양심에 대한 인간의 자유의지와 선하고 진실된 특성에 관한 경구들로 이루어져 있다. 특히 개인의 올바른 수양과 처세에 대한 아름답고 감동적인 문장들이 많다. 올바른 양심, 겸손한 사양, 참다운 은의(恩義)와 청빈함에 대한 자긍, 충과 효에 대한 분명한 정의 등이 존심편 전체를 이루고 있는 것이다. 따라서 요즘과 같은 혼탁한 세태에서는 더욱 절실히 요구되는 '자기 수양'이라는 측면에서 이 존심편의 가치는 더욱 크다 하겠다.

1

밀실에 앉아 있다 할지라도 마치 네거리에 있는 것처럼 하고, 작은 마음을 억누르는 것을 마치 여섯 말이 끄는 마차 부리듯이 하면 가히 허물을 면할 수 있으리라.
──경행록

原文 景行錄에 云, 坐密室을 如通衢하고 馭寸心을 如六馬하면 可免過니라.

註 통구(通衢) : 구(衢)는 네거리. 통구는 사방으로 통하는 큰 길이라는 뜻임. 어촌심(馭寸心) : 작은 마음을 다스리다. 어(馭)는 말(馬)을 부리다, 다스리다의 뜻. 육마(六馬) : 여섯 필의 말이 끄는 수레. 옛날 천자가 타고 다니던 수레는 여섯 필의 말이 끌었다. 가면과(可免過) : 과(過)는 허물. 허물을 면하다의 뜻.

解義 아무의 눈에도 띄지 않는 비밀한 곳에 홀로 있다 해도 몸을 삼가야 하는 것은 군자가 정도를 걷기 위함이다. 누가 보지 않는다고 해서 행동이 흐트러진다면 그는 이미 군자의 자격을 상실한 것이기 때문이다. 또한 사소한 일이라 할지라도 마음 다스리기를 여섯 필이 끄는 마차가 대로를 달릴 때처럼 공명정대하게 한다면 매사에 허물될 일이 없을 것이다.

'숨은 것보다 더 잘 드러나는 것은 없으며, 미세한 것보다 더 잘 나타나는 것은 없다. 그러므로 군자는 홀로 있을 때 삼가는 것이다.'

중용에 나오는 말이다. 이 중에서도 '홀로 있을 때 삼간다(愼其獨也)'는 말은 유명한 경구로 인구에 회자되어 왔다. 경행록의 글과 크게 통하는 점이 있어 인용한 것이다.

2

　부귀를 지혜와 힘으로써 얻을 수 있다면 중니는 젊었을 때에 마땅히 제후가 되었을 것이다. 세상 사람들은 저 높푸른 하늘의 뜻을 이해하지 못하고 부질없이 몸과 마음으로 하여금 한밤중에 근심하게 하는구나.
　　　　　　　　　　　　　　――격양시(擊壤詩)

原文 擊壤詩에 云, 富貴를 如將智力求인댄 仲尼도 年少 合封侯라 世人은 不解靑天意하고 空使身心半夜愁니라.

註 격양시(擊壤詩) : 중국 송나라 때의 소옹(邵雍)이 편찬한 시집으로 모두 20권으로 되어 있다. 중니(仲尼) : 공자의 자. 공자는 이산(尼山)에 기도를 드려 낳았다고 해서, 둘째항렬을 표시하는 중(仲)을 붙여 자를 중니라고 했다 한다. 여(如) : 만약, 만일에　장(將) : ~으로써. 이(以)와 같음.　합(合) : 마땅히.　공(空) : 여기에서는 부질없다는 의미임. 반야수(半夜愁) : 한밤중 수심에 잠기는 것.

解義 이 세상 살아가면서 부귀를 원하지 않는 사람은 아마 한 사도 없을 것이다. 하지만 부귀라는 것은 지혜나 힘만으로 얻어지는 것이 아니다. 하늘의 뜻이 있어야만 한다. 공자 역시 일찍이 '만일 부를 구할 수 있다면 비록 마부 노릇이라도 내 하려니와 만일 구할 수 없다면 나의 좋아하는 바에 따르리라'고 했다.
　천명을 어기고 뜻을 굽혀서까지 명리를 추구하지 않는 것이 군자의 도라는 것이 공자의 생각이었다.
　또한 현성(賢聖)함만으로 부귀가 찾아온다면 공자는 진작에 제후가 되었을 것이다. 그렇지 못한 것은 다 천명이 있음인데 세상 사람들은 그것을 알지 못하고 부질없는 근심으로 세월을 소모하고 있으니 안타까울 뿐이다.

3

　범충선공이 그 아들을 경계하여 말하였다.

　"비록 매우 어리석은 사람일지라도 다른 사람을 꾸짖는 데는 밝고, 비록 총명하다고 해도 자기를 용서하면 사리에 어두워진다. 너희들은 마땅히 다른 사람을 꾸짖는 것과 같은 마음으로 자기 자신을 꾸짖고, 자기를 용서하는 마음으로써 다른 사람을 용서한다면 성현의 경지에 이르지 못함을 근심할 것이 없느니라."

―― 범충선공(范忠宣公)

原文 范忠宣公이 戒子弟曰, 人雖至愚나 責人則明하고 雖有聰明이나 恕己則昏이니 爾曹는 但當以責人之心으로 責己하고 恕己之心으로 恕人則不患不到聖賢地位也니라.

註 범충선공(范忠宣公) : 중국 북송(北宋) 때의 재상(宰相)으로, 이름은 순인(純仁), 시호는 충선(忠宣), 명신(名臣) 범중엄(范仲淹)의 아들. 사람됨이 지극히 효성스러웠다고 한다. 이조(爾曹) : 조(曹)는 무리라는 뜻으로 이조(爾曹)는 너희 무리, 너희들이라는 뜻. 불환(不患) : 근심하지 않는 것.

解義 영국의 속담에 '그대 자신을 제외한 모든 사람을 용서하라' 하는 말이 있다. 하지만 인간이란 그 반대로는 할 수 있을지언정 그 말을 따르기는 어려운 속성을 지녔다. 자신의 허물은 쉽게 받아들이고 용서하면서도 타인의 잘못에는 좀체 눈을 감지 못하는 것이다.

　범충선공은 바로 이 점을 경계해 아들에게, '남을 책망하는 마음으로 자신을 꾸짖고, 자기를 용서하는 마음으로 남을 용서하는 마음을 지닌다면 그 덕이 저절로 높아져 성현의 경지에 들지 못함을 걱정할 것이 없다'고 가르치고 있다.

오늘날에도 참으로 온전히 적용되는 교훈이라 할 것이다.

4

총명하고 그 생각이 슬기로울지라도 어리석은 체하여 이를 지켜야 하고, 공로가 세상을 뒤덮을지라도 겸양하는 마음으로 이를 지켜야 하며, 용맹이 세상에 떨칠지라도 두려운 마음으로 이를 지켜야 하고, 부유함이 온 천하를 차지하고 있을지라도 겸손한 마음으로 이를 지켜야 하느니라. ——공 자

原文 子曰, 聰明思睿라도 守之以愚하고 功被天下라도 守之以讓하고 勇力振世라도 守之以怯하고 富有四海라도 守之以謙이니라.

註 사예(思睿): 생각이 슬기로운 것. 피(被): 덮다. 진세(振世): 세상에 떨치는 것. 유(有): 차지하다의 뜻. 사해(四海): 천하. 온 세상.

解義 공자는 평소 잘난 체하는 인물을 아주 싫어했다. 논어에는 그러한 공자의 언행이 여러 곳에 언급되어 있다. 예를 들어 '만일 주공(周公)과 같은 훌륭한 재능을 지니고 있으면서도 교만하고 인색하다면 그 나머지는 보잘것이 없느니라'와 같은 대목이 그런 것이다.

여기에서도 총명이 뛰어나고 생각이 밝다고 해서 과시하려 든다면 그것은 교양이 부족한 소치이고, 몸을 보전하는 현명한 길이 못되며, 공업(功業)이 천하를 덮는다고 해서 우월감을 가지고 세상 사람을 대한다면 그 공업을 길이 간직하지 못하고, 용맹이

천하에 떨친다고 해서 횡포하고 함부로 날뛰어서는 몸을 지키지 못하며, 부유한 정도가 천하를 차지했다 할지라도 겸손하여 남으로부터 지탄을 받지 않도록 해야만이 그 모든 것을 지킬 수 있다고 경고하고 있다.

같은 의미로 노자의 말씀에 다음과 같은 것이 있다.

'능란한 상인은 물품을 깊이 간직해 두고서 겉으로는 통 아무 것도 없는 듯이 하고, 군자는 안에 성덕이 있으면서 용모는 어리석은 사람처럼 보이게 한다.'

5

박하게 베풀고 후한 것을 바라는 사람에게는 보답이 없고, 몸이 귀하게 된 후에 비천했던 때를 잊는 사람은 그 귀함이 오래 계속되지 못하리라. ──소서(素書)

原文 素書에 云, 薄施厚望者는 不報하고 貴而忘賤者는 不久니라.
^{소서 운 박시후망자 불보 귀이망천자 불구}

註 소서(素書) : 중국 한(漢)나라 때의 황석공(黃石公)이 펴냈다고 전하는 책. 박시(薄施) : 박하게 베풀다. 불보(不報) : 보답이 없음. 망천(忘賤) : 천했던 시절을 잊다. 불구(不久) : 오래 가지 않는다.

解義 남에게 은혜를 베풀고 그 보답을 바란다는 것은 군자가 취할 태도가 아니다. 더구나 조금 베풀고 많은 보답을 바란다면 하늘이 그것을 막을 것이다.

속담에 '개구리가 올챙이적 일을 생각하지 않는다'는 말이 있듯이 세상 사람들 가운데는 몸이 귀해지면 지난날을 잊어버리고 교만하게 되며 남을 경멸하는 사람들이 흔히 있다. 그러나 이런 사람이 그 부귀를 오래 지닐 수 없음은 당연한 일이다.

6

은혜를 베풀었거든 그 보답을 바라지 말고 남에게 주었거든 후회하지 마라.

原文 施恩이어든 勿求報하고 與人이어든 勿追悔하라.

註 구보(求報) : 보답을 바라는 것. 추회(追悔) : 뒤에 후회하는 것.

解義 내가 누군가에게 조그마한 도움이라고 주었다고 여겨지면 생색을 내고 싶어지는 것이 어쩔 수 없는 보통 사람의 짧은 소견이다. 하지만 은혜를 베풀고 생색을 낸다면 그것은 이미 진정한 의미의 베품이 될 수 없다.

'자기가 은혜를 베푼 상대를 만나면 곧 그 일이 생각나는 법이다. 그런데 자기에게 은혜를 베풀어 준 사람을 만났을 때는 그것을 기억해 내지 못하는 일이 얼마나 자주 있는지?'——괴테의 한탄이다.

허나 진정한 삶의 본질과 의미를 파악하고 있는 사람이라면 은혜를 베풀고도 그 보답을 바라지 않으며 남에게 주고 나서 후회하는 일 같은 것은 하지 않을 것이다.

7

담력은 크게 가지되 마음가짐은 섬세해야 하고, 지혜는 원만하되 행동은 방정해야 하느니라.

——손사막(孫思邈)

原文 孫思邈이 曰, 膽欲大而心欲小하고 知欲圓而行欲方

이니라.

註 손사막(孫思邈) : 당(唐)나라 때의 학자. 특히 노장(老莊)에 정통했고 음양학(陰陽學), 의약학(醫藥學)에 조예가 깊었다고 한다. 담(膽) : 담력, 용기. 욕대(欲大) : 크게 하려고 바라는 것. 원(圓) : 원만하다. 방(方) : 방정한 것, 올바른 것.

解義 '매사에 용기가 있되 마음가짐은 섬세하며 지혜는 원만하되 행동은 바르고 곧은 사람'은 이상적인 인간상의 제시이다. 동시에 인간적인 매력을 지닌 어떤 인물상을 떠올리게도 만든다.
범용한 인물로서는 그렇게 되기가 쉽지 않다. 그러나 최대의 노력을 통해 그러한 인물상에 접근해 가려는 자세가 무엇보다 중요할 것이다.

8

생각은 언제나 싸움터에 나아가는 날처럼 하고, 마음은 언제나 다리를 건너는 때처럼 지녀라.

原文 念念要如臨戰日하고 心心常似過橋時니라.
(염념요여림전일)   (심심상사과교시)

註 염념(念念) : 생각하고 생각함. 요(要) : 필요로 하다. 임전일(臨戰日) : 전장에 나아가는 날. 과(過) : 여기에서는 건너다로 풀이했음.

解義 이 글은 생각은 싸움터에 나갈 때처럼 신중을 기하고 마음가짐은 다리를 건너듯(예전의 다리는 그다지 튼튼하지 못했으므로) 극히 조심성있게 하라는 것을 강조한 것이다.
싸움터에 나가는 것은 곧 목숨을 건다는 뜻이다. 어찌 신중하지 않을 수 있겠는가. 신중을 기하지 않은 생각은 경박한 행동의 시발이 될 뿐이다.

우리 속담에 '돌다리도 두드려 보고 건넌다'는 말이 있다. 매사에 조심하고 신중하게 처신한다는 뜻이다. 그와 같은 마음가짐을 지니고 있다면 일생동안 실수하는 일이 드물게 될 것이다.

❾

법을 두려워하면 날마다 즐거울 것이요, 나랏일을 속이면 날마다 근심이 되리라.

原文 懼法이면 朝朝樂이오 欺公이면 日日憂니라.

註 구법(懼法) : 나라의 법을 두려워하는 것. 조조락(朝朝樂) : 글자 그대로는 아침마다 즐겁다로 풀이되나 여기에서는 날마다로 해석함. 기공(欺公) : 나랏일을 속이다. 공(公)은 공사(公事).

解義 국법을 두려워해서 잘 지키는 사람에게는 아무것도 두려울 것이 없기 때문에 마음이 항상 즐겁고, 반면 나랏일을 속여서 범법을 했다면 언제 처벌을 받을지 모르니 마음 속에서 근심이 떠날 날이 없다. 세상 모든 일을 행하고 처리함에 광명정대(光明正大)하라는 가르침이다.

❿

입을 지키는 것을 병(甁)과 같이 하고, 뜻을 막기를 성(城)과 같이 하라. ──주문공(朱文公)

原文 朱文公이 曰, 守口如甁하고 防意如城하라.

註 주문공(朱文公) : 남송대(南宋代)의 대유(大儒) 주자(朱子)를 말한다. 이름은 희(熹), 자는 원회(元晦), 또는 중회(仲晦), 문(文)은 그의 시호

임. 존칭하여 주자라고 한다. 일명 주자학이라고도 불리는 성리학(性理學)을 집대성한 분이며 저서로는 시집전(詩集傳), 사서집주(四書集註), 자치통감강목(資治通鑑綱目), 근사록(近思錄), 소학(小學) 등이 있다. 주자학은 고려 충렬왕(忠烈王) 때 안향(安珦)에 의해 우리나라에 전해져 크게 융성했다. **방의여성(防意如城)**: 마음 속에서 나쁜 뜻이 싹트는 것을 막는다는 의미이다.

[解義] 입을 지키기를 병처럼 하라는 것은 한 번 입 밖에 나간 말은 병에서 엎질러진 물처럼 도로 주워담을 수가 없음을 비유해, 부디 말에 신중하라는 교훈이다. 이 '수구여병(守口如甁)'이란 말은 사자숙어(四字熟語)로서도 이미 우리에게 낯설지 않은 말이다. 입은 재앙과 근심의 문이 된다고 했듯이, 말을 쉽게 함부로 하여 혼란과 파멸을 가져온 예는 얼마든지 있다. 그렇기 때문에 한 마디 한 마디의 말을 신중히 하여 재앙이나 근심이 없도록 말 조심할 것을 강조한 것이다.

또 나쁜 뜻이 마음 속에서 싹트는 것을 마치 견고한 성곽으로써 외적의 침입을 막듯이 미연에 방지하도록 하라는 것이다.

이와 유사한 가르침으로 채근담에 '입은 마음의 문이니 입을 지키는 것을 엄밀히 하지 못하면 마음의 참기틀이 다 누설될 것이요, 뜻은 마음의 발이니, 뜻을 막는 것을 엄격히 하지 않으면 마음은 옳지 못한 길로 달려갈 것이다' 하는 구절이 나온다.

주자의 말과 더불어 음미해 볼 만한 교훈이라 보여진다.

11

마음이 남을 저버리지 않았으면 얼굴에 부끄러운 빛이 없으리라.

[原文] 心不負人이면 面無慙色이니라.

[註] 부(負): 짐을 진다로 풀이되나 여기서는 저버린다는 뜻임. 참색(慙色): 부끄러운 기색.

解義 남을 저버린다는 것은 누군가를 대할 때 표리와 대의명분이 한결같지 못함을 이르는 말이다.

　광명정대한 대의명분이 있다면 이 세상에 부끄러울 일은 없다. 이 대의명분이 없거나 있다 해도 거짓된 것이기에 마음에 당혹과 부끄러움을 느끼는 것이 아니겠는가.

12

　사람은 백 살을 살지 못하는데도 부질없이 천 년의 계획을 세운다.

原文 人無百歲人이나 枉作千年計니라.
　　　　인 무 백 세 인　　왕 작 천 년 계

註 백세인(百歲人) : 백 살 된 사람. 또는 백 살을 사는 사람. 왕(枉) : 잘못의 뜻으로 해석되나 여기서는 부질없이로 풀이하는 것이 적당함.

解義 '인생이란 아침이슬과 같다'는 말이 있다. 아침이슬은 영롱하나 해가 떠오르면 자취도 없이 사라지니, 인생의 덧없음을 극명하게 표현한 말이 아닐 수 없다. 이백(李白)도 '인생은 한갓 허무한 꿈과 같으니(浮生若夢)'라고 읊었다.

　이처럼 덧없는 삶이건만 사람들은 그 한 치 앞을 내다보지 못하고 천 년을 살듯이 삶에 매어 달리고 집착한다. 생의 오류란 바로 이러한 집착에서 비롯되니 모두 훌훌 벗어 버리고 조금이라도 자유로울 수 있다면 얼마나 좋겠는가. 이 글은 그러한 자유를 위해서 한시라도 빨리 욕망과 집착의 부질없음을 깨달으라는 절실한 교훈이 담겨 있다.

13

　벼슬아치가 사곡(私曲)을 행하면 벼슬을 잃을 때 후

회하고, 부유할 때 비용을 절약하지 않으면 가난해졌을 때 후회하게 되리라. 기예(技藝)는 젊었을 때 배우지 않으면 때가 지나갔을 때 후회하게 되고, 일을 보고 배우지 않으면 필요하게 되었을 때 후회하게 되리라. 술에 취했을 때 함부로 말하면 술에서 깨었을 때 후회하게 되고, 몸이 건강할 때 휴식을 취하지 않으면 병들었을 때 후회하게 되리라.　――구래공 육회명(寇萊公六悔銘)

[原文] 寇萊公六悔銘에 云, 官行私曲失時悔요 富不儉用貧時悔요 藝不少學過時悔요 見事不學用時悔요 醉後狂言醒時悔요 安不將息病時悔니라.

[註] 구래공(寇萊公) : 중국 북송(北宋) 진종(眞宗) 때의 어진 재상으로, 성은 구(寇), 이름은 준(準), 자는 평중(平仲). 요(遼)나라가 쳐들어왔을 때 이를 잘 수습했는데 이 공로로 내국공(萊國公)에 봉해졌으므로 구래공(寇萊公)이라 했다. 육회명(六悔銘) : 뉘우쳐야 할 여섯 가지를 경계하는 글. 사곡(私曲) : 사사로운 이익을 위하여 정도를 굽히는 것이니 곧 부정(不正)을 말한다. 실시회(失時悔) : 벼슬을 잃었을 때 후회함. 예(藝) : 재주. 기술이나 예술.

[解義] '후회란 득의했을 때는 깊이 잠들고 실의에 빠졌을 때는 쓴맛을 더하는 법이다.'라는 말을 한 사람은 루소이다. 그 자신 심한 인생유전을 겪으며 살아온 루소다운, '후회'에 대한 극명한 정의인 셈이다.

　구래공이 '육회명(六悔銘)'을 만들어 경계한 것도 후세인들이 바로 이 인생의 쓴맛을 경험하지 않기를 바라서였을 것이다.

　관직에 있는 사람은 사리사욕을 떠나 청렴결백한 태도로 직무에 충실하는 것이 기본사명이다. 따라서 부정한 짓을 하게 되면 관직을 잃게 되고 당연히 후회가 뒤따르게 된다. 또한 부유했을 때 재물을 아끼고 낭비하지 말아야 그 부를 오래 간직할 수 있다. 가난해진 다음 후회한들 아무 소용이 없는 것이다.

기예(技藝)는 젊었을 때 배워야 빨리 효과적으로 성취할 수 있으며, 그 시기를 놓치게 되면 아무리 노력해도 배우기 어렵다. 일을 보았을 때 배워 두지 않으면 필요한 때에 후회하게 된다. 술에 취했을 때 함부로 말하면 실수를 하게 되어 있다. 깨어난 뒤에 후회해도 소용 없으니 술에 취했을 때는 말조심을 하지 않을 수 없는 것이다.

몸이 건강할 때 충분히 휴식을 취하여 몸을 돌보아야만 한다. 건강을 지나치게 믿고 험하게 살다가 덜컥 큰 병에 걸리면 뒤따르는 것은 후회뿐이다. 엎질러진 물은 도로 주워담을 수 없는 것이 인생사인 것이다.

태공망 여상(太公望 呂尙)은 주문왕(周文王)의 스승으로서 후에 제후에 봉해져 제(齊)나라의 시조가 된 인물이다. 그러한 그도 젊은 시절에는 끔찍하게 가난한 서생이었다. 그런 형편에 일을 할 생각은 하지 않고 허구헌날을 책 속에 파묻혀 지냈다. 그의 아내 마(馬)씨는 남편의 무능과 가난을 견디지 못하고 어느 날 친정으로 돌아가 버렸다.

그 뒤 세월이 흘러 여상은 요즈음식으로 표현하면 출세가도를 달려 마침내 성공을 이루었다. 그러던 어느 날 옛날 그의 아내였던 마씨가 찾아와 다시 함께 살 것을 호소했다. 그때 여상은 잠자코 그릇의 물을 뜰에 쏟아붓고는 마씨에게 그것을 다시 주워담으라고 말했다. 물론 그것은 불가능한 일이었다. 물은 삽시간에 흙 속으로 스며들었고 손에는 진흙밖에 잡히지 않았던 것이다. 그 모습을 보고 여상은 '엎지른 물을 다시 그릇에 주워담을 수 없는 것처럼 이별한 사람 역시 이제 와 다시 함께 할 수는 없다' 하고 말했다.

다소 잔혹한 면이 없지 않으나 인생사에 언제나 따라다니는 '회한'에 대한 가장 적절한 비유임에는 분명하다.

14

차라리 아무 사고 없이 집이 가난할지언정 걱정 있는 부자집이 되지 말 것이며, 아무 걱정 없이 초가집에서 살지언정 걱정 많은 좋은 집에 살지 말며, 차라리 병 없이 거친 밥을 먹을지언정 병이 있어 좋은 약을 먹지 말 것이니라. ——익지서

原文 益智書에 云, 寧無事而家貧이언정 莫有事而家富요 寧無事而住茅屋이언정 不有事而住金屋이요 寧無病而食 麤飯이언정 不有病而服良藥이니라.

註 영(寧) : 차라리. 모옥(茅屋) : 띠풀로 덮은 집. 곧 초라한 초가집의 뜻. 추반(麤飯) : 거친 밥. 즉 수수밥이나 보리밥.

解義 구차하고 궁핍한 생활 중에도 도를 즐기며 편안한 마음으로 살아가는 '안빈낙도'야말로 진정한 삶의 모습임을 일깨워 주는 글이다.

사고가 있으면서 부자가 되는 것보다는 차라리 집이 가난하더라도 사고 없이 사는 것이 좋으며, 나쁜 일이 끊이지 않으면서 좋은 집에 사는 것보다는 차라리 초가집에 살아도 별다른 일 없이 마음 편한 것이 훨씬 좋은 법이다. 병이 있어서 좋은 약을 먹는 것보다는 차라리 수수밥 보리밥을 먹을지라도 병 없이 건강하게 생활하는 것이 더 좋은 것은 말할 필요도 없다.

15

마음이 편안하면 초가집도 안온하고, 성품이 안정되

어 있으면 나물국도 향기로우니라.

原文 心安茅屋穩이오 性定菜羹香이니라.
(심안모옥온)   (성정채갱향)

註 온(穩) : 편안함. 안온함.   채갱(菜羹) : 나물국.

解義 역시 '안빈낙도'하는 삶의 면목을 강조한 글이다. 마음이 편안하면 누추한 초가집도 아늑하게 느껴지기 마련이요, 성품이 안정되어 있으면 나물국도 향기롭게 느껴지는 법이다.
　이러한 의미를 담은 글 중에 천고의 명언으로 공자의 다음과 같은 말씀이 논어에 나온다.
　'거친 밥을 먹으며 물을 마시고 팔을 구부려 베개하여도 낙이 또한 그 가운데 있으니 의롭지 않은 부귀는 내게 뜬구름과 같으니라.'

16

　다른 사람을 꾸짖는 사람과는 온전하게 사귈 수 없고, 자기 자신을 용서하는 사람은 허물을 고치지 못할 것이니라.
　　　　　　　　　　　　　　　　　　——경행록

原文 景行錄에 云, 責人者는 不全交요 自恕者는 不改過니라.
(경행록)   (운) (책인자)   (부전교) (자서자)   (불개과)

註 부전교(不全交) : 사귐을 온전히 할 수 없다는 뜻.   자서(自恕) : 자기 자신을 용서하는 것.   불개과(不改過) : 허물을 고치지 못하다.

解義 이 세상에 허물 없는 사람은 없다. 문제는 어떤 허물이든 자기에게 있을 때는 눈에 보이지 않다가 남에게 있으면 반드시 눈

에 보이고 또 그것을 끄집어 내어 한두 마디쯤 비평을 하고 싶어지는 것이 인간의 마음이란 점이다. 그러나 상대의 허물을 탓하게 되면 그곳에는 온전한 사귐이 있을 수 없다. 사람이란 이편에 허물이 있는 것을 알면서도 상대의 책망을 듣게 되면 원망을 하게 되기 때문이다.

남의 잘못은 결코 용서하지 못하면서 자신의 잘못에는 너그럽게 눈을 감아 버리는 것이 또한 인간이다. 그러나 쉽게 자신을 용서하는 사람은 결코 허물을 고치지 못한다. 뼈아픈 반성이 없는데 어찌 잘못을 고칠 수 있겠는가. 그리고 허물을 고치지 못하면 평생동안 과오 속에서 지내게 될 터이니 그 회한 또한 어쩌랴. 경행록은 바로 이 점을 경계한 것이다.

17

아침 일찍 일어나면서부터 밤에 잠들 때까지 늘 충성과 효도를 생각하는 사람은 다른 사람이 알지 못하더라도 하늘이 반드시 이를 알 것이니라. 배불리 먹고 따뜻하게 입고, 편안하게 제 몸만 위하는 사람은 몸은 비록 편안할 것이나 그 자손을 과연 어찌할까.

原文 夙興夜寐하여 所思忠孝者는 人不知나 天必知之요 飽食煖衣하여 怡然自衛者는 身雖安이나 其如子孫에 何오.

註 숙흥야매(夙興夜寐) : 아침 일찍 일어나고 밤늦게 자는 것. 포식난의(飽食煖衣) : 배불리 먹고 따뜻한 옷을 입는 것. 이연(怡然) : 기쁘게, 또는 즐겁게의 뜻.

解義 예부터 나아가서는 임금을 섬기고, 들어와서는 어버이를 섬기는 충효사상은 천지간에 몸을 똑바로 세울 수 있는 근본이었

다. 이 충효를 모르면 새나 짐승과 다를 바가 없는 것으로 여겨져 왔다. 그러므로 밤과 낮으로 충효를 생각하는 사람은 혹시 남이 그것을 알지 못한다 해도 하늘은 반드시 그 마음을 알아 복을 내려 줄 것으로 믿었다.

반대로 제 일신만을 위해 편안함을 추구하는 사람은 제 몸은 혹 편안할지 모르나 그 재앙이 자손에 미치게 됨을 모르는 소이이다.

18

제 처자를 사랑하는 마음으로 어버이를 섬긴다면 그 효도는 곧 극진할 것이며, 부귀를 보전하려는 마음으로 임금을 받든다면 그 어디에나 충성 아닌 것이 없으리라.

남을 책망하는 마음으로써 자기를 책망한다면 허물이 적을 것이며, 자기를 용서하는 마음으로써 남을 용서한다면 사귐을 온전히 할 수 있으리라.

原文 以愛妻子之心으로 事親則曲盡其孝요 以保富貴之心으로 奉君則無往不忠이오 以責人之心으로 責己則寡過요 以恕己之心으로 恕人則全交니라.

註 사친(事親) : 어버이를 섬기다. 곡진(曲盡) : 극진히 하다. 무왕(無往) : 어디를 가도의 뜻. 과과(寡過) : 허물이 적음. 전교(全交) : 사귐을 온전히 하는 것. 완전한 교제.

解義 누구든지 자기 처자를 사랑하는 마음은 지극히 간절한 법이다. 그와 같은 마음으로써 부모를 섬긴다면 그야말로 극진한 효도를 할 수 있을 것이다. 그러나 예부터 내리사랑은 있어도 치사랑은 없다는 말이 있다. 자식 사랑하는 것만큼 부모 섬기기가

어려움을 이르는 말이다.

　부귀영화에 대한 동경과 그것에 집착하는 마음은 누구에게나 절실하다. 이렇듯 절실하게 부귀를 보전하려는 마음으로 임금을 받든다면 그야말로 굉장한 충성이 될 것이다.

　두 가지 비유가 모두 지나치게 솔직하고 풍자적이어서 오히려 설득력이 배가되는 그런 문장이다.

　다른 사람의 잘못을 용서하는 데는 인색하면서도 자기의 잘못을 용서하는 데는 너무나 관대한 것이 인간의 마음임은 이미 앞장에서도 여러 번 언급되었다.

　다른 사람을 꾸짖는 마음으로 스스로의 잘못을 꾸짖는다면 그만큼 과오가 적어질 것이다. 또 자신을 용서하는 마음으로써 다른 사람을 용서한다면 상대방도 그와 같은 우정으로 대하여 원만한 교제를 오래도록 유지해 나갈 수 있는 것이다.

19

　너희 꾀함이 옳지 못하면 후회한들 어찌 그것에 미칠 것이며, 너희 소견이 뛰어나지 못하면 가르친들 무슨 소용이 있겠는가? 오로지 자기 이익만을 위한다면 도리에 어긋나게 되고 사사로운 마음이 굳어지면 공로가 사라지게 되리라.

原文 爾謀不臧이면 悔之何及이오 爾見不長이면 敎之何益이리오. 利心專則背道요 私意確則滅公이니라.

註 부장(不臧): 착하지 않음. 여기에서는 옳지 못함으로 풀이했다. 부장(不長): 길지 않다. 여기에서는 뛰어나지 못함으로 풀이했다. 배도(背道): 도리에 어긋남. 사의(私意): 개인만을 위하는 생각. 확(確): 굳이짐. 멸공(滅公): 공사(公事)를 저버리는 것.

[解義] 정당하지 못한 것을 도모하거나 도덕적으로 용납되지 않는 이익을 취하는 일은 군자가 지켜야 할 정도가 아니다. 군자가 정도를 벗어난다면 머지않아 반드시 큰 실패가 따르리니, 그때에 백 번을 후회한들 무슨 소용이 있겠는가.

또한 가르치는 사람이 현성하지 못할 때에는 그 가르침이 무슨 소용이 닿겠는가. 아무 쓸모도 없는 것이다.

자기의 사욕만을 위해 이익을 챙기는 것 역시 도리에 어긋나는 것이요, 이러한 마음이 굳어지면 지금까지 이룬 공로가 모두 헛된 물거품이 되고 말 것이다.

20

일을 만들면 일이 생기고, 일을 덜면 일이 없어지느니라.

[原文] 生事事生이요 省事事省이니라.
(생사사생)　　　(생사사생)

[解義] 많은 것을 계획하면 많아지고 덜려고 하면 또 얼마든지 덜 수 있는 것이 일이다.

십팔사략(十八史略)에 보면 '한 가지 이(利)를 일으킴은 한 가지 해로움을 없애는 것만 못하고 한 가지 일을 시작하는 것은 한 가지 일을 없애는 것만 같지 못하다'라는 말이 나온다.

'한 가지 일이 생기면 그만큼 번뇌가 늘어난다'는 말도 있다.

물론 일을 경시하거나 필요없다고 여겨서 한 말들은 아니다. 그보다는 쓸데없는 일에 빠져 부질없는 세월을 보내지 말고 능률껏 매사를 충실히 이행해 나가라는 교훈으로 받아들임이 옳을 것이다.

이 존심편에는 참으로 큰 교훈이 되는 여러 감동적인 처세훈들이 들어 있다. 자신의 삶의 모습을 적절히 비추어 보는 거울로 삼아 모름지기 인격을 도야하는 데 힘써야 할 것이다.

계성편
(戒性篇)

　인간은 누구나 양면성을 지니고 있다. 이 야뉴스적인 이중성으로 인해 인간세상의 온갖 희로애락이 생겨난다. 유교에서도 맹자는 성선설(性善說)을 주장했고 순자(荀子)는 성악설을 내세웠다. 이 계성편은 성선설을 전제로 해서 그 논지를 펴고 있다고 볼 수 있다. 하늘로부터 부여받은 본연의 선한 성품을 온전히 보전하여, 악에 물들지 말라는 것이다. 특히 이 편에서 강조되고 있는 것은 선을 해치는 방종과 격정, 그리고 분노를 참을 때 인간은 하늘로부터 부여받은 참된 본성을 지킬 수 있다는 간절한 가르침이다.

1

　사람의 성품은 물과 같아서, 물이 한 번 엎질러지면 다시 담을 수 없듯이 성품도 한 번 방종해지면 바로잡지 못한다. 물을 다스리려면 반드시 둑을 쌓아야 하는 것과 같이 성품을 올바르게 하기 위해서는 반드시 예법을 지켜야 하느니라. ──경행록

原文 景行錄에 云, 人性이 如水하여 水一傾則不可復이오 性一縱則不可反이니 制水者는 必以堤防하고 制性者는 必以禮法이니라.

註 경(傾) : 기울어지다. 여기에서는 엎질러지다의 뜻. 종(縱) : 놓여지다. 곧 방종한 것. 불가반(不可反) : 돌아올 수 없음. 제(制) : 제어하다.

解義 앞에 인용한 태공망 여상의 고사에 나오는 '한 번 엎지른 물은 주워담을 수 없다'는 말은 다시 돌아보아도 천고의 명언이 아닐 수 없다.
　이 글에서 사람의 성품에 관해 이 비유를 인용한 것 역시 아주 적절하다. 한 번 엎지른 물은 주워담을 수 없는 것처럼 사람이 한 번 방종한 생활에 빠지면 돌이키기 어렵다. 그러므로 제방을 쌓아 물을 다스리듯이 마음에 '예법'을 간직해 올바른 성품을 지켜가야 할 것이다.
　채근담에도 '한 번 악한 인물과 접하게 되면 이는 곧 깨끗한 논밭에 부정한 씨를 뿌리는 것이니 종신토록 좋은 곡식을 심기는 어려울 것이다'라고 했다.

2

한때의 분함을 참으면 백 날의 근심을 면할 수 있으리라.

原文 忍一時之憤이면 免百日之憂니라.
　　　인일시지분　　　면백일지우

解義 계성편에서 편집자는 방종한 생활을 경계함에 있어 가장 중요한 요소로, 분노가 일어날 때 참으라고 충고하고 있다. R. 타고르 역시 이와 똑같은 의미로서 '노한 감정에 내맡기는 것은 일종의 방종이다'라고 경고하고 있다.

순간적으로 분노가 폭발할 때 그것을 참는 자제력을 지닌다면, 분노를 폭발시켰을 때 닥쳐올 백 가지 근심을 막을 수 있다는 것은 말 그대로 진리이다. 무분별한 분노의 표출이 가져오는 상황이란 딱 한 가지 파멸뿐이다. 현자일지라도 화를 내면 현명함을 잃을진대 범용한 사람으로서는 두말할 필요도 없는 것이다.

3

참고 또 참을 것이며, 경계하고 또 경계하라. 참지 않고 경계하지도 않으면 작은 일이 크게 되리라.

原文 得忍且忍이오 得戒且戒하라 不忍不戒면 小事成大이리라.
　　　득인차인　　　득계차계　　　불인불계　　　소사성대

註 득인차인(得忍且忍) : 참고 또 참는 것. 여기에서 득(得)은 할 수 있으면으로 풀이된다. 불인불계(不忍不戒) : 참지 않고 경계하지 않음. 소사(小事) : 작은 일.

解義 '인내는 인간의 제2의 용기이다'라는 말이 있다. 참는 것은 그만큼 큰 용기를 필요로 한다는 뜻이다. 이 장에서도 간곡하게 '인내하는 용기를 가질 것'을 교훈하고 있다.

'인지일자중묘지문(忍之一字衆妙之門)'이라는 말도 있다. 참을 인자 하나가 세상의 힘든 일을 해결하는 좋은 묘책이니 무슨 일에든지 참으라는 뜻이다. 실제로 어떠한 일이든 견딜 수 있는 사람은 또한 어떠한 일이든 해낼 수 있는 법이다.

그 위에 더불어 자중하고 경계하여 근신한다면 작은 일을 크게 만드는 것 같은 어리석음은 평생 범하지 않게 될 것이다.

4

어리석고 변변치 못한 사람이 화내는 것은 모두 근본이치를 알지 못하기 때문이다. 마음에 불길을 더하지 말고, 다만 귓전을 스치는 바람결인 듯 여겨라. 장점과 단점은 어느 집에나 있고, 따뜻함과 싸늘함은 어느 곳이나 같다. 옳고 그름이란 본래 실상(實相)이 없어 마침내는 모두가 다 부질없는 것이 되고 마느니라.

原文 愚濁生嗔怒는 皆因理不通이라 休添心上火하고 只作耳邊風하라 長短은 家家有요 炎凉은 處處同이라 是非無相實하여 究竟摠成空이니라.

註 우탁(愚濁) : 어리석음과 탁함. 여기에서는 어리석고 변변치 못한 사람의 뜻. 진노(嗔怒) : 화를 내는 것. 이불통(理不通) : 이치에 통하지 못한 것. 곧 근본이치를 알지 못함. 휴첨(休添) : 휴(休)는 하지 마라, 첨(添)은 더하다. 곧 더하지 마라의 뜻이다. 상화(上火) : 불길을 돋우다의 뜻. 지(只) : 다만. 이변풍(耳邊風) : 귓가를 지나가는 바람. 가가유(家家有) : 집집마다 있음. 염량(炎凉) : 덥고 싸늘한 것. 염량세태(炎凉世態)란 식었다 더웠다 하는 세상인심을 가리키는 말이다. 무상실(無相實) :

실상이 없는 것. 곧 옳고 그름은 어디까지나 이론일 뿐으로 실제 형상이 있는 것은 아니라는 뜻. 구경(究竟) : 마침내. 총성공(摠成空) : 모두 빈 것을 이루다. 즉 부질없는 일이 되고 만다는 뜻.

解義 어리석고 변변치 못한 사람이 화를 잘 내는 것은 근본 이치에 통달하지 못했기 때문이라는 말은 참으로 옳은 통찰이다.
'분노와 우행은 나란히 걸으며 회한이 양자의 뒤꿈치를 밟는다'는 B. 프랭클린의 말을 다시 한번 인용할 수밖에 없다. 그러므로 현명한 사람이라면 마음에 분노의 불길을 더하지 말 일이다. 아무리 화가 나는 일이 있더라도 귓전을 스치는 바람결로 여기는 용기가 필요하다.
인간인 이상 누구에게나 장점이 있으면 단점이 있게 마련이다. 완벽하다면 이미 인간이 아닌 것이다. 또한 염량세태가 세상 인심인 것도 이미 어제 오늘의 이야기가 아니다. 그런 만큼 원만한 포용력을 지닐 뿐, 일일이 시시비비를 가리려고 드는 것 또한 어리석은 짓이 아니겠는가. 옳고 그름이란 본래 그 형체가 있지 않으며 결국에는 다 부질없는 것이 되고 말리니 더욱 그렇지 않은가.
일종의 허무주의를 담고 있는 것처럼 보이지만 실제로는 어리석음과 분노가 인생에 아무런 유익함도 가져오지 못하는 것임을 뼈아프게 교훈한 글이라고 보아야 할 것이다.

5

자장(子張)이 떠나고자 공자께 하직을 고하면서 아뢰었다.
"원컨대 한 말씀을 내려 주시면 몸을 닦는 아름다운 길로 삼으려 합니다."
공자께서 말씀하셨다.
"모든 행동의 근본은 참는 것이 그 으뜸이니라."

자장이 여쭈었다.
"참으면 어떻게 됩니까?"
공자께서 말씀하셨다.
"천자가 참으면 나라에 위해가 없고, 제후가 참으면 큰 나라를 이루고, 벼슬아치가 참으면 그 지위가 올라가고, 형제가 참으면 집안이 부귀하게 되고, 부부가 참으면 일생을 함께 해로할 수 있고, 친구끼리 서로 참으면 이름이 더럽혀지지 않고, 자기 자신이 참으면 재앙이 없을 것이니라."

原文 子張이 欲行에 辭於夫子할새 願賜一言이 爲修身之美하노이다. 子曰, 百行之本은 忍之爲上이니라 子張이 曰 何爲忍之리오 子曰, 天子忍之면 國無害하고 諸侯忍之면 成其大하고 官吏忍之면 進其位하고 兄弟忍之면 家富貴하고 夫妻忍之면 終其世하고 朋友忍之면 名不廢하고 自身이 忍之면 無禍害니라.

註 자장(子長): 공자의 제자로, 성은 전손(顓孫), 이름은 사(師), 자장은 그의 자(字)임. 말솜씨가 뛰어났다. 사(辭): 하직을 고하다. 부자(夫子): 유자(儒者)들 사이에 부자라면 공자를 지칭하는 것이다. 수신지미(修身之美): 몸을 수양하는 좋은 방법. 종기세(終其世): 일생을 해로하다. 명불폐(名不廢): 이름이 더럽혀지지 않다.

解義 자장이 스승 공자의 곁을 하직하면서 몸을 닦는 데 있어서 가장 현명한 방법을 공자께 여쭙게 되었다. 그러자 공자는 모든 행동의 근본은 참는 것이 으뜸이라고 들려 주었다. 여기에는 까닭이 있으니, 자장은 본래 문학에 뛰어났고 웅변가였으며 풍채가 당당했다. 그만큼 성미도 저돌적인 데가 있었던 모양이다. 논어

에도 '자장은 하기 힘든 일을 능히 해내나 인에 이르기는 어려우니라' 하는 구절이 보인다. 그것을 잘 아는 공자가 사람이 어떤 지위 어떤 상황에 처해 있든 참을 줄 알아야 됨을 설파한 것이다.

6

자장이 여쭈었다.
"참지 않으면 어떻게 됩니까?"
공자께서 말씀하셨다.
"천자가 참지 않으면 나라가 텅 비게 되고, 제후가 참지 않으면 그 몸을 잃게 되고, 벼슬아치가 참지 않으면 형법에 의하여 죽게 되고, 형제가 참지 않으면 따로 헤어져 살게 되고, 부부가 참지 않으면 그 자식들이 외롭게 되고, 친구끼리 참지 않으면 정과 뜻이 서로 갈리게 되고, 자기 자신이 참지 않으면 근심이 없어지지 않게 되느니라."

자장이 말하였다.
"참으로 훌륭한 말씀이십니다. 아, 참는다는 것은 참으로 어려운 일이며, 사람이 아니면 참지 못할 것이요, 참지 않으면 사람이 아닙니다."

原文 子張이 曰, 不忍則如何닛고 子曰, 天子不忍이면 國空虛하고 諸侯不忍이면 喪其軀하고 官吏不忍이면 刑法誅하고 兄弟不忍이면 各分居하고 夫妻不忍이면 令子孤하고 朋友不忍이면 情意疎하고 自身이 不忍이면 患不除니라. 子張이 曰, 善哉善哉라 難忍難忍이여 非人不忍이오 不忍非人이로다.

계성편 107

註 국공허(國空虛) : 나라가 텅 비는 것. 상기구(喪其軀) : 그 몸을 잃다.
형법주(刑法誅) : 형법에 의해서 죽음을 당하다. 정의(情意) : 여기서는 우정을 뜻함.

解義 앞장에서는 참아야 하는 이유가 설명되었다면 이 장에서는 참지 않았을 때 야기될 여러 결과에 관해 언급함으로써, 세상을 살아가는 데 있어 '참는 일'이 얼마나 소중한 것인지를 총체적으로 설명하고 있다.

이 세상에서 위정자는 가장 많이 참아야 할 사람이다. 나라를 이끌어 가는 사람이 인내하지 못해 함부로 행동한다면 그 아래 현성한 신하들은 그의 곁에 머물려 하지 않을 것이다. 그렇게 된 다음에 그 나라가 몰락하지 않은 예는 지금까지 없었다.

그리고 이러한 예는 비단 나라 다스리는 사람들에게만 한정된 것이 아니다. 벼슬아치와 일반 백성 사이, 형제 사이, 부부 사이, 친구 사이에 모두 적용되는 가르침이다.

하늘은 언제나 참는 자의 편에 선다. 앞장에서도 언급한 것처럼 이 세상에서 참을 인자 하나로 해내지 못할 일은 아무것도 없다. 무슨 일이든지 참아낼 수 있는 사람은 무슨 일이든지 해낼 수 있기 때문이다.

문제는 그것이 그리 쉽지 않다는 데 있다. 범상한 인간들에게는 더욱 그러하다.

자장이 인내의 좋은 점을 공자로부터 들어 감탄하면서도 그것의 실천하기 어려움을 말하는 것도 바로 그런 까닭에서이다. 하지만 우리 모두 지금부터라도 공자의 말씀을 마음에 새겨 실천하려고 노력한다면 삶 자체가 훨씬 다른 모습을 하게 될 것이다.

7

자기 자신을 굽힐 줄 아는 사람은 능히 중요한 지위에 처할 수 있을 것이로되, 이기기를 좋아하는 사람은 반드시 적을 만나게 될 것이니라. ——경행록

原文 景行錄에 云, 屈己者는 能處重하고 好勝者는 必遇敵이니라.

註 굴기자(屈己者) : 스스로를 굽힐 줄 아는 사람. 중(重) : 중요한 위치 또는 지위. 우(遇) : 만나다. 조우하다.

解義 사람은 대인 관계에 있어서 언제나 양보하는 미덕을 가져야 한다. 나를 굽힐 줄 모르고 사양할 줄 모르는 사람이면 일을 원만히 해나갈 수 없으며, 따라서 중요한 지위에 처할 수도 없다.

인간에게는 누구나 장점과 단점이 고루 있는 법이다. 따라서 매사에 남보다 앞장설 수도 없으며 더구나 언제나 이길 수도 없다. 그런데 언제나 이기려고만 든다는 것은 스스로 적을 만날 함정을 파는 것과 다를 바 없는 일이다.

세상을 살아가면서 처신은 언제나 겸손하게 하되, 자신을 과시하는 교만한 생각은 반드시 경계해야 하는 것이다.

8

악한 사람이 착한 사람을 꾸짖거든 착한 사람은 아예 이에 대꾸하지 말라. 대꾸하지 않는 사람은 마음이 맑고 한가하지만, 꾸짖는 사람은 입이 뜨겁게 끓는 것과 같다. 이는 마치 사람이 하늘에 대고 침을 뱉는 것과 같아서, 그 침은 다시 자기 몸에 떨어지느니라.

原文 惡人이 罵善人커든 善人은 摠不對하라 不對는 心淸閑이오 罵者는 口熱沸니라 正如人唾天하여 還從己身墜니라.

註 매(罵) : 꾸짖다. 총(摠) : 도무지 또는 아예. 부대(不對) : 대응하지 않다. 열비(熱沸) : 뜨겁게 끓어오르다. 타천(唾天) : 하늘에 침을 뱉다.

解義 우리 속담에 '누워 침뱉기'라는 것이 있다. 이와 의미가 같은 말로 '비방이란 자기에게 돌아오는 화살이다'라고 말한 인물은 장자이다. '꾸짖는 사람은 입이 뜨겁게 끓는 것과 같다'는 말과 같은 맥락을 가졌다고 할 것이다. 더구나 상대가 악한 인간인 바에야 더욱 일고할 가치도 없다. 그러므로 이편이 오히려 한가하고 맑은 마음을 지닐 수 있게 되는 것이다.

9

내가 만일 다른 사람으로부터 욕을 먹더라도 귀먹은 척하고 옳고 그름을 따져 말하지 말 일이다. 비유하자면 이는 불이 허공에서 타다가 끄지 않아도 저절로 꺼지는 것과 같다. 내 마음은 이 허공과 같으니, 너희 입과 혀만이 나불댈 뿐이다.

原文 我若被人罵라도 伴聾不分說하라 譬如火燒空하여 不救自然滅이라. 我心은 等虛空이어늘 摠爾飜唇舌이니라.

註 피인매(被人罵) : 남에게서 욕을 당하다. 양(伴) : 거짓. 분설(分說) : 시비를 가려서 말하는 것. 불구(不救) : 여기에서는 불을 끄지 않는다로 풀이함. 번(飜) : 펄럭이다. 여기에서는 나불댄다로 풀이됨. 순설(脣舌) : 입술과 혀. 순(脣)은 순(脣)과 같다.

解義 이 장 역시 앞장과 맥락이 같다. 남이 나를 욕할 경우에라도 귀먹은 체하고 시비를 가려서 말하지 말라는 것은 다른 사람을 비방할 때 가장 크게 상처를 입는 사람은 비방하는 사람 자신이기 때문이다. 이것을 가장 잘 표현한 것으로 고리키의 다음과 같은 말이 있다.

'욕은 한꺼번에 세 사람에게 상처를 입힌다. 욕을 먹는 사람,

그것을 전하는 사람, 그러나 가장 심하게 상처입는 자는 욕을 퍼부은 그 자신이다.'

10

　모든 일에 인정(人情)을 남겨 두면, 훗날 만났을 때 서로 좋은 낯으로 대하게 되리라.

原文 凡事에 留人情이면 後來에 好相見이니라.

註 범사(凡事) : 모든 일. 모든 일상사. 유(留) : 남겨 두다. 후래(後來) : 뒷날. 다가올 날.

解義 인간이 따뜻한 마음을 잃을 때 가장 비참한 것은 무엇보다도 그 자신이다. 따뜻한 마음, 곧 선(善)이란 인간의 기본적인 양심이며 이성이기 때문이다. 인간이 이 이성과 양심을 잃어버린다면 이미 그의 어디에도 그 자신 참다운 인간이란 표징이 사라지는 것이다.
　명심보감의 편자가 말하는, 모든 일에 인정의 여지를 담겨 두라는 것과 뜻이 통하는 것으로 맹자에 '사람은 누구나 다 남에게 차마 못하는 마음이 있다'라는 말이 나온다.
　이 두 가지 교훈이 우리에게 시사하는 바는 한결같다. 그것은 인생을 살아감에 있어 언제나 남에게 차마 하지 못하는 따뜻한 마음을 잊어서는 안 된다는 가르침이다.

근학편
(勤學篇)

　근학편은 학문에 정진하는 올바른 자세에 대한 여러 뛰어난 절구(絶句)들이 저절로 가슴에 와 닿는 명문들로 이루어져 있다. '근학(勤學)'이란 말 자체가 학문에 부지런히 힘쓰라는 뜻이거니와, 이 편에서는 학문에 힘써 일정한 경지에 이르렀을 때 비로소 가능한, 도(道)의 깨달음과 그 자유로움에 관해서도 폭넓은 언급이 있다. 어떤 명주보옥도 절차탁마의 과정을 거치지 않고는 찬란한 빛을 내는 진짜 보석이 될 수 없다. 그런 것처럼 사람도 배우지 않으면 올바른 인생을 살아갈 수 없는 것이다.

1

널리 배우되 뜻을 독실하게 갖고 간절하게 묻되 가까운 것부터 생각해 나간다면 인(仁)은 그 가운데 있을 것이니라. ——공 자

原文 子曰, 博學而篤志하고 切問而近思면 仁在其中矣니라.
_{자 왈   박학이독지   절문이근사   인재기중의}

註 박학(博學) : 널리 배우는 것. 독지(篤志) : 뜻을 독실하게 갖는 것. 절문(切問) : 깊이 파고들어 묻다. 근사(近思) : 자기가 능히 할 수 있는 가까운 일부터 생각함. 자기 마음 속에서 찾아 생각하는 것. 인재기중의(仁在其中矣) : 인이 그 가운데서 얻어진다는 뜻.

解義 인(仁)에 뜻을 둔 사람은 널리 배우지 않으면 안 된다. 또한 이 널리 배워 둔 것을 확고하게 마음에 새겨 두어야만 한다. 그런 다음 열심히 묻고 충분히 이해해서 박학·독지·절문·근사의 네 가지에 진력한다면 그 가운데서 저절로 인을 얻을 수 있을 것이다.
　이 장은 '인간 본심의 완전한 덕'인 인을 배움에 있어 반드시 실천해야 할 네 가지 덕목을 나타낸 글이다.

2

사람이 배우지 않으면 재주도 없이 하늘에 오르려는 것과 같고, 배워서 지혜가 깊으면 상서로운 구름을 헤치고 푸른 하늘을 보며 높은 산에 올라 사해를 굽어보는 것과 같으니라. ——장 자

原文 莊子曰, 人之不學은 如登天而無術하고 學而智遠이면 如披祥雲而覩靑天하고 登高山而望四海니라.

註 불학(不學): 배우지 않는 것. 무술(無術): 재주가 없는 것. 지원(智遠): 지혜가 멀다는 뜻이나 여기에서는 지혜가 깊다로 풀이했음. 피(披): 헤치다의 뜻. 상운(祥雲): 상서로운 구름. 도(覩): 목도하다. 보다. 망(望): 바라보다.

解義 사람이 배우지 않고 이치를 깨닫고자 한다면 이는 마치 아무 재주도 없이 하늘에 오르려는 것과 다를 바가 없다. 반대로 사람이 많이 배워서 지혜가 깊어진다면 마치 구름을 헤치고 푸른 하늘을 보며, 높은 산에 올라서 온 바다를 굽어보는 것처럼 세상의 이치를 훤히 깨달을 수 있을 것이다.

　장자는 삶에 있어서 자유롭던 인물이다. 그는 천재의 통찰력으로 삶의 실상――인간의 어리석음, 오만함, 추악함, 비굴함 등등을 예리하게 꿰뚫어 보았고 또 그 모든 것을 다 겪었다. 그러고 난 연후에 그는 마침내 자유로울 수 있었던 것이다.

　그러한 장자가 '배워서 지혜가 깊으면 상서로운 구름을 헤치고 푸른 하늘을 보며 높은 산에 올라 사해를 바라보는 것과 같다'고 한 것은 더욱 의미심장하고 감동적인 구절이 아닌가 한다. 재삼 음미해 보고 호학(好學)하는 기쁨을 누려 보기를 바란다.

3

　옥은 다듬지 않으면 그릇을 만들 수 없고, 사람은 배우지 않으면 의(義)를 알지 못한다. ――예 기(禮記)

原文 禮記에 曰, 玉不琢이면 不成器하고 人不學이면 不知義니라.

註 예기(禮記) : 오경(五經)의 하나. 주(周)나라 말기로부터 진한(秦漢) 시대의 유가의 옛 제도 및 예법 등을 실은 책. 주례(周禮)라고도 함. 불탁(不琢) : 다듬지 않다. 불성기(不成器) : 그릇을 만들 수 없다.

解義 아무리 눈부신 보석이라도 땅 속에서 캐내어 다듬지 않으면 영원히 그 빛을 발할 수 없다. 아름다운 옥도 깎고 다듬을 때 비로소 옥으로서의 가치를 지닌다. 사람도 마찬가지이다. 그가 제 아무리 천재적인 재능을 지녔다 해도 그것을 찾아내어 계발하지 않으면 결국 쓸모없게 되고 만다.

바로 이 때문에 배우는 것이 꼭 필요하고 또 중요하다. 천재적인 재능도 의(義)를 제대로 아는 것에는 미치지 못하기 때문이다. 그리고 부언하자면 연마된 돌은 언제까지나 길 위에 버려져 있지 않는 법이다. 돌이 그럴진대 하물며 옥에 있어서랴.

4

사람이 배우지 않으면 마치 어둡고 어두운 밤길을 가는 것과 같으니라. ──태 공

原文 太公이 曰, 人生不學이면 如冥冥夜行이니라.

註 명명(冥冥) : 어둡고 어두운 것. 캄캄하다로 풀이할 수 있음. 야행(夜行) : 밤길을 가다.

解義 참으로 명언이다. 장자가 '배워서 지혜가 깊어지면 마치 구름을 헤치고 푸른 하늘을 보는 것 같다'고 말한 것과 같은 의미를 지녔으되, 배우지 않았을 때 생기는 폐해를 더욱 간곡히 이르는 말이다.

어둡고 어두운 밤길을 가기란 얼마나 힘들고 고달픈가. 사람이 배워서 세상 사물의 이치를 제대로 깨닫지 못하면 그의 앞에 놓인 길은 이처럼 캄캄한 밤길과 같으리니, 우리 모두 부디 배우기에 힘써야 할 것이다.

5

사람이 고금(古今)을 알지 못하면 말과 소에 옷을 입힌 것과 같으리라. ──한문공(韓文公)

原文 韓文公이 曰, 人不通古今이면 馬牛而襟裾니라.

註 한문공(韓文公) : 768~822. 중국 당(唐)나라 덕종(德宗) 때의 문학자로 자는 퇴지(退之)이며, 이름은 유(愈). 문(文)은 시호임. 문장에 있어서는 당송팔대가(唐宋八大家)의 제일인자이다. 저서에는 창려선생집(昌黎先生集) 등이 있다. 고금(古今) : 예와 지금. 여기에서는 예와 지금의 사실(史實) 또는 학문을 뜻한다. 금거(襟裾) : 금(襟)은 옷깃, 거(裾)는 옷자락.

解義 근학편은 전체적으로 학문에 힘쓸 것을 강조한 글들로 채워져 있다. 특히 이 장에서는 고금의 성인들의 가르침을 알지 못하고서는 참다운 사람이 될 수 없으니 학문에 진력할 것을 강조하고 있다.
　말이나 소에게 옷을 입힌 것과 다름없다는 표현은 다소 신랄하기는 하나, 더없이 적절한 비유가 아닐 수 없다. 맹자에도 '배불리 먹고 따뜻한 옷을 입고 편히 지내면서 배우지 않는다면 금수에 가깝다'라는 명언이 나온다.
　학문에 힘써 참다운 인격을 간직하는 것이 온전한 인생을 사는 길임을 깨우쳐 주는 교훈들이라 하겠다.

6

만약 집이 가난하더라도 그 가난 때문에 배우는 것을 폐해서는 안 되고, 집이 부유하더라도 그것을 믿고 배움을 게을리해서는 안 된다. 만약 가난한 사람이 부지런히 배운다면 입신할 것이며, 부유한 사람이 부지런히 배운다면 이름은 더욱 빛날 것이다.

오직 배워서 지식을 넓히는 사람만이 훌륭하게 되는 것을 보았으며, 배운 사람이 뜻을 이루지 못하는 것은 보지 못했노라. 배움이란 곧 몸의 보배요, 배운 사람은 곧 세상의 보배이다. 배우면 곧 군자가 되고, 배우지 않으면 소인이 되니, 후에 배우는 사람은 각각 힘쓸 일이로다. ──주문공(朱文公)

原文 朱文公이 曰, 家若貧이라도 不可因貧而廢學이요 家若富라도 不可恃富而怠學이라 貧若勤學이면 可以立身이요 富若勤學이면 名乃光榮이라. 惟見學者顯達이요 不見學者無成이니라. 學者는 乃身之寶요 學者는 乃世之珍이니라. 是故로 學則乃爲君子요 不學則爲小人이니 後之學者는 宜各勉之니라.

註 가약빈(家若貧) : 집안이 가난할지라도. 인빈(因貧) : 가난한 것으로 인해. 인(因)은 인하여, 말미암아의 뜻. 폐학(廢學) : 학문을 폐하다. 즉 학문을 중도에 그만두다. 시부(恃富) : 부유한 것을 믿다. 태학(怠學) : 학문에 게으른 것. 무성(無成) : 이룸이 없는 것. 내신지보(乃身之寶) : 곧 몸의 보배란 뜻. 내(乃)는 곧, 바로의 뜻. 세지진(世之珍) : 세상에 보기드문 진귀한 보배. 의각면지(宜各勉之) : 마땅히 각기 힘쓰다의 뜻.

解義 집이 가난하다고 해서 배우는 것조차 포기한다면 그보다 더 어리석은 일은 없다. 또한 집이 부유하다고 해서 그 부를 믿고 배움을 게을리한다면 그것은 더 어리석은 일이다. 아무리 집이 가난하더라도 부지런히 배워서 학문을 이룬다면 얼마든지 입신할 수 있으나 집이 부유하다고 해서 그것을 믿고 배우지 않는다면

소인배로 전락하고 말 것이다.

중국 동진(東晋)에 차윤(車胤)이란 가난하지만 공부에 열심인 소년이 있었다. 어찌나 가난했던지 등불을 켤 기름을 살 돈조차 없었다. 그래서 이 소년은 여름이면 얇은 비단주머니에 반딧불을 넣어서 그 빛으로 공부를 했다. 그리하여 마침내 훗날 상서랑(尙書郞)의 벼슬에 올랐다.

동시대에 손강(孫康)이란 젊은이가 있었는데 역시 가난하여 등불을 켜지 못했다. 그 대신 겨울이면 쌓이는 눈빛에 책을 읽었다. 그는 훗날 어사대부(御史大夫)가 되었다. 이 두 인물로 인해 오늘까지 유래되는 고사성어가 바로 형설지공(螢雪之功)이다.

7

배운 사람은 벼와 같으며, 배우지 않은 사람은 쑥과 같다. 벼 같음은 나라의 좋은 양식이요, 세상의 큰 보배로다. 쑥 같음은 농부가 미워하고 김 매는 사람이 힘들어한다. 훗날 담을 면한 듯 답답함에 뉘우친들 이미 때는 늦었으리라.
―― 휘종황제(徽宗皇帝)

原文 徽宗皇帝曰, 學者는 如禾如稻하고 不學者는 如蒿如草로다. 如禾如稻兮여 國之精糧이요 世之大寶로다. 如蒿如草兮여 耕者憎嫌하고 鋤者煩惱니라 他日面墻에 悔之已老로다.

註 휘종황제(徽宗皇帝) : 중국 북송(北宋)의 제8대 임금. 글씨나 그림에 조예가 깊었으며 고금의 서화를 모아 선화서화보(宣化書畫譜)를 만들었다. 여화여도(如禾如稻) : 벼와 같다. 화(禾)와 도(稻)는 다같이 벼의 뜻이다. 호(蒿) : 쑥. 혜(兮) : 어조사. 정량(精糧) : 좋은 양식의 뜻. 증혐(憎嫌) : 미워하고 싫어하는 것. 서자(鋤者) : 김매는 사람. 서(鋤)는 호

ㅁ. 면장(面墻) : 담을 면하고 있다. 담을 바라보다의 뜻. 회지이로(悔之已老) : 뉘우칠 때는 이미 늙어 있으리라.

解義 배움에도 때가 있는 법이다. 젊은 시절을 헛되이 보내고 나서 뒤를 돌아보았을 때는 이미 모든 것이 너무 늦어 있는 것이다. 이 글은 휘종황제가 바로 이 점을 경계해 때를 놓치지 말고 부지런히 배울 것을 강조한 글이다. 주희와 같은 대철학자도 부지런히 배우지 못한 것을 한탄하는 다음과 같은 글을 남겼다.
 '오늘 배우지 않아도 내일이 있다고 말하지 말라. 올해 배우지 않아도 내년이 있다고 말하지 말라. 날과 달은 간다. 나로 하여 늦추지 않으니 아아, 늙었구나. 이 누구의 허물인가.'

8

배우기를 미치지 못한 것같이 하고, 오직 배운 것을 잃을까 두려워하라. ──논 어(論語)

原文 論語에 曰, 學如不及이요 惟恐失之니라.

註 논어(論語) : 사서(四書)의 하나. 공자가 죽은 뒤에 제자들이 공자와 그 제자 및 그 당시의 사람, 제자 사이의 문답, 공자의 성품, 행실, 언어 등을 모아 엮은 책. 공자를 연구하는 데 유일한 자료로서, 공자의 도덕인 인(仁)의 뜻, 정치 교육에 대한 의견 등이 7권 20편으로 씌어 있는 유교의 경전(經典)이다.

解義 학문이란 추구할수록 뜻한 바를 잃을까 두려워지는 것이다. 그런 만큼 배운 것을 다 잘 안다고 잘난 체하는 태도는 지양해야 한다. 언제나 일정한 수준에 도달하지 못한 것처럼 생각하고 힘써 나아가는 자세가 필요한 것이다.
 또한 배운 것을 잃지 않도록 언제나 실생활에 실천하는 노력이 있어야 한다. 이 장은 이러한 배움의 태도를 밝힌 글이다.

훈자편
(訓子篇)

　'훈자(訓子)'란 아이들을 가르친다는 뜻이다. 이 훈자편에는 바로 이 '아이들을 어떻게 가르칠 것인가?'에 대한 참다운 교훈들이 들어 있다. 교육이란 올바른 인간형성이 그 최대목표이다. 예전이나 오늘날에나 완전한 하나의 인격이 완성되는 데는 그가 놓여 있는 환경과 교육의 방법이 가장 중요시되고 있다. 그 중에서도 가정교육은 그 중요성을 아무리 되풀이 강조해도 지나침이 없다. 그런 의미에서 과학 문명이 눈부시게 발달한 오늘날에도 이 훈자편에서 강조되고 있는 교육의 참의미는 더없이 소중하다.

1

손님이 찾아오지 않으면 집안이 비속해지고, 시서(詩書)를 가르치지 않으면 자손이 어리석어지느니라.

――경행록

原文 景^{경행록}行錄에 云^운, 賓客不來^{빈객불래}하면 門戶俗^{문호속}하고 詩書無敎^{시서무교}하면 子孫 愚^{자손 우}일지니라.

註 빈객불래(賓客不來) : 빈객(賓客)은 손님. 손님이 오지 않으면의 뜻. 문호(門戶) : 집안. 속(俗) : 속되다. 여기에서는 비천해지다의 뜻임. 시서(詩書) : 시(詩)와 서(書). 곧 학문을 뜻한다. 무교(無敎) : 가르침이 없는 것. 우(愚) : 어리석음.

解義 옛날이나 지금이나 한 사람의 인격이 형성되기까지는 그가 놓인 환경의 영향이 지대하다. 그 중에서도 가정교육의 영향은 무엇보다도 큰 비중을 차지한다.

'손님이 찾아오지 않으면 집안이 비속해진다'는 것 역시 가정교육의 관점에서 나온 말이라고 할 수 있다. 점잖고 훌륭한 손님의 출입이 잦다는 것은 이편에서도 그만큼의 품격을 갖추었다는 뜻이 된다. 그러므로 '손님이 찾아오지 않으면 비속해진다'라는 말이 가능한 것이다.

마찬가지 의미로 자손에게 시서, 즉 학문을 가르치지 않으면 자연 어리석어질 수밖에 없다.

이 훈자편은 전체적으로 자녀교육의 중요성을 강조한 명언들로 구성되어 있다. 그 중에서도 맨 첫장에 학문을 가르치지 않으면 자손이 어리석어진다는 글을 실은 것은, 자녀교육에서 학문의 가르침이 중요한 것임을 일깨우기 위해서였을 것이다.

2

　일이 비록 작더라도 그것을 하지 않으면 이루어지지 않고, 자식이 비록 어질더라도 가르치지 않으면 현명하게 될 수 없느니라. ──장 자

原文 莊子曰, 事雖小나 不作이면 不成이오 子雖賢이나 不敎면 不明이니라.

註 사수소(事雖小) : 일이 비록 작더라도. 부작(不作) : 만들지 않다. 즉 하지 않다의 뜻. 불교(不敎) : 가르치지 않다. 불명(不明) : 밝지 못하다. 즉 사물의 이치에 어둡다는 뜻이다.

解義 일이 비록 작더라도 그것을 행하지 않는 이상 이루어질 까닭이 없다. 공자도 '산을 쌓아올리는 데 한 삼태기의 흙이 모자라서 완성을 보지 못했다 해도 그 일을 그만두었으면 자기가 그만둔 것이다'라고 갈파했다. 행하지 않는데 완성을 볼 리는 없는 것이다.
　학문도 마찬가지이다. 자식이 아무리 뛰어난 자질을 지녔다 해도 제대로 가르치지 않으면 그 재능은 영원히 빛을 보지 못한다. 그러니 부모된 도리로 자식교육을 소홀히 여기는 것은 큰 잘못임을 깨달아야 할 것이다.

3

　황금이 궤짝에 가득 차 있다 하더라도 자식에게 경서 (經書) 한 권을 가르치는 것만 못하고 자식에게 천금을 물려준다 해도 한 가지 재주를 가르치는 것만 같지 못하리라. ──한 서(漢書)

原文 漢書에 云, 黃金滿籝이 不如敎子一經이요 賜子千金이 不如敎子一藝니라.

註 한서(漢書) : 중국 전한(前漢)의 고조(高祖)에서 왕망(王莽)까지 229년간의 역사를 기록한 책. 반표(班彪)가 시작한 것을 후한(後漢)의 반고(班固)가 이루었고, 그 누이동생인 반소(班昭)가 보충했다. 기전체(紀傳體)로 쓰여진 사서(史書)이다. 영(籝) : 궤짝. 또는 상자. 사(賜) : 준다는 뜻. 예(藝) : 기예. 재주의 뜻. 기술로 보기도 한다.

解義 옛 우리의 속담에도 '황금 천 냥이 자식 교육만 못하다'라는 말이 있다. 부모가 자식에게 줄 수 있는 가장 귀하고 값진 유산은 올바르게 가르치는 것임을 이르는 말이다.
　'황금이란 내 몸 밖의 티끌이요, 목숨이란 한순간의 물거품일 뿐이다. 황금이 제아무리 귀하다 한들 마침내는 깨어진 기와조각과 다를 바 없으리니, 어찌 지극한 가르침에 비할 것이며 목숨이 제아무리 소중하기로 결국 잠깐 사이에 없어질 것이니 어찌 진리와 바꿀 것인가' 하는 간절한 글도 있다.
　마찬가지 의미로 황금이 아무리 궤짝에 가득한들 학문이 없다면 그 모든 것이 무슨 의미가 있겠는가. 돈이란 둥글고 둥근 것이어서 언제나 굴러 사라질 뿐 한 곳에만 머무르지 않는다. 그러나 참이치와 재능은 내게서 떠나 다른 곳으로 움직여 가지는 않으니, 우리에게 필요한 것은 배우는 일이다.
　한서의 위현전(韋賢傳)에 나오는 이 '황금만영 불여교자일경(黃金滿籝 不如敎子一經)'이라는 말은 자녀교육의 귀중한 지침으로서 오늘날까지 소중히 내려오는 유명한 교훈이다. 마음에 새겨 실천할 수 있을 때 더욱 빛나리라 여겨진다.

4

지극한 즐거움에 책을 읽음만한 것이 없고, 지극히 필요한 것에 자식을 가르침만한 것이 없느니라.

原文 至樂은 莫如讀書요 至要는 莫如敎子니라.

註 지락(至樂) : 지극히 즐거운 것. 막여(莫如) : 같은 것이 없다는 뜻. 지요(至要) : 지극히 필요한 것.

解義 지극히 즐거운 것과 지극히 필요한 것을 대비시켜 그 소중함을 한층 더 강하게 일깨워 주는 글이다. 인생에는 여러 가지 즐거움이 있지만 좋은 책을 찾아 독서삼매에 빠지는 것만한 즐거움은 찾기 어려울 것이다.
　주자는 그 지극한 즐거움을 다음과 같은 아름다운 시로 절묘하게 표현하고 있다.
　'봄――푸른빛이 창에 비친다. 풀을 뽑지 않고 놓아둔다. 오직 독서가 낙이다. 여름――부드러운 바람결에 거문고를 뜯는다. 독서가 낙이다. 가을――달을 바라본다. 하늘에 서리가 가득하다. 오직 독서가 낙이다. 겨울――두어 송이 피어난 매화, 천지의 마음이다. 오로지 독서가 낙이다.'
　이렇듯 영혼을 기쁨으로 이끄는 즐거움이 독서라면 자식을 가르치는 중요함 또한 그만한 강도로 소중한 것이 아니겠는가.
　논어에 보면 공자가 위나라에 갔을 때의 일이다. 제자 염유(冉有)가 수레를 끌고 따랐다. 공자께서 염유에게 "위나라는 나라와 백성이 번성하구나."하고 말씀했다. 염유가 "번성하거늘 무엇을 더해야 합니까." 묻자 공자는 부유하게 만들라고 대답했다.
　"그 다음에는 무엇을 더해야 합니까."고 염유가 묻자 공자는 "그 다음에는 가르쳐야 하느니라."고 대답했다.
　일반 백성이 그러하거늘 하물며 자기 자식에 이르러서야 그 소중함이 백 배는 더할 것이다.

5

안으로 어진 부형이 없고 밖으로도 엄한 스승과 친구

가 없이 능히 뜻을 이룬 사람은 드무니라.
——여형공(呂滎公)

原文 呂滎公이 曰, 內無賢父兄하고 外無嚴師友而能有成
者鮮矣일지니라.

註 여형공(呂滎公) : 중국 북송(北宋) 때의 학자로, 이름은 희철(希哲), 자는 원명(原明)임. 내무현부형(內無賢父兄) : 안으로 어진 부형이 없으면 의 뜻. 무엄(無嚴) : 엄격하지 못함. 성(成) : 이룬다는 뜻으로 큰 사업 또는 큰 인물을 이룩한다로 풀이할 수 있음. 선(鮮) : 드물다.

解義 맹자는 어린 시절에 부친을 여의고 어머니 슬하에서 자랐다. '맹모삼천지교(孟母三遷之敎)'로 유명한 맹자의 어머니는 아버지의 몫까지 다해서 엄격한 교육으로 맹자를 훌륭한 성인(聖人)으로 키워냈다. 그럼에도 맹자는 '사람은 어진 부형이 있음을 즐거워한다'고 아버지의 존재를 그리워했다.

맹자와 같은 성인도 부형의 존재를 그리워했는데 하물며 보통 사람들에게랴. 집안에 어진 부형이 있어서 행동에 모범을 보이고 매사를 올바른 길로 이끌어 주는데도 잘못된 길로 가는 자식은 드문 법이다.

엄격한 스승과 벗도 마찬가지이다. 퇴계(退溪)선생도 '스승의 가르침을 직접 받지 못하면 마침내 저절로 깨닫지는 못한다'고 스승의 존재를 고귀하게 여겼다. 벗의 경우에도 잘못된 친구를 사귀어 인생 자체를 망치는 예는 허다하다. 언제나 정결하고 단정하게 바른 길을 권유하는 벗이야말로 인생의 소중한 동반자인 것이다.

'안으로 어진 부형과 밖으로 엄격한 스승과 벗이 있지 않으면 그 뜻을 이루기 어렵다'는 말은 참으로 절실한 교훈이라 하겠다.

6

　남자가 가르침을 받지 못하면 자라서는 반드시 미련하고 어리석어지며, 여자가 가르침을 받지 못하면 자라서는 반드시 거칠고 솜씨가 없느니라. ──태공

原文 太公(태공)이 曰(왈), 男子失敎(남자실교)면 長必頑愚(장필완우)하고 女子失敎(여자실교)면 長必麁疎(장필추소)니라.

註 실교(失敎) : 가르침을 잃다. 즉 교육을 받지 못하다의 뜻. 장필완우(長必頑愚) : 자라서는 반드시 완악하고 어리석음. 추소(麁疎) : 추(麁)는 거친 것, 소(疎)는 치밀하지 못한 것. 곧 거칠고 치밀하지 못한 것.

解義 사람이 태어나 배우지 않으면 어두운 밤길을 걷는 것과 같다는 말이 앞에서도 나온다. 특히 남자가 배우지 않으면 온갖 사물이나 이치에 미혹되기 쉬우니, 한 번 미혹에 빠지면 자연 어리석고 미련해질 수밖에 없다. 남자가 미련하고 어리석어지면 그는 범부(凡夫)에도 미치지 못한다 할 것이다.
　여자의 경우도 조금도 다를 바가 없다. 지금이야 시대가 달라졌으나 예전의 여성은 일솜씨가 거칠면 거의 점수를 받지 못했다. 이 역시 가르침을 받지 못하면 자연 거칠고 솜씨가 없게 마련이다.
　따라서 이 글은 남자고 여자고 자라면서 적절한 교육을 받지 못할 때 생기는 폐단을 지적한 것이다.

7

　남자가 나이를 먹으면 풍류나 술을 배우지 않도록 할 것이며, 여자가 나이를 먹으면 놀러다니지 않도록 하라.

原文 男年長大어든 莫習樂酒하고 女年長大어든 莫令遊走하라.

註 막습(莫習) : 배우지 못하게 하는 것. 악주(樂酒) : 풍류와 술. 유주(遊走) : 놀러다니는 것.

解義 남자가 나이 들어 장성해지면 저속한 음악이나 지나친 음주를 경계해야 함은 당연지사이다. 방탕과 학문은 같은 고리에 묶일 수 없기 때문이다. 과오를 범하지 않도록 각별히 경계하는 의미에서도 지나친 풍류와 술은 삼가야만 한다. 또 여자가 나이 들어 어엿한 규수가 되면 일없이 놀러다니는 것을 경계하여 유혹을 받아 행동을 그르치는 일이 없도록 하여야 한다.
　이것은 예부터 자녀를 가르치고 이끄는 지침이 되어 온 글이다.

8

　엄한 아버지는 효자를 길러내고 엄한 어머니는 효녀를 길러낸다.

原文 嚴父는 出孝子하고 嚴母는 出孝女니라.

註 엄부(嚴父) : 엄격한 부친. 출(出) : 여기서는 길러낸다로 해석함.

解義 예전에는 대개 아들의 교육은 아버지에게, 딸의 교육은 어머니에게 달려 있었다. 그렇기 때문에 엄격한 아버지 밑에서는 효자가 나오고 엄격한 어머니 밑에서는 효녀가 나오게 된다는 것을 강조한 것이다.
　요즈음 우리나라의 형편은 자녀교육은 거의 전적으로 어머니에게 맡겨지고 있다. '엄격한 아버지상'이 실종된 지 오래라는 우려의 소리도 꽤 요란하다. 자녀교육을 소홀히 하여 생겨나는 여러 가지 일들이 사회문제화된 지도 오래이다. 그런 만큼 이 글은 모든 부모가 마음에 새겨둘 만한 명언이 아닌가 한다.

❾

　귀여운 아이는 매를 많이 때리고, 미운 아이에겐 먹을 것을 많이 주라.

原文 憐^연兒^아어든 多^다與^여棒^봉하고 憎^증兒^아어든 多^다與^여食^식하라.

註 연(憐) : 사랑하다. 귀여워하다. 증(憎) : 미워하다. 여(與) : 여기에서는 때리다, 주다로 풀이됨. 봉(棒) : 몽둥이를 뜻하며, 곧 매를 말한다.

解義 우리의 속담에도 '미운 아이 떡 하나 더 준다'라는 것이 있다. 진정으로 사랑하는 자식이라면 그 아이의 장래가 잘될 것을 바라는 것이 부모의 심정이다. 그러므로 매채를 잡히더라도 아이를 올바른 길로 이끌려고 한다. 하지만 미운 아이에게는 그렇게 할 필요가 없다. 어떻게 자라나든 상관할 바가 아니므로 버릇이 없고 보채어도 떡이나 하나 더 쥐어 주어 그 순간을 넘겨 버리면 그만인 것이다.

　영국의 속담에도 '매를 아끼면 자식을 버린다'라는 것이 있다.
　동서양을 막론하고 자식을 깊이 사랑하는 부모일수록 엄격한 교육으로 아이의 앞날을 올바르게 인도했던 것이다.
　나무에 가위질을 하는 것은 나무를 사랑하기 때문이다. 부모에게 야단을 맞으며 자라지 않은 아이는 훌륭한 사람이 될 수 없다. 겨울의 추위가 심할수록 오는 봄의 나뭇잎은 더욱 푸른 법이다. 사람도 역경에 단련되지 않고서는 큰 인물이 될 수 없는 것이다.

10

사람들은 모두가 다 주옥(珠玉)을 사랑하지만, 나는 자손의 어진 것을 사랑한다.

原文 人^인皆^개愛^애珠^주玉^옥이나 我^아愛^애子^자孫^손賢^현이니라.

解義 귀중한 주옥(珠玉)보다도 자손의 현명함을 아끼는 글이다.
 이 세상 보물은 모두 소중한 것이다. 하지만 영원히 계속되는 것은 아무것도 없다. 단 하나 자식의 일은 그렇지 않다. 그러므로 한순간에 사라질 수도 있는 주옥이나 보석을 아끼기보다는 자식의 현명함과 지혜를 사랑하는 것이 부모의 마음이다. 그리고 그러한 마음으로 자녀교육에 임한다면 진정으로 훌륭한 자식을 키울 수 있을 것이다.

성심편 상
(省心篇 上)

　　성심편은 유가적 의미에서의 자아성찰에 관한 여러 경구들을 말 그대로 집대성해 놓았다고 할 수 있다. 특히 삶의 간난 신고를 헤쳐 온 사람이라면 한 구절, 한 구절에서 인생의 무상함과 절실함을 동시에 느낄 수 있을 것이다. 삶의 고통스런 편린들, 뜬 구름 같은 부귀영화, 그 속에서 부침하는 여러 삶의 형태 등이 짤막한 경구들 속에 함축적으로 표현되어 있기 때문이다. 그런 중에 자신을 돌이켜보는 자아성찰의 계기를 통해 좀더 참된 진리의 길로 가까이가는 것이야말로 이 성심편이 주는 교훈이다. 성심편은 그 조목이 매우 길다. 따라서 편의상 상·하로 나누었음을 밝혀 둔다.

1

보화(寶貨)는 쓰면 다함이 있되 충성과 효도는 이를 누려도 다함이 없느니라.　　　――경행록

原文 景行錄에 云, 寶貨는 用之有盡이요, 忠孝는 享之無窮일지니라.

註 보화(寶貨) : 금, 은, 주옥 등 보물이나 재화(財貨). 유진(有盡) : 다함이 있다. 향(享) : 누리다. 또는 드리다의 뜻. 무궁(無窮) : 한이 없는 것. 다함이 없음의 뜻.

解義 금은보화란 지금은 내 수중에 있다 해도 또 언제 어느 때 연기처럼 사라질지 알 수 없는 것이다. 그리고 이러한 물질은 어느 때인가는 필연적으로 사라지게 되어 있다.
　이에 비해 충효는 정신적 가치를 지니고 있으므로 '누림에 다함이 없는' 것이다. 정신적 가치를 물질적 가치 앞에 놓은 옛 현인들의 지혜가 빛나는 글이다.

2

집안이 화목하면 가난해도 좋으니, 의롭지 않으면 부유한들 무엇하랴. 단 한 자식만이라도 효도한다면 자식 많음이 무슨 소용 있으랴.

原文 家和면 貧也好어니와 不義면 富如何오 但存一子孝면 何用子孫多리오.

註 가화(家和) : 집안이 화목한 것. 빈야호(貧也好) : 가난해도 좋다는 뜻. 여기서 야(也)는 어조사. ~해도의 뜻. 불의(不義) : 의롭지 못하다. 하용(何用) : 무엇에 쓰리오의 뜻. 즉 소용없다는 말. 자손다(子孫多) : 자손이 번다한 것.

解義 비록 집안이 가난할지라도 가족간에 반목하지 않고 화합할 수만 있다면 그 이상의 축복도 없을 것이다. 반대로 아무리 부유하다 한들 그 부가 의로운 것이 아니고, 가족간에 반목만 일삼는다면 무슨 소용이 있겠는가.

'임금이든 백성이든 자기 가정에서 평화를 찾는 사람이 가장 행복한 사람이다' 하고 말한 사람은 독일의 대문호 괴테이다.

유가에서 예부터 가정생활을 치국의 근본으로 삼아온 것도 이와 같은 맥락으로 볼 수 있을 것이다.

자식의 경우도 마찬가지이다. 열 자식이 있다 해도 모두 불효하다면 무슨 소용이 있겠는가. '아버지의 품안에는 아홉 자식이 있을 곳이 있으되, 아홉 자식의 집 어디에도 아버지가 있을 곳은 없다'는 비감어린 말도 있다. 따라서 한 자식이라도 효도하는 자식이 있다면 누구든 번다한 자손을 바라지 않을 것이다.

3

아버지의 근심 없는 마음은 자식의 효도 때문이요, 남편의 번뇌 없음은 그 아내가 어질기 때문이다. 말이 많아 말로써 실수하는 것은 모두 술 때문이며, 의가 끊어지고 친한 사이가 멀어지는 것은 오직 돈 때문이다.

原文 父不憂心은 因子孝요 夫無煩惱는 是妻賢이라 言多語失은 皆因酒요 義斷親疎는 只爲錢이라.

註 불우심(不憂心) : 근심하지 않는 것. 인(因) : 원인. ~로 인해의 뜻.

무번뇌(無煩惱) : 번뇌가 없는 것. 언다어실(言多語失) : 말이 많음으로써 말로 실수하는 것. 의단친소(義斷親疎) : 의리가 끊어지고 친분이 소원해지는 것. 지(只) : 오직. 다만.

解義 자식이 효도하면 아버지가 근심이 없고 아내가 착하면 남편의 마음에 번뇌가 없으니, 자연 가정에는 평화가 깃들게 마련이다. 술은 지나치게 마시면 말이 많아지고 실수를 하게 되며, 돈으로 인해 문제가 얽히면 부자 형제 사이에도 의리가 끊어지고 친분이 멀어지게 된다.

  이 글 역시 가정의 화목을 위해 일상생활에서 가족 구성원이 지켜야 할 덕목들을 강조한 것이다. 부모와 자식 사이, 남편과 아내 사이, 형제와 형제 사이에 이 덕목들을 지켜나간다면 가정에는 저절로 평화가 찾아들 것이다.

4

  이미 심상치 못한 즐거움을 가졌거든 모름지기 예측할 수 없는 근심이 있을 것에 방비하라.

原文 既取非常樂이어든 須防不測憂니라.
(기취비상락) (수방불측우)

註 비상(非常) : 범상하지 못함. 수(須) : 모름지기. 방(防) : 방비하다. 불측우(不測憂) : 미리 예측할 수 없는 근심 걱정.

解義 심상치 않은 즐거움이 있는 반면에 다른 한편에서는 예측할 수 없는 근심이 있는 것이 세상사이다. 그러니 보통이 아닌 즐거움을 누리게 되었을 때는 더욱 몸가짐과 언동을 조심하여 예측할 수 없는 근심을 방비하도록 힘써야 한다.

  사랑과 증오가 같은 뿌리에서 자라나듯이 즐거움과 근심 역시 늘 이웃에 자리하는 것이다. 그러나 인간인지라 즐거울 때는 근심을 잊고 마는 일이 흔하다. 이 글은 바로 이 점을 경계하라고 가르치고 있다. 더구나 심상치 못한 즐거움을 누리고 있다면 미구에 닥칠지도 모르는 불운을 한 번쯤 생각해 보고 행동을 신중히 해야 할 것은 말할 필요도 없을 것이다.

5

사랑받을 때 욕됨을 생각하고, 편안한 곳에 살 때 위태로움을 생각하라.

原文 得寵思辱하고 居安慮危니라.
　　　　　(득총사욕)　　　(거안려위)

註 총(寵) : 사랑하다. 또는 귀여워하는 것. 거안(居安) : 편안히 거하다.

解義 덧없고 무상한 것이 인생이라는 절실한 교훈이 담겨 있는 글이다. 달도 차면 기울고, 용도 너무 높이 오르면 회한이 따르는 법이다.
　사랑도 영화도 그 순간에는 영원히 계속될 것처럼 생각되지만 다음 순간에는 이미 나락으로 떨어져 있는 것이 인생이다. 따라서 한때 사랑을 받으면 어느 때 또 욕이 돌아올지 모르며 편안한 데 있으면 언제 또 위험이 닥쳐올지 모를 일이니 욕되고 위험할 때를 생각해서 더욱 행동을 삼가고 조심해야 하는 것이다.

6

영화가 가벼우면 욕됨도 얕고, 이로움이 무거우면 해로움도 깊으리라.

原文 榮輕辱淺이오 利重害深이니라.
　　　　　(영경욕천)　　　(이중해심)

註 욕천(辱淺) : 욕됨이 얕음. 해심(害深) : 해로움이 깊음.

解義 앞의 글과 맥락이 같다고 볼 수 있다. 예부터 산이 높으면 따라서 골짜기도 깊고 산이 낮으면 골짜기도 얕다고 했다. 영화가 지나치면 반드시 욕됨이 따르고 이(利)를 추구함이 지나치면 반드시 그 해악 또한 깊은 법이다. 이것이 하늘의 공평한 뜻이다. 그러므로 예부터 진실된 군자는 지나친 영화와 이익을 추구하지 않았으며 나물 먹고 물 마시는 빈천한 생활 가운데서도 도를 구현하려는 낙으로 한 세상을 살았다.

7

사랑이 지나치면 반드시 심한 소모를 가져오고, 명예가 지나치면 반드시 심한 비방을 가져온다. 기쁨이 지나치면 반드시 심한 근심을 가져오고, 뇌물을 탐하는 마음이 지나치면 반드시 심한 멸망을 가져오느니라.

原文 甚愛必甚費요 甚譽必甚毁요 甚喜必甚憂요 甚贓必甚亡일지니라.

註 심애(甚愛) : 사랑함이 심함. 즉 사랑이 지나친 것. 필(必) : 기필코. 반드시. 비(費) : 소모하다. 허비하다. 예(譽) : 명예. 훼(毁) : 훼손, 비난. 비방의 뜻. 장(贓) : 뇌물을 받다.

解義 하나의 극단은 언제나 또 다른 하나의 극단을 낳는 법이다. 따라서 무엇이든 정도를 벗어나면 이미 쇠운이 따른다고 보아야 한다. 군자는 생각하는 것이 자기의 분수를 넘지 말아야 한다고 했다. 생각만으로도 그러할진대 매사에 신중하고 분수를 지키는 것은 꼭 필요한 덕목이 아니겠는가. 알맞게 중용을 취해서 후회하는 일은 없는 법이다.

8

 높은 낭떠러지를 보지 않고서야 어찌 굴러떨어지는 근심을 알 것이며, 깊은 연못에 가 보지 않고서야 어찌 빠져 죽는 근심을 알 것이며, 큰 바다를 보지 않고서야 어찌 풍파의 근심을 알 것이랴.　　　——공　자

原文　子曰, 不觀高崖면 何以知顚墜之患이며 不臨深淵이면 何以知沒溺之患이며 不觀巨海면 何以知風波之患이리오.

註　불관(不觀): 보지 않다. 고애(高崖): 높다란 낭떠러지. 하이지(何以知): 어찌 알리오의 뜻. 전추(顚墜): 위에서부터 굴러떨어지는 것. 임(臨): 임하다, 가다의 뜻. 몰닉(沒溺): 물에 빠져드는 것.

解義　세상일은 예측할 수 없는 것이다. 길을 가면서도 다음 순간 돌부리에 채어 넘어질지 어떨지를 모르는 것이 인간사이다. 그러므로 누구든 미구에 닥칠지도 모를 불운에 미리 대비하는 마음을 지녀야만 한다. '먼 앞날을 걱정하지 않으면 가까운 날에 반드시 근심이 있으리라'고 경고한 분도 공자이다.
　그럼에도 인간이 낭떠러지를 보고서야 비로소 떨어질 줄을 조심하고 깊은 연못에 이르러서야 비로소 빠져죽을 것을 염려하며, 큰 바다를 보고서야 마침내 풍파를 걱정하는 것을 공자는 한탄한 것이다.

9

 앞날을 알고자 하거든 먼저 지난 일들을 살피라.

[原文] 欲知未來어든 先察已然이니라.
　　　　　욕지미래　　　선찰이연

[註] 미래(未來) : 앞날 즉 장래를 뜻함. 이연(已然) : 이미 지나간 일.

[解義] 지나간 일들을 돌이켜서 살펴본다면 앞으로 닥쳐올 일도 미루어서 알 수 있다는 뜻이다.
　주역 계사하전(繫辭下傳)에도 '창왕찰래(彰往察來)'라는 말이 나온다. 지나간 일을 밝게 살펴서 앞으로의 일의 득실을 안다는 의미이다. 과거를 기억하지 못하는 사람은 그것을 되풀이하는 벌을 받는다는 말도 있다. 이 모두 지나간 일을 명찰(明察)하여 앞으로 닥쳐올 일에 미리 대비하라는 교훈들이다.

10

　맑은 거울은 얼굴을 살피게 하며, 지나간 일은 현재를 알게 하느니라.　　　　　　　　　　——공　자

[原文] 子曰, 明鏡은 所以察形이오 往者는 所以知今이니라.
　　　　자왈　명경　　소이찰형　　　왕자　　소이지금

[註] 명경(明鏡) : 맑은 거울. 찰형(察形) : 얼굴을 살펴보는 것. 왕자(往者) : 지나간 일. 지금(知今) : 현재를 알다.

[解義] 맑은 거울이 얼굴을 비춰 보는 도구이듯이 지나간 일은 미래를 알 수 있는 방법이 되어 준다.
　거울에 모습을 비춰보는 일은 예부터 군자가 바른 심성을 기르는 일에 자주 비유되어 왔다. 옛사람들은 거울에 외모만을 비추어 볼 것이 아니라 마음까지도 비추어 볼 줄 알아야 한다고 여겨 이조 때 학자 이규보(李奎報)는 다음과 같은 글을 남겼다.
　'거울이란 얼굴을 비춰보는 것이다. 얼굴에 나쁜 것이 묻지나

않았는지, 혹은 표정이 평화롭지 못하지나 않는지를 살피는 것이다. 그러므로 군자는 거울을 대할 때마다 그 거울의 맑은 본성을 취해, 얼굴을 비추는 거울처럼 자신의 마음을 맑게 해 세상을 비추는 것이다.'

이렇듯 거울에서 삶의 진리를 얻는 것처럼 지나간 일 역시 우리에게 앞으로의 삶의 자취를 여실히 보여 주는 것이다. 그러므로 반드시 자중하고 힘써 살아가야 하는 것이다.

11

지나간 일은 맑은 거울과 같고, 앞날의 일은 어둡기가 칠흑(漆黑)과 같도다.

原文 過去事는 如明鏡이요 未來事는 暗似漆이로다.
(과거사)   (여명경)   (미래사)   (암사칠)

註 암(暗): 어둠. 칠(漆): 옻칠을 뜻하나 여기에서는 칠흑(漆黑)으로 풀이했음.

解義 지나간 일들은 우리가 이미 경험한 것으로, 알려고 들면 밝은 거울을 들여다보듯 소상히 기억해 낼 수 있다. 그러나 미래의 일이란 칠흑처럼 캄캄해서 도무지 알 길이 없다.

'신은 지혜가 깊어도 미래의 일만은 캄캄한 밤으로 덮었다'고 노래한 시인은 호라티우스였다. 실제로 우리 모두 한 치 앞도 내다보지 못한 채 살고 있는 것이 현실이다. 단지 지금 처해 있는 상황에서 최선을 다할 뿐인 것이다.

12

내일 아침 일을 저녁 무렵에 꼭 알지 못하며, 저녁의 일을 포시(晡時)에도 꼭 알지 못하느니라. ──경행록

原文 景行錄에 云, 明朝之事를 薄暮에 不可必이요 薄暮
之事를 晡時에 不可必이니라.

註 명조(明朝): 내일 아침. 박모(薄暮): 저녁 때. 불가필(不可必): 꼭 그렇게 할 수 없는 것. 곧 알 수 없는 것. 포시(晡時): 신시(申時), 오후 네 시 경을 말함.

解義 '운명의 여신은 장님이다' 하는 말이 있다. 인간 역시 운명 앞에는 눈뜬 장님과 마찬가지이다. 그러므로 '오늘 저녁에 내일 아침의 일을 알지 못하며 저녁의 일을 오후 네 시에도 알지 못하는' 것이다.
  이 글 역시 앞장과 마찬가지로 언제나 말과 행동을 조심해 앞날에 대비할 것을 가르치는 교훈이다.

13

하늘에는 예측할 수 없는 비바람이 있고, 사람에게는 아침 저녁으로 화(禍)와 복(福)이 있느니라.

原文 天有不測風雨하고 人有朝夕禍福이니라.

註 불측(不測): 예측할 수 없는 것. 풍우(風雨): 바람과 비. 비바람.

解義 역시 운명의 무상함 속에서 인간이 얼마나 작은 존재인지를 깨달으라는 가르침을 담고 있다. 하늘에 예측할 수 없는 비바람이 있는 것처럼 인간에게는 아침 저녁으로 재앙과 복이 있다는 말에는 운명의 변전 속에서 인간이 어떻게 처신하고 대처해 나가야 하는지가 암시적으로 내포되어 있다. 천명과 천시를 거역하는 것은 예부터 하늘이 바라지 않는 바였다. 만일 인간이 천명을 거역하면 하늘 역시 인간이 원하지 않는 재앙을 내렸던 것이다.

14

아직 석 자 흙 속으로 돌아가지 않고서는 백 년의 몸을 지탱하기가 어렵고, 이미 석 자 흙 속으로 돌아가서는 백 년의 무덤을 보전키 어려우리라.

原文 未歸三尺土^{미귀삼척토}하얀 難保百年身^{난보백년신}이요 已歸三尺土^{이귀삼척토}하얀 難保百年墳^{난보백년분}이니라.

註 미귀(未歸) : 아직 돌아가지 않다. 삼척토(三尺土) : 석 자 흙 속, 즉 사람이 죽어서 땅 속에 묻히는 자리를 말함. 난보(難保) : 보전하기 어려운 것. 이귀(已歸) : 이미 돌아가다. 분(墳) : 무덤.

解義 '인생이란 만나는 것이며 그 초대는 두 번 다시 되풀이되는 일이 없다'라는 말이 있다. 회한이 남지 않는 생을 살라는 뜻이다. '아직 석 자 흙 속으로 돌아가지 않고는 백 년의 몸을 지탱하기 어렵다'는 것 역시 제대로 온전한 삶을 살기가 얼마나 힘든지에 관한 경고이다.

성실하게 오점을 남기지 않는 삶을 살 때 비로소 무덤에 들어가도 편안할 수 있기 때문이다.

'천 년 된 소나무도 마침내는 시들고 무궁화는 하루에 그 영화를 다한다'라고 읊은 시인은 백거이(白居易)이다.

이렇듯 무상한 인생에서 회한마저 남긴다면 얼마나 더욱 덧없겠는가. 따라서 인생에서 가장 중요한 것은 올바른 마음으로 정도를 걷는 용기를 가지는 것이다.

15

나무를 잘 기르면 뿌리가 튼튼하고 가지와 잎이 무성

해서 마룻대와 대들보감을 이룬다. 물은 그 물의 근원을 넓게 해야 물의 흐름이 길어져 관개에 이로움이 많다. 사람은 뜻과 기상이 크고 식견을 밝게 길러야 충성스럽고 의로운 인물이 배출된다. 그러니 어찌 이와 같이 기르지 않겠는가. ──경행록

原文 景行錄에 云, 木有所養이면 則根本固而枝葉茂하여 棟樑之材成하고, 水有所養이면 則泉源壯而流派長하여 灌漑之利博하고 人有所養이면 則志氣大而識見明하여 忠義之士出이니 可不養哉리오.

註 유소양(有所養): 기르는 바가 있으면으로 풀이되나 알기 쉽게 기르면으로 풀이했다. 고(固): 굳다. 여기에서는 튼튼하다로 풀이했다. 동량지재(棟樑之材): 마룻대와 대들보감을 만들 수 있는 훌륭한 재목. 천원(泉源): 물의 근원. 관개(灌漑): 논밭에 물을 대는 것. 지기(志氣): 뜻과 기상. 가불양재(可不養哉): 기르지 않을 수 있겠는가?

解義 나무도 잘 길러야 훌륭한 재목으로 쓸 수 있고 물도 잘 다스려야 관개의 이익을 얻을 수 있다. 그런 것처럼 사람은 인재를 알아보는 안목과 제대로 기를 줄 아는 지혜를 가져야 걸출한 인물을 배출해 낼 수 있다.

　당나라의 명문장 한유(韓愈)의 글에 '백락(伯樂)의 천리마'라는 것이 있다. 백락은 주(周)나라 때 사람으로 말을 제대로 보고 또 잘 다룰 줄 알았다. 한유는 이 백락의 말에 대한 안목을 인재를 기르는 데 비유해 다음과 같은 유명한 말을 남겼다.

　'이 세상에는 훌륭한 백락이 있어야만 비로소 하루에 천 리를 달리는 말이 있게 된다. 천리마는 늘 있으나 좋은 말을 알아보는 백락은 늘 있다고 할 수 없다. 그리하여 천리마라 할지라도 평범한 말로 혹독하게 부려지다가 결국 마구간에서 죽고 말리라.'

16

스스로를 믿는 사람은 다른 사람도 또한 믿으니 오(吳)와 월(越)일지라도 모두 형제처럼 될 수 있고, 스스로를 의심하는 사람은 다른 사람도 또한 의심하니 자기 이외에는 모두 적국처럼 될지니라.

原文 自信者는 人亦信之하나니 吳越이 皆兄弟요 自疑者는 人亦疑之하나니 身外는 皆敵國이니라.

註 오월(吳越) : 중국 춘추 전국(春秋戰國) 시대의 오나라 월나라. 오왕 부차(吳王夫差)와 월왕 구천(越王句踐)이 서로 싸워 원수의 나라가 되었다. 이를 비유하여 원수 사이를 흔히 오월(吳越)이라는 말로써 표현하고 있다. 신외(身外) : 자기 이외의 사람이나 나라.

解義 나를 미루어 남을 짐작한다는 말이 있다. 자기 스스로를 믿는 사람은 그 마음을 미루어서 다른 사람도 자기와 같으리라 믿으며, 남도 또한 그 사람을 믿게 되어서 오나라, 월나라와 같은 원수 사이라도 형제처럼 될 수 있다. 그러나 반대로 자기 스스로를 의심하는 사람은 그 마음을 미루어서 다른 사람도 의심하게 되니 자연 남도 또한 그를 의심하게 마련이다. 이런 사람은 자기 이외에는 모두 적을 만드는 것이다.

17

의심스러운 사람은 쓰지 말 일이요, 사람을 썼거든 의심하지 말지니라.

原文 疑人莫用하고 用人勿疑니라.

[解義] 사람이 의심스러우면 쓰지 말 일이요, 사람을 일단 쓴 이상은 의심하지 말라는 것이다. '사람이 믿음이 없으면 그 좋은 점을 알 수 없다'고 한 분은 공자이다. 나를 미루어 남을 믿게 될 때 가정 안에, 이웃과 사회 안에 서로 신뢰하고 아끼는 풍토가 조성될 것이다.

18

물 속 깊이 있는 고기와 하늘 높이 떠 있는 기러기는, 높은 데 있는 것은 활로 쏘고 낮은 데 있는 것은 낚을 수 있다. 그러나 오직 사람의 마음은 바로 곁에 있어도 그 가까이 있는 마음을 가히 헤아릴 길이 없도다.

── 풍 간(諷諫)

[原文] 諷諫에 云, 水底魚天邊雁은 高可射兮低可釣어니와 惟有人心咫尺間에 咫尺人心不可料니라.

[註] 풍간(諷諫): 슬며시 꾸짖는 뜻을 비추어 다른 사람을 빗대어 깨우침. 여기에서는 책 이름. 수저어(水底魚): 물 속 깊은 곳의 물고기. 천변안(天邊雁): 천변(天邊)은 하늘가, 안(雁)은 기러기. 가사(可射): 쏠 수 있다의 뜻. 지척(咫尺): 지극히 가까운 거리. 요(料): 헤아리다.

[解義] 사람의 마음이란 그 깊이를 헤아릴 수 없다는 것을 강조한 글이다. 중국 속담에도 '마음 밑바닥은 이 세상 끝보다도 더 깊다'는 말이 있다.

물 속 깊은 곳에 있는 물고기일지라도 낚시로 잡아올릴 수 있고 하늘가를 높이 날으는 기러기도 화살로 맞힐 수 있다. 그러나 사람은 바로 옆에 있다 해도 그 마음만은 헤아릴 길이 없는 것이다.

19

 호랑이를 그림에 있어 가죽은 그릴 수 있으나 그 뼈를 그리기는 어렵고, 사람을 앎에 있어 얼굴은 알 수 있으나 그 마음은 알 수 없도다.

原文 畫虎畫皮難畫骨이요 知人知面不知心이니라.
(화호화피난화골) (지인지면부지심)

註 화호(畫虎) : 호랑이를 그리다. 피(皮) : 가죽. 난화골(難畫骨) : 뼈를 그리기는 힘들다의 뜻. 지인(知人) : 사람을 알다. 부지심(不知心) : 마음을 알지 못하다.

解義 역시 앞장과 맥락을 같이 하는 글이다. 예부터 '열 길 물 속은 알아도 한 길 사람의 마음 속은 알 길이 없다'는 말이 회자되어 온 것도 이 사람 마음의 불가해성 때문일 것이다.
 이 글에서도 호랑이를 그림에 그 겉모습, 즉 가죽을 그릴 수는 있어도 그 뼈는 그릴 수 없다는 비유를 통해 사람도 그 얼굴을 알 수는 있어도 마음까지는 알 수 없음을 말한 것이다.

20

 얼굴을 맞대고 서로 이야기는 하지만 마음은 여러 산이 막힌 듯 멀리 떨어져 있다.

原文 對面共話하되 心隔千山이니라.
(대면공화) (심격천산)

註 격천산(隔千山) : 천산(千山)이라 함은 수없이 많은 산을 의미한다. 여기에서는 서로 멀리 떨어져 있음을 표현한 것이다.

성심편상 145

解義 얼굴을 마주보고 이야기를 나누고 있건만 마음은 여러 산이 막힌 듯 멀리 떨어져 있다는 것은 헤아릴 길 없는 세상 인심의 무상함을 한탄하는 말이다.

'아가위나무 꽃이 팔랑거리는데 어찌 임생각이 안 나리오만 너무 멀구나'하는 시를 보고 공자께서는 '진정 마음으로 생각하지 않은 탓이지 무엇이 멀다고 하리오'라고 했다.

이처럼 사람의 마음이란 몸을 맞대고 가까이 있다고 해서 마음까지 가까운 것은 아니다. 그 마음에 얼마나 깊은 진심을 담았는지가 중요한 것이다.

21

바다는 마르면 마침내는 그 바닥을 볼 수 있지만, 사람은 죽어도 그 마음 속을 알지 못하리라.

原文 海枯면 終見底나 人死엔 不知心이라.

註 해고(海枯) : 바닷물이 마르다. 종견저(終見底) : 마침내 바닥을 보다.

解義 그 망망한 바다의 물도 마르고 나면 마침내 그 바닥을 볼 수 있는데, 죽어도 그 마음 속을 알 수 없는 것이 사람이다. 앞장과 마찬가지로 사람의 마음은 헤아리기가 힘들다는 것을 강조한 글이다.

22

무릇 사람은 가히 앞날을 점칠 수가 없고, 바닷물은 말〔斗〕로써 그 양을 될 수 없느니라.　　──태 공

原文 太公(태공)이 曰(왈), 凡人(범인)은 不可逆相(불가역상)이요 海水(해수)는 不可斗量(불가두량)이니라.

註 역상(逆相) : 앞으로 닥쳐올 운명을 점치는 것. 두량(斗量) : 말로써 되다. 두(斗)는 말.

解義 바닷물을 말로 될 수는 없다. 그러기에는 바다 자체가 워낙 드넓고 깊이를 알 수 없기 때문이다. 사람의 앞날을 예측할 수 없음 또한 그와 같다.

'인간은 그저 던져진 존재일 뿐이다'고 말한 사람은 하이데거이다. 그의 말대로 하자면 그저 던져진 존재인 덕분에 처음부터 미래를 예측할 능력 따위는 갖지 못하게 되었는지도 모른다.

바닷물을 말을 사용해 그 양을 재어 본다는 것은 그 바닷물이 완전히 마르기를 기다리는 것만큼이나 불가능한 일이다.

인간이 스스로의 미래를 측량함에 있어서도 이 비유는 그대로 들어맞는다. 대체 어떻게 알 수 있겠는가.

23

다른 사람과 원수를 맺는 것은 재앙의 씨앗을 뿌리는 것이요, 착함을 버리고 행하지 않는 것은 스스로 제 몸을 해치는 것이니라. ——경행록

原文 景行錄(경행록)에 云(운), 結怨於人(결원어인)은 謂之種禍(위지종화)요 捨善不爲(사선불위)는 謂之自賊(위지자적)이니라.

註 결원(結怨) : 원수를 맺는 것. 종화(種禍) : 재앙의 씨앗을 심는 것. 사선(捨善) : 선을 버리는 것. 자적(自賊) : 스스로를 해치는 것.

解義 남과 원수를 맺게 되면 그로 인해서 몸을 다치고 집안이 패

성심편 상 147

망하는 무서운 화를 입는 일은 수없이 많다. 언제나 복수는 복수를 부르는 법이기 때문이다. 그러므로 가능한한 용서하고 화합하여 남과 원수를 맺는 일을 피해야 한다.

또 선이란 인생의 큰 미덕이다. 사람은 선을 행함으로써 비로소 인생의 큰 보람을 느낄 수 있다. 그러므로 우리는 선을 버리고 행하지 않는 일이 있어선 안 될 것이다.

'스스로 제 몸을 해친다'는 것은 실로 불행한 일이다. 논어에도 '스스로 초래한 재앙은 하늘도 돌보지 않는다'라는 말이 나온다. 명심해야 될 교훈이 아닐 수 없다.

24

만약 한쪽의 말만 듣게 되면 친한 사이가 갑자기 멀어지고 말리라.

原文 若聽一面說이면 便見相離別이니라.
(약청일면설)   (변견상리별)

註 약(若) : 만약. 일면(一面) : 한 면. 변(便) : 문득. 상리별(相離別) : 서로 멀어지다.

解義 공자나 맹자 같은 위대한 성인도 어느 한쪽의 말만을 듣고 사물을 판단하는 것이 얼마나 위험한 일인지를 여러 곳에서 경계하고 있다.

똑같은 일을 놓고도 정당하게 보는 사람이 있는가 하면 부당하게 여기는 사람이 있고, 어여삐 여기는 사람이 있는가 하면 추악하게 느끼는 사람이 있는 법이다.

이렇듯 사람마다 시각이 다 다를 수 있는데, 어느 한편의 말만 듣게 된다면 자칫 미혹에 빠지는 어리석음을 저지를 수 있다. 이 장은 바로 그 점을 경계하고 있다.

25

배부르고 따뜻하면 음욕이 생각나고, 굶주리고 추우면 도심(道心)이 일어나느니라.

原文 飽煖엔 思淫慾하고 飢寒엔 發道心이니라.

註 포난(飽煖) : 배부르고 따뜻한 것. 음욕(淫慾) : 남녀간의 정욕. 음탕한 욕망. 기한(飢寒) : 배고프고 추운 것. 도심(道心) : 도덕적 마음.

解義 부유할 때 자칫 빠지게 되는 도덕의 상실을 경계한 글이다.
많은 사람들이 부를 갖게 되자마자 악으로부터 빠져나오는 것이 아니라 더 큰 악 쪽으로 옮겨가는 것은 인간이 지닌 속성이자 약점일지도 모른다.
맹자도 그 점을 경계해 '배불리 먹고 따뜻하게 살면서 가르침을 받지 않는 것은 금수에 가까와지는 길'이라고 말씀했다.
부귀할수록 자칫 도덕적으로 방탕해지고 이기적이 되지 않도록 노력해야 한다는 교훈인 것이다.

26

어진 사람이 재물이 많으면 그의 지조가 손상되고, 어리석은 사람이 재물이 많으면 허물을 더하느니라.
―― 소 광(疎廣)

原文 疎廣이 曰, 賢人多財면 則損其志하고 愚人多財면 則益其過니라.

註 소광(疏廣) : 한(漢)나라 때 사람으로, 자는 중옹(仲翁), 춘추(春秋)에 능통했고 청렴하였다. 선제(宣帝)와 태자가 많은 재물을 주자 이를 그의 친구들에게 나누어 주었다. 손기지(損其志) : 그 지조를 손상하다. 익기과(益其過) : 그 허물을 더하다.

解義 '마음이 풍요롭지 못하면 부는 추악한 거지에 불과하다'는 말이 있다. 그 인물이 어질고 덕이 있다면 부 또한 올바르고 아름답게 쓰여질 것이나, 어리석다면 부로 인한 방자함이 지나쳐 결국 추악한 모습만 드러내게 될 뿐이다.
　논어에도 다음과 같은 이야기가 전해진다.
　제(齊)나라 경공(景公)이 말 4천 필을 가졌으되, 죽고 나자 아무도 그의 부를 덕이라고 칭찬하지 않았다. 반대로 백이숙제(伯夷叔齊)는 수양산에서 굶어 죽었으나 오늘날 만민이 그들을 칭찬하고 있다. 시경에 이르되 '진실로 사람이 칭찬하는 것은 그 부가 아니고 그 덕의 빼어남이라' 했음은 이를 두고 한 말이다.
　논어의 이 교훈 역시 부로 인해 어리석은 생(生)을 살지 말 것을 경계한 것이다.

27

사람이 가난하면 지혜가 천박해지고, 복이 이르면 마음이 존귀해진다.

原文 人貧智短하고 福至心靈이니라.
　　　　인빈지단　　　복지심령

註 지단(智短) : 지혜가 짧아지다. 쉽게 말해서 지혜가 천박해지는 것. 심령(心靈) : 마음이 밝아지다. 즉 존귀해지다로 풀이됨.

解義 지금까지 앞장에서는 부유함으로 인해 빚어지게 되는 여러 가지 병폐를 지적했으나 이 장에서는 특별히 가난함 역시 허물이 될 수 있음을 말하고 있다. 부는 쾌락으로 사람을 망치고 걱정,

근심의 원인이 되나 빈천함 또한 제때에 예모를 차리지 못하게 하니 허물이 될 수밖에 없을 것이다.

예부터 '의식족이지예절(衣食足而知禮節)'이라고 해서 의식이 족해야 예절을 알고 인사를 차릴 수 있다고 했다.

부유해도, 빈천해도 성심을 잃지 않고 정도를 걸을 것을 권면한 글이라 하겠다.

28

한 가지 일을 경험하지 않으면 한 가지 지혜도 자라지 않으리라.

原文 不經一事면 不長一智니라.
(불경일사)　(부장일지)

註 불경(不經) : 경험하지 않으면으로 해석됨. 일사(一事) : 한 가지 일. 부장(不長) : 자라지 않다.

解義 '한 가지 일을 경험하지 않으면 한 가지 지혜도 생기지 않는다'는 말은 경험의 소중함을 참으로 잘 표현하고 있다. 예부터 경험의 중요성을 강조한 것으로 '경험은 모든 일의 스승이며 지혜의 어머니'라는 말도 있다. 무슨 일이든 제대로 경험해 보고 지혜로 삼음으로써 인생의 참된 의미를 터득해 가야 할 것이다.

29

하루종일 시비가 있을지라도 이를 듣지 않으면 저절로 없어진다.

原文 是非終日有라도 不聽自然無니라.
(시비종일유)　(불청자연무)

[解義] 한손으로는 손뼉을 칠 수 없는 법이다. 상대방이 사사건건 시비를 걸며 하루종일 말썽을 부리더라도 이편에서 상대를 안하게 되면 그 말썽은 저절로 없어지지 않겠는가.

30

찾아와서 시비를 이야기하는 사람이 곧 시비하는 사람이다.

[原文] 來說是非者는 便是是非人이니라.
(내설시비자) (변시시비인)

[解義] 문(門) 바른 집은 써도 입바른 집은 못 쓴다는 말이 있다. 문이 똑바로 달린 것은 괜찮지만 입바른 말을 하는 것은 좋지 못하다는 뜻이다.

지나치게 쓸데없이 이말 저말 하고 다니며 시비를 가리려고 드는 것 역시 그다지 옳은 행위는 아니다. 즉 '찾아와서 시비를 이야기하는 사람이 곧 시비하는 사람'이 되는 것이다.

31

평생 동안 눈썹 찡그릴 일을 하지 않으면 세상에 응당 이를 갈 사람이 없을 것이다. 크게 떨친 이름을 어찌 뜻없는 돌에다 새길 것인가. 길 가는 사람이 하는 말은 비석을 세우는 것보다 나으니라. ──격양시

[原文] 擊壤詩에 云, 平生에 不作皺眉事하면 世上에 應無切齒人이라 大名을 豈有鐫頑石가 路上行人이 口勝碑니라.
(격양시) (운) (평생) (부작추미사) (세상) (응무절치인) (대명) (기유전완석) (노상행인) (구승비)

註 추미(皺眉) : 눈썹을 찌푸리는 것. 응(應) : 마땅히, 응당. 절치(切齒) : 이를 갈다. 완석(頑石) : 미련한 돌. 전(鐫) : 새기다. 구승비(口勝碑) : 입이 비석보다 낫다.

解義 '평생동안 눈썹 찡그릴 일을 하지 않으면 세상에 이를 갈 사람이 없을 것이다'하는 말은 쓸데없이 시비곡직에 휘말리지 말라는 뜻도 있으나 그보다는 선을 행하라는 의미가 더 강하게 내포되어 있다.

'명성에 있어 가장 큰 곤란의 첫째는 명성 그 자체를 얻는 일이다. 두 번째는 살아 있는 동안 그것을 유지하는 것이며 세 번째는 죽은 뒤에도 그것을 보전하는 것이다'하는 말이 있다.

그러니 무딘 돌에 새긴 이름이 무엇이 대단하겠는가. 그보다 죽은 후에도 많은 보통 사람들의 입에 회자되는 명성이 진정한 명성이 아니겠는가.

32

사향을 가졌으면 저절로 향기로운데 어찌 꼭 바람을 맞아 서야 하리오.

原文 有麝自然香이니 何必當風立가.
(유사자연향)   (하필당풍립)

註 사향(麝香) : 사향노루 수컷의 배꼽과 불두덩을 싸고 있는 향주머니를 쪼개어서 말린 향료. 하필(何必) : 어찌 꼭 ~하리오. 당풍립(當風立) : 바람을 맞아 서다의 뜻. 곧 바람을 맞이하는 것.

解義 사향을 몸에 지녔다면 그 향기는 저절로 풍겨나오게 마련이다. 어찌 굳이 바람이 불어야만 향기롭겠는가. 이는 학문에도 비유된다. 즉 높은 학덕을 지닌 사람은 스스로 자랑하지 않더라도 언젠가는 저절로 세상이 그의 학덕을 알아 줄 날이 오게 마련인 것이다.

33

복이 있다고 모두 다 누리지 마라. 복이 다하면 몸이 빈궁해지느니라. 권세가 있다고 함부로 부리지 마라. 권세가 다하면 원수와 서로 만나게 되느니라. 복이 있거든 항상 스스로 아끼고, 권세가 있거든 항상 몸소 삼가라. 인생에 있어서 교만함과 사치함은 시작은 있으나 나중이 없음이 많을지니라.

原文 有福莫享盡하라 福盡身貧窮이라 有勢莫使盡하라 勢盡冤相逢이니라 福兮常自惜하고 勢兮常自恭하라 人生驕與侈는 有始多無終이니라.

註 막향진(莫享盡) : 다 누리지 마라. 막사진(莫使盡) : 다 부리지 마라. 원상봉(冤相逢) : 원수와 서로 만나다. 자석(自惜) : 스스로 아끼는 것. 교여치(驕與侈) : 교만과 사치. 다무종(多無終) : 나중이 없는 것이 많다. 또는 흔히 나중이 없다의 뜻.

解義 '신은 인류에게 하나의 복과 두 가지의 화를 분배한다'.── 핀다로스의 말이다. 그러므로 복이 있다고 다 누리려 해서는 안 된다. 권세와 부에는 날개가 달렸다. 언제나 제가 가고 싶은 곳으로 가 버리는 것이 이 권세와 부이다. 그러니 그것을 함부로 행사해서는 안 되는 것이다. 복이 있거든 언제나 근신하고 권세가 돌아오거든 반드시 자중해야 한다. 인생에서 교만과 사치는 시작은 있을 지라도 그 나중이 없기 때문이다.

여기에서 나중이 없다 함은 후일을 도모하여 부와 권세를 보전할 수 없음을 말하는 것이다. 그러니 복과 재화가 찾아올수록 근신하고 자중해서 덕을 길러야 하는 것이다.

34

여유를 두어 재주를 다 쓰지 않았다가 조물주에게 돌려 주고, 여유를 두어 봉록(俸祿)을 다 쓰지 않았다가 나라에 돌려 주며, 여유를 두어 재물을 다 쓰지 않았다가 백성에게 돌려 주고, 여유를 두어 복을 다 누리지 않았다가 자손에게 돌려줄지니라.

── 왕참정 사류명(王參政四留銘)

原文 王參政四留銘에 曰, 留有餘不盡之巧하여 以還造物하고 留有餘不盡之祿하여 以還朝廷하고 留有餘不盡之財하여 以還百姓하고 留有餘不盡之福하여 以還子孫하라.

註 왕참정(王參政) : 중국 북송(北宋) 진종(眞宗) 때의 정치가로, 이름은 단(但). 사류명(四留銘) : 네 가지 남겨 둠에 대한 명문(銘文). 유(留) : 남겨 두다. 유여(有餘) : 여유를 갖다. 부진(不盡) : 다 쓰지 않다. 교(巧) : 재주·기교.

解義 너무 팽팽하게 당겨진 활시위는 끊어지는 법이다. 그러니 재주를 좀 가졌다고 해서 그것을 다 낭비하지 말 일이다. 죽어 돌아가 조물주에게 돌려 줄 만큼의 여유는 남겨 두어라. 부 또한 그것을 지녔다고 해서 마음껏 탕진할 일이 아니다. 복이 좀 있다고 해서 그것을 마음껏 누려서도 안 된다. 지나침은 모자람만 못하니, 언제나 반쯤의 여유는 두어야만 한다. 효경에도 가득 차서 넘치게 하지 않는 것이 부를 온전히 지키는 길이라고 하였다.

35

황금 천 냥이 귀한 것이 아니라, 다른 사람의 좋은 말한 마디를 듣는 것이 천금보다 나으니라.

原文 黃_황金_금千_천兩_냥이 未_미爲_위貴_귀요 得_득人_인一_일語_어가 勝_승千_천金_금이니라.

註 미위귀(未爲貴) : 귀함에 미흡하다. 곧 귀하지 않다의 뜻. 득(得) : 얻다. 여기에서는 듣다의 뜻. 승천금(勝千金) : 천금을 이기다. 즉 천금보다 낫다는 뜻.

解義 일언천금(一言千金)이라는 말이 있다. 한 마디 말이 천금의 가치가 있다는 뜻이다. 아무리 황금이 중하다 해도 한 마디의 좋은 말을 얻어 듣는 것보다 못하다고 한 것은, 부란 언제 어느 순간 내게서 사라질지 알 수 없으되 훌륭한 말 한 마디에 감화된 덕은 영원히 내 것이 됨을 강조한 것이다.

36

재주 있는 사람은 재주 없는 사람의 노예가 되고, 고생하는 것은 즐거움의 근본이 될지니라.

原文 巧_교者_자는 拙_졸之_지奴_노요 苦_고者_자는 樂_낙之_지母_모니라.

註 교자(巧者) : 재주 있는 사람. 졸(拙) : 재주 없는 사람. 고자(苦者) : 고생하는 것. 모(母) : 모체. 즉 근본의 뜻.

解義 재주 없는 사람은 물건을 만들 줄 모르기 때문에 재주 있는 사람이 대신 만들어 주는 수고를 해야 하는 법이다. 그런가 하면 힘들여 노력하면 즐거움이 돌아온다. 그러므로 고생은 즐거움의 모체가 되는 것이다.

37

작은 배는 무겁게 실으면 감당하지 못하고, 으슥한 길은 혼자 다니기에 좋지 않으니라.

原文 小船은 難堪重載요 深逕은 不宜獨行이니라.

註 난감(難堪) : 감당하기 어려운 것. 중재(重載) : 물건을 무겁게 싣는 것. 심경(深逕) : 으슥한 길. 불의(不宜) : 마땅치 않다. 즉 좋지 않다.

解義 작은 배에 무겁게 짐을 싣지 말라는 것은 과욕을 부려 분수에서 벗어나는 짓을 하지 말라는 것이다. '사불출기위(思不出其位)'라는 말이 있다. 일을 사료함에 한계를 지켜 멋대로 자기 권한 밖의 경계를 침범하지 않는다는 뜻이다.
 '으슥한 길은 혼자 다니기에 좋지 않다'는 것은 매사에 근신하는 생활태도를 지니라는 의미이다.

38

황금이 귀한 것이 아니라, 편안하고 즐거운 것이 보다 값진 것이니라.

原文 黃金이 未是貴요 安樂이 値錢多니라.

註 미시귀(未是貴) : 귀하지 않다. 치전(値錢) : 값을 말함.

解義 황금, 즉 부는 확실히 귀중한 것이다. 그러나 한편 풀잎에 맺힌 이슬만큼이나 덧없는 것이다. 그것을 얻고자 나머지 모든

것을 버린다는 것은 얼마나 어리석은 일인가.

허나 지금 이 순간에도 많은 사람들이 부를 얻고자 다른 모든 삶의 가치들을 헌신짝 버리듯 하는 것을 얼마든지 볼 수 있다. 이 글은 이 점을 경계해 인생에서 가치있는 것은 황금이 아니라 오히려 편안하고 즐거운 생활임을 강조한 것이다.

39

자기 집에 손님을 맞아 대접할 줄 모르면 밖에 나갔을 때에 비로소 주인 적은 것을 알게 되리라.

原文 在家에 不會邀賓客이면 出外에 方知少主人이니라.

註 불회(不會) : 알지 못하다. 요(邀) : 맞이하다. 빈객(賓客) : 손님. 방(方) : 바야흐로.

解義 내 집에 찾아오는 손님을 대접할 줄 모른다면 이 편에서 남의 집을 방문했을 때에 소홀한 대접을 받아도 할 말이 없다. 그렇기 때문에 내 집에 찾아오는 손님은 정중히 맞이하고 예의에 맞게 대접하여 주인으로서의 도리를 다해야 하는 것이다.

40

가난하게 살면 번화한 시장거리에 살아도 서로 아는 사람이 없고, 넉넉하게 살면 깊은 산골에 살아도 먼 친척이 찾아오느니라.

原文 貧居鬧市無常識이요 富住深山有遠親이니라.

註 빈거(貧居) : 가난하게 살다. 요시(鬧市) : 번화한 저잣거리.

解義 부유하면 벗이 모여들고 가난하면 기왕의 벗이나 이웃 친척들도 다 멀어진다는 경우는 어느 세계 어느 곳이나 다 마찬가지이다. 그만큼 인정세태는 어디나 비슷하다는 뜻도 되지만 인심의 야박함이 얼마나 철저한지를 보는 것 같아 씁쓸하기도 하다.

'가난하게 살면 사람이 많이 모여 사는 번화한 시장거리에 살아도 아는 사람이 없게 마련이고 부자로 잘 살게 되면 아무리 두메산골에 산다 해도 먼 친척이나 친지들이 찾아온다'고 말하는 것도 같은 맥락에서 의미를 찾아볼 수 있을 것이다.

41

사람의 의리는 다 가난을 좇아 끊어지고, 세상의 인정은 곧 돈 있는 집으로 쏠린다.

原文 人義는 盡從貧處斷이요 世情은 便向有錢家니라.

註 인의(人義) : 사람의 의리. 종(從) : 따르다. 좇다. 향(向) : 쏠리다.

解義 앞장과 같은 의미를 담은 글이다. 사람이 가난해지면 가까운 친척도 사이가 멀어지고 의리가 끊어진다. 반대로 세상사람들은 돈 있는 사람을 가까이하려고 한다. 참으로 박정한 인심세태가 아닐 수 없다.

42

차라리 밑 빠진 항아리는 막을지언정 코 밑에 가로놓인 입은 막기가 어렵다.

原文   ｲ영색무저항ｲ寧塞無底缸이언정 ｲ난색비하횡ｲ難塞鼻下橫이니라.

註 영(寧) : 차라리. 색(塞) : 막는다. 무저항(無底缸) : 밑 빠진 항아리.
비하횡(鼻下橫) : 코 아래 가로놓인 것. 곧 입을 말한다.

解義 사람이 먹지 않고서는 살아갈 수 없음을 밑 빠진 독에 비유해 강조한 글이다.

43

사람의 정은 다 군색한 가운데서 멀어지게 된다.

原文 ｲ인정ｲ人情은 ｲ개위군중소ｲ皆爲窘中疎니라.

解義 사람이 가난하게 되면 아무리 가깝던 친구나 친척들도 찾아오지 않게 되고 자연히 서로 인정이 멀어지고 만다.
　이와 비슷한 서양의 격언에 '가난이 슬며시 집안으로 들어오면 거짓 우정은 서둘러 창 밖으로 도망간다'는 말이 있다.

44

하늘에 제사 지내고 사당에 제사를 올리는 데는 술이 아니면 제물을 받지 않을 것이며, 임금과 신하, 친구 사이에도 술이 아니면 그 의리가 두터워지지 않을 것이요, 싸움을 한 후 서로 화해하는 데도 술이 아니면 권하지 못할 것이다. 그러므로 술은 성공과 실패가 있으니 이를 마시되 함부로 하여서는 안 되느니라.

──사　기(史記)

原文 史記에 曰, 郊天禮廟에 非酒不享이요 君臣朋友에 非酒不義요 鬪爭相和에 非酒不勸이라 故로 酒有成敗而不可泛飮之니라.

註 사기(史記) : 중국 한(漢)나라의 사마천(司馬遷)이 황제(黃帝)로부터 한무제(漢武帝)까지의 역대 왕조의 발자취를 기록한 기전체(紀傳體)의 역사책임. 교(郊) : 교사(郊祀)를 뜻함. 하늘과 땅에 지내는 제사. 묘(廟) : 선조의 위패를 모신 사당. 향(享) : 귀신이 흠향하다. 상화(相和) : 서로 화해하다. 봉음(泛飮) : 함부로 마시다. 여기에서 泛은 '봉'으로 읽는다.

解義 국가나 개인, 가정의 가장 중요한 행사인 제향(祭享)에도 술이 주가 되고, 군신 붕우 사이에 충성과 의리가 두터워지는 것도 술이 큰 비중을 차지하며, 싸움 끝에 화해하는 데도 술은 중간 역할을 한다. 그런가 하면 또 이와는 반대로 술 덕분에 큰 실수를 저지르는 수도 있다.

술이란 이처럼 일의 성패에 커다란 역할을 하고 있는 것이므로 함부로 마시는 일이 없어야 한다.

술의 효용에 관한 절실한 교훈이 아닐 수 없다. 공자도 사양하지 않고 술을 마셨으되 결코 난삽해지는 데 이르지 않았다는 말이 논어에 보인다.

45

선비가 도(道)에 뜻을 두고서 나쁜 옷과 나쁜 음식을 먹는 것을 부끄럽게 여긴다면 그런 사람과는 서로 같이 의논할 것이 없느니라. ──공　자

原文 子曰, 士志於道而恥惡衣惡食者는 未足與議也니라.

註 지어도(志於道) : 도(道)에 뜻을 두다. 악의악식(惡衣惡食) : 천한 옷을 입고 조악한 음식을 먹는 것.

解義 악의악식(惡衣惡食)을 부끄럽게 여기는 사람이라면 일단 물질에 초연해야 할 선비로서의 자격이 없다고 보아야 한다. 그리고 그런 사람과는 더불어 일을 의논할 것도 없다. 논어 이인편(里仁篇)에 나오는 글이다.

공자는 평소 '거친 음식과 물을 마시며 팔베개를 베고 살아도 즐거움이 그 안에 있으니 불의로 얻은 부귀는 뜬구름일 뿐'이라고 말씀한 분이다. 악의악식을 부끄러워하는 정도의 인간이라면 가히 더불어 도를 논하지 못하는 것은 당연하다.

46

선비가 친구를 시기하면 어진 사람과 사귀어 친할 수 없고, 임금이 신하를 시기하면 어진 사람이 이르러 오지 않느니라. ──순자

原文 荀子曰, 士有妬友면 則賢交不親하고 君有妬臣이면 則賢人不至니라.

註 투우(妬友) : 벗을 시기하다, 질투하다의 뜻. 현교불친(賢交不親) : 어진 사람과 교제하여 친할 수 없음. 부지(不至) : 이르지 않다, 오지 않다의 뜻.

解義 선비가 벗을 시기한다거나 임금이 신하를 시기하는 일이 있어서는 안 된다는 것을 강조한 글이다.

47

하늘은 녹(祿) 없는 사람을 태어나게 하지 않고, 땅

은 이름 없는 풀을 기르지 않느니라.

原文 天不生無祿之人하고 地不長無名之草니라.
(천불생무록지인) (지부장무명지초)

註 불생(不生) : 생겨나지 않다. 태어나지 않다. 무록(無祿) : 녹이 없는 것. 부장(不長) : 기르지 않다.

解義 하늘이 세상에 사람을 낼 때 이미 먹을 것을 예비했으니 걱정하지 말라는 뜻이다. '이름 없는 풀은 기르지 않는다'는 말로써 자연의 오묘한 섭리를 극명하게 표현하고 있다.

48

큰 부자는 하늘의 뜻에 달려 있고 작은 부자는 부지런한 데 달려 있느니라.

原文 大富는 由天하고 小富는 由勤이니라.
(대부) (유천) (소부) (유근)

解義 장자 제물론편에 나오는 글이다. 예부터 큰 부자는 하늘이 낸다고 했다. 부도 천명이 있어야 이룰 수 있다는 뜻이다. 공자께서도 '내 마음대로 부를 구할 수 있다면 마부라도 되겠지만 그렇지 않다면 내 하고 싶은 대로 하리라'고 했다.
한편 작은 부자는 얼마나 근면히 힘쓰는가에 달려 있다. 우리의 속담에도 '부지런한 부자는 하늘도 못 막는다'라는 말이 있다. 이 장에서는 천명에 순응하되 각자 부지런히 힘쓴다면 세상의 어려움을 극복할 수 있음을 시사하고 있는 것이다.

49

집을 일으킬 아이는 똥을 아끼기를 금과 같이 하고,

집을 망칠 아이는 돈 쓰기를 똥과 같이 하느니라.

原文 成家之兒_{성가지아}는 惜糞如金_{석분여금}하고 敗家之兒_{패가지아}는 用金如糞_{용금여분}이니라.

註 성가(成家) : 집을 이룩하다. 석(惜) : 아끼다. 분(糞) : 똥. 패가(敗家) : 집을 망치다. 용금(用金) : 돈을 쓰는 것.

解義 근검 절약하는 생활의 극단적인 비유이다. 예부터 비료 대신 쓰여 온 인분(人糞)을 금처럼 아끼는 사람이라면 농토를 기름지게 해서 성공적인 농사를 지을 것이로되, 그렇지 못하다면 금이 있다 한들 집안을 망치고 말 것이다.

어릴 때부터 절약하는 정신이 몸에 배게 교육하라는 교훈이기도 하다. 부모는 지독하게 근검절약을 해 재산을 이루어도 방탕한 자식을 두면 그 모든 부가 다 물거품이 되는 것이다.

50

편안하고 한가롭게 살 때 삼가하여 걱정거리가 없다고 말하지 마라. 겨우 걱정할 것이 없다고 말하자마자 곧 걱정거리가 생길 것이다. 입에 맞는다고 음식을 너무 많이 먹으면 병이 생길 것이요, 마음에 쾌적한 일이라고 하여 지나치다 보면 반드시 재앙이 따르리라. 병이 든 후에 약을 먹는 것보다는 병이 들기 전에 스스로 예방하는 것이 좋으니라. ──소강절

原文 康節邵先生_{강절소선생}이 曰_왈, 閑居_{한거}에 愼勿說無妨_{신물설무방}하라 纔說無妨_{재설무방} 便有妨_{변유방}이니라 爽口勿多能作疾_{상구물다능작질}이오 快心事過必有殃_{쾌심사과필유앙}이라

與其病後能服藥으론 不若病前能自防이니라.
여기병후능복약　　불약병전능자방

註 한거(閑居) : 한가롭게 지내다. 신(愼) : 삼가하다. 물설(勿說) : 말하지 말라. 재(纔) : 겨우. 상구(爽口) : 입에 맞다. 물다(勿多) : 여기에서는 많이 먹지 말라는 뜻. 작질(作疾) : 병을 만들다. 병이 생긴다는 뜻임. 쾌심(快心) : 마음에 쾌적한 것. 사과(事過) : 일이 지나친 것. 자방(自防) : 스스로 예방하다.

解義 절제의 미덕에 관한 교훈을 담은 글이다. '과유불급(過猶不及)'이라는 말이 있다. 모자라는 것도, 지나친 것도 다 같이 좋지 않다는 뜻이다. 유가에서 비중을 두어 가르쳐 온 것도 바로 이 '절제와 중용의 미덕'이다.

'편안하고 한가로울 때 삼가하여 걱정거리가 없다고 말하지 마라'는 것은 몸과 마음을 근신하라는 의미이다. 그밖에 음식과 건강에 대한 양생법 역시 귀기울일 필요가 있는 글이다. 동문선(東文選)에도 현자가 되려면 '성(性)의 물을 흐리게 하는 기호(嗜好)와 마음의 연못을 출렁이게 하는 욕심에서 벗어나 절제해야 한다'고 권고하는 글이 나온다.

51

아무리 신묘한 약이라도 원한으로 인한 병은 고치기 어렵고, 뜻밖에 생긴 재물도 운수가 궁한 사람을 부자가 되게 할 수는 없다. 일을 저지르고 나서 일이 생겼다고 원망하지 말고, 남을 해치고 나서 남이 해치는 것을 꾸짖지 마라. 하늘과 땅 사이의 모든 일에는 갚음이 있으니, 그것이 멀면 자손에게 있고 가까우면 자기 몸에 있으리라. ——재동제군(梓潼帝君)

原文 梓潼帝君垂訓에 曰, 妙藥도 難醫冤債病이요 橫財도
　　 재동제군수훈　　왈　묘약　　난의원채병　　　　횡재

불부명궁인　　　　생사사생　　　군막원　　　　해인인해　　　여
　　不富命窮人이라 生事事生을 君莫怨하고 害人人害를 汝
　　휴진　　　천지자연개유보　　　　원재아손근재신
　　休嗔하라 天地自然皆有報하니 遠在兒孫近在身이니라.

註 재동제군(梓潼帝君):도가(道家)에서 받들어 모시는 신. 난의(難醫):고치기 어렵다. 원채병(冤債病):원한으로 생긴 병. 횡재(橫財):뜻밖에 얻은 재물. 명궁인(命窮人):운명이 궁박한 사람. 생사(生事):일을 만드는 것. 해인(害人):남을 해치다. 인해(人害):남이 나를 해치는 것. 휴진(休嗔):성내지 마라는 뜻.

解義 사기열전(史記列傳)에 '유월비상(六月飛霜)'이라는 말이 나온다. 유월에 서리를 내리게 할 만큼 원한이 깊다는 뜻이다. 이렇듯 깊은 원한으로 생긴 병은 어떤 신묘한 약으로도 고칠 수 없다. 그러므로 매사에 남에게 원한을 사지도, 원한을 품지도 않도록 신중히 처신해야 할 것이다.

　큰 부자는 하늘이 낸다는 말처럼 운수가 비색한 사람도 그 비색한 운을 피해 가기 어렵다는 것 역시 과다한 욕망으로 남에게 원한을 산다든가 해서 일을 그르치지 말라는 교훈에 대한 엄격한 비유이다.

　하늘과 땅 사이의 모든 일에는 인과응보가 있다는 것은 오늘을 사는 우리들로서도 삼가 귀기울여야 할 교훈이다.

52

　꽃은 졌다가 피고, 피었다가 또 진다. 비단옷도 다시 베옷으로 바꿔 입게 된다. 재산이 많은 사람이라고 해서 언제까지나 부자인 것은 아니며, 가난한 집이라고 해서 반드시 언제까지나 적막하랴.

　사람을 붙잡아 올려도 반드시 하늘에는 오르지 못할 것이며, 사람을 밀어뜨린다고 해서 반드시 깊은 골짜기에 굴러 떨어지지는 않을 것이다. 그대에게 권하노니,

모든 일을 하늘에 대고 원망하지 말라. 하늘의 뜻은 사람에게 후하고 박함이 없노라.

原文 花落花開開又落하고 錦衣布衣更換着이라 豪家未必常富貴요 貧家未必長寂寞이라 扶人未必上靑霄요 推人未必塡溝壑이라 勸君凡事를 莫怨天하라 天意於人에 無厚薄이니라.

註 개우락(開又落) : 피었다간 또 지다. 환착(換着) : 옷을 갈아입는 것. 호가(豪家) : 부유한 집. 미필(未必) : 반드시 ∼하지 않는다. 부인(扶人) : 사람을 붙잡아 올리는 것. 청소(靑霄) : 푸른 하늘. 추인(推人) : 사람을 밀어뜨리는 것. 전(塡) : 굴러 떨어지다. 구학(溝壑) : 깊은 골짜기 또는 구렁텅이.

解義 '만물은 유전(流轉)한다'고 말한 사람은 고대 그리스의 철학자 헤라클레이토스이다. 앞장에서도 인용했듯이 동양의 고전 주역에도 '높이 오른 용은 회한이 있으리라'고 해서 변전하는 인생의 모습을 날카롭게 예측하고 있다. 이처럼 인생이란 언제나 변전을 거듭하는 무상한 것이다.

꽃도 피어나면 질 때가 있고 달도 차면 기울 때가 있으며 아침이 있으면 석양이 있다. 그러니 지금의 삶이 척박하다고 해서 하늘에 대해 원망하지 말 일이다. 앞장에서도 '하늘과 땅 사이의 모든 일에는 갚음이 있다'고 한 것처럼, 하늘의 뜻은 언제나 공평무사한 법이다.

다만 무지한 인간이 그 뜻을 거스르고 나서는 불평을 해대니 어리석을 뿐이다.

53

한탄하여 마지 않는다, 사람 마음 독하기가 뱀 같음

을. 누가 하늘의 보는 눈이 수레바퀴처럼 돌아보고 있음을 알랴. 지난 해에 망녕되이 동쪽 이웃에 있는 물건을 탐내어 가져왔더니, 오늘은 물러나 북쪽 집으로 돌아갔구나.

불의(不義)로써 얻은 재물은 끓는 물에 뿌려진 눈이요, 뜻밖에 얻어진 전답은 물에 밀려온 모래로다. 만약 간교한 속임수로써 생계를 삼는다면 그것은 마치 아침에 피었다가 저녁에 지고 마는 꽃과 같으리라.

原文 堪歎人心毒似蛇라 誰知天眼轉如車오 去年妄取東隣物터니 今日還歸北舍家라 無義錢財湯潑雪이요 儻來田地水推沙라 若將狡譎爲生計면 恰似朝開暮落花리라.

註 감탄(堪歎) : 한탄하여 마지 않는다. 독사사(毒似蛇) : 독하기가 뱀과 같다. 천안(天眼) : 하늘이 내려다보는 눈. 전여거(轉如車) : 수레바퀴처럼 돌아가고 있는 것. 탕발설(湯潑雪) : 끓는 물에 뿌려진 눈. 당래(儻來) : 뜻밖에 얻게 됨. 수퇴사(水推沙) : 물에 밀려온 모래. 교휼(狡譎) : 교활하게 속이는 것. 조개(朝開) : 아침에 피어나다.

解義 이 글 역시 앞장과 마찬가지로 하늘을 거스르지 말 것을 경계하고 있다.

사람 마음이 독하기가 뱀 같음은 하늘의 눈이 수레바퀴처럼 돌아보고 있음을 깨닫지 못하는 데서 나오는 소이이다. 하늘이 굽어보지 않는다면 불의한 재물이라도 끓는 물에 뿌려진 눈처럼 순식간에 녹아 없어지지는 않을 것이다.

공자께서도 '불의로 얻은 재물은 뜬구름'일 뿐이라고 경고하였다. 그러니 간교한 속임수로 생활하려는 태도야말로 얼마나 어리석은지 깨달아야 할 것이다. 무슨 일에든지 정도가 있다. 이 정도를 벗어나면 이미 그 어떤 것도 온전히 보전될 수 없다.

54

경상(卿相)의 수명을 고치는 약은 없고, 돈이 있어도 자손의 현철함은 사지 못할지니라.

原文 無藥可醫卿相壽요 有錢難買子孫賢이니라.

註 무약(無藥) : 약이 없음. 가의(可醫) : 고칠 수 있다. 경상(卿相) : 재상의 높은 지위. 수(壽) : 수명, 목숨의 뜻. 난매(難買) : 사기 어렵다.

解義 아무리 당당한 권세와 영화도 죽음의 불가피성 앞에서는 무력할 뿐이다. 마찬가지로 아무리 돈이 많아도 자손의 현철함은 사들일 수 없다. 이것은 앞에서도 여러 번 언급된 교훈으로, 올바른 자녀교육의 한 지표이다.

55

단 하루라도 마음이 맑고 한가하다면, 그 하루는 신선이 된 것과 같으리라.

原文 一日淸閑이면 一日仙이라.

註 청한(淸閑) : 마음이 깨끗하고 한가한 것. 선(仙) : 신선.

解義 서양에는 '인생이란 구경거리나 향연이 아니라 역경 그 자체이다'라는 격언이 있는가 하면 동양 특히 불교에서는 '인생은 고해'라고 표현하고 있다. 둘 다 산다는 것이 얼마나 쉽지 않은 일인가를 절실하게 표현한 말들이다.

이러한 삶에서 단 하루라도 마음이 맑고 한가로울 수 있다면 바로 그 순간이 신선이 되는 때가 아니고 무엇이랴. 복잡하고 바쁘기만 한 현대인의 삶에도 그런 여유가 있다면 한순간이라도 숨통이 트일 것이다. 이 글은 바로 그러한 삶의 여유를 찾을 것을 강조한 것이다.

성심편 하
(省心篇 下)

이 하편 역시 상편과 마찬가지로 변화 무상하는 삶의 여러 면모에 관한 깊은 성찰들로 이루어져 있다.

1

위태로움을 알고 험한 것을 알면 마침내 그물을 벌여 놓은 문과 같은 법망에 걸리는 일이 없을 것이요, 착한 사람을 받들고 어진 사람을 추천하면 스스로 몸이 편안할 것이다.

인(仁)을 베풀고 덕을 폄은 곧 대대로 번영을 가져올 것이며, 시기하는 마음을 품고 원한을 보복함은 자손에게 근심을 끼칠 것이며, 다른 사람을 해쳐서 자신을 이롭게 한다면 끝내 현명한 자손이 없을 것이다.

모든 백성을 해롭게 하여 가문을 이룬다면 어찌 오래오래 부귀를 누릴 수가 있겠는가. 이름을 바꾸고 몸을 달리함은 보다 교묘한 말 때문에 생기고, 재앙으로써 몸이 상하게 됨은 그 모두가 다 어질지 못함이 불러들이는 것이로다. ──진종황제(眞宗皇帝)

原文 眞宗皇帝御製에 曰, 知危識險이면 終無羅網之門이요 擧善薦賢이면 自有安身之路라. 施仁布德은 乃世代之榮昌이요 懷妬報冤은 與子孫之爲患이라 損人利己면 終無顯達雲仍이라. 害衆成家면 豈有長久富貴리오 改名異體는 皆因巧語而生이요 禍起傷身은 皆是不仁之召니라.

註 진종황제(眞宗皇帝) : 968~1022. 중국 송(宋)나라의 제3대 황제. 이름은 항(恒). 경덕(景德) 원년(1004)에 요(遼)의 성종(成宗)이 남침했을 때 스스로 나아가 이를 정벌했음. 어제(御製) : 임금이 지은 시문(詩文).

172 명심보감

나망(羅網) : 그물을 벌여 놓는 것. 거선(擧善) : 착한 사람을 이끌어 올리는 것. 천현(薦賢) : 어진 사람을 천거하다. 시인(施仁) : 어짐을 베풀다. 포덕(布德) : 덕을 펴다. 세대(世代) : 여기에서는 '대대로'로 풀이했다. 회투(懷妬) : 투기하는 마음을 품다. 보원(報冤) : 원한을 갚다. 위환(爲患) : 근심이 되다. 운잉(雲仍) : 자손을 말함. 이체(異體) : 자신의 정체를 남에게 알리지 않으려고 모습을 달리하는 것. 교어(巧語) : 말을 교묘하게 꾸며대는 것. 불인지소(不仁之召) : 어질지 못함이 불러들이는 것.

解義 위험을 미리 알고 대비한다면 누구도 덫에 걸리는 일은 없을 것이다. 그렇게 하자면 언제나 선하고 지혜로운 인물을 받들고 추천할 줄 알아야 한다. 그리하면 몸이 편안할 것이요, 스스로 인과 덕을 베푼다면 자손 대대로 영화를 누리게 될 것이다.

반대로 남을 시기하고 원한을 품거나 하면 그 화가 자손에게 미칠 것이다. 특히 남에게 손해를 입히면서 나의 이익을 취한다면 자손 중에 제대로 되는 인물이 없을 것이다. 남을 고통 속에 몰아넣고 얻은 불의한 부가 어떻게 오래 가길 바라겠는가. 그것은 하늘의 뜻이 아니다.

하늘의 뜻은 거스르고 불인하면서 몸과 마음을 온전히 보존하기를 바라서는 안 되는 것이다.

2

사람으로서 마땅히 지켜야 할 도리가 아닌 재물이라면 이를 멀리하고, 술을 지나치게 마시는 것을 경계하며, 반드시 이웃을 가려서 살고, 반드시 친구를 가려서 사귀며, 다른 사람을 시기하는 마음을 갖지 말고, 다른 사람을 헐뜯는 말을 하지 마라.

집이 가난한 친척을 소홀히 하지 말고, 다른 사람의 부유함에 아첨하지 말며, 사사로운 욕심을 이기는 데는 부지런하며 아껴쓰는 것이 첫째이다.

사람을 사랑하되 겸손하고 화목한 것을 첫째로 삼고,

언제나 지난날의 잘못을 생각하며, 또 언제나 미래의 허물을 염두에 두어라.
　만약 나의 이 말을 따른다면 나라와 집안을 오래오래 다스릴 수 있을 것이다.　　　　　——신종황제

原文 神宗皇帝御製에 曰, 遠非道之財하고 戒過度之酒하며 居必擇隣하고 交必擇友하며 疾妬勿起於心하고 讒言을 勿宣於口하라.
　骨肉貧者를 莫疎하고 他人富者를 莫厚하여 克己는 以勤儉爲先이니라.
　愛衆은 以謙和爲首하며 常思已往之非하고 每念未來之咎하라.
　若依朕之斯言이면 治國家而可久니라.

註 택린(擇隣) : 이웃을 택하다. 참언(讒言) : 참소하는 말. 즉 비방하고 중상하는 말. 물선어구(勿宣於口) : 입 밖에 내지 마라. 골육(骨肉) : 동기간이나 육친. 막소(莫疎) : 소홀히 하지 마라. 막후(莫厚) : 후하게 하지 마라. 여기에서는 아첨하지 말라고 풀이했다. 극기(克己) : 자기의 사욕(私慾)을 이겨내는 것. 애중(愛衆) : 사람들을 사랑하다. 겸화(謙和) : 겸손하고 화평함. 위수(爲首) : 첫째로 삼다. 구(咎) : 허물. 잘못. 의(依) : 따른다. 짐(朕) : 임금이 자기를 이르는 말. 사언(斯言) : 이 말의 뜻. 가구(可久) : 오래 다스릴 수 있음의 뜻.

解義 군자로서 반드시 지켜야 할 처세훈을 강조한 글이다. 재물과 술에 있어서는 불의와 절제에 관한 교훈을, 이웃과 벗 사이에는 살갗에 스며드는 것 같은 참언에 관한 교훈을 강조하고 있다. 그리고 사사로운 욕망을 버리고 사랑과 겸손으로 화목하게 지낼 것을 당부하고 있기도 하다.

3

한 점의 불티가 넓고 넓은 숲을 불사르고, 반 마디의 그릇된 말이 평생의 덕을 손상시키느니라.

몸에 한 올의 실을 감았어도 항상 베 짜는 여인의 수고로움을 생각하고, 하루 세 끼 밥을 먹되 항상 농부의 수고로움을 생각하라.

구차하게 탐내고 시기하여 다른 사람에게 손해를 끼치면 마침내 십 년 동안의 편안함도 없을 것이며, 착함을 쌓고 어짐을 보존한다면 반드시 후에 자손에게 영광이 있을 것이니라.

복이라는 것은 착함 때문에 오는 것이니 착한 일을 많이 함으로써 생기는 것이며, 범용(凡庸)을 넘어 성인(聖人)의 경지에 들어가는 것은 모두가 다 진실함으로써 얻어지는 것이니라.

───고종황제

原文 高宗皇帝御製에 曰, 一星之火도 能燒萬頃之薪하고 半句非言도 誤損平生之德이라.
身被一縷나 常思織女之勞하고 日食三飡이나 每念農夫之苦하라.
苟貪妬損은 終無十載安康하고 積善存仁이면 必有榮華後裔리라.
福緣善慶은 多因積行而生이요 入聖超凡은 盡是眞實而得이니라.

註 일성(一星) : 한 점. 만경(萬頃) : 아주 넓은 면적을 말한다. 반구(半句) : 반 마디. 곧 아주 짧은 말. 비언(非言) : 잘못된 말. 오손(誤損) : 그르치고 손해를 입히다. 피(被) : 입히다. 일루(一縷) : 한 실오라기. 직녀(織女) : 베 짜는 여자. 삼손(三飡) : 세 끼 밥. 구탐투손(苟貪妬損) : 구차스럽게 욕심을 내고 시기해서 남에게 손해를 끼치다. 십재(十載) : 십 년 동안. 존인(存仁) : 인덕(仁德)을 보존하다. 적행(積行) : 착한 일을 많이 쌓다. 입성(入聖) : 성인의 경지에 들어가다. 초범(超凡) : 범용(凡庸)을 초월하다.

解義 한 점의 불티가 드넓은 숲을 다 태워 버릴 수 있듯이 극히 짧은 한 마디 말이 평생 동안 쌓아 올린 덕을 한순간에 무너뜨릴 수도 있다. 그러므로 우리는 말 한 마디, 한 마디를 할 때마다 신중을 기하지 않으면 안 된다.

공자께서도 '평생 선을 행해도 한 마디 말로 이를 깨뜨린다'고 한탄한 일이 있다.

우리는 옷 입을 때마다 길쌈하는 여인의 수고로움을 기억해야 한다. 밥을 먹을 때도 언제나 땀흘려 일하는 농부의 수고에 감사할 줄 알아야 한다. 또한 남을 구렁텅이에 빠뜨리는 사사로운 욕망을 버릴 일이다. 늘 선을 행하고 인덕을 베풀어야 한다. '선을 실천하기를 바람의 신속함처럼 행하라'고 한 분은 주자이다.

이처럼 진실하게 선을 행한다면 마침내 군자가 되지 않겠는가.

4

그 임금을 알려면 먼저 그 신하를 보고, 그 사람을 알려면 먼저 그 친구를 보고, 그 아버지를 알려면 먼저 그 자식을 보라. 임금이 거룩하면 그 신하가 충성스럽고, 아버지가 인자하면 그 자식이 효성스러우니라.

—— 왕 량(王良)

原文 王良이 曰, 欲知其君커든 先視其臣하고 欲知其人커

든 先視其友(선시기우)하고 欲知其父(욕지기부)커든 先視其子(선시기자)하라. 君聖臣忠(군성신충)하고 父慈子孝(부자자효)니라.

註 왕량(王良) : 중국 춘추시대(春秋時代) 진(晋)나라 사람. 말을 매우 잘 탔다고 함. 욕지(欲知) : 알고 싶어하다. 군성신충(君聖臣忠) : 임금이 거룩하면 신하가 충성스럽다는 뜻.

解義 임금이 임금답고 아비가 아비답다면 그 신하나 자식도 자연 그 도를 따르리니 충성스럽고 효도를 다하지 않는 신하나 아들은 없을 것이다. 벗의 경우에도 다를 바 없다.

 '임금의 덕이 바르면 춘하추동 사계절도 음양의 조화가 잘 이루어져 만물의 성하고 쇠함이 질서를 이루게 된다'는 말이 있다. 이것은 반드시 임금 한 사람에게만 해당되는 말은 아닐 것이다.

 누구나 자기가 처한 위치에서 바른 직분을 지킨다면 세상은 지금보다 훨씬 더 나아질 것이기 때문이다.

5

 물이 지극히 맑으면 고기가 없고 사람이 지극히 살피면 친구가 없느니라.　　　　　——가 어(家語)

原文 家語(가어)에 云(운), 水至淸則無魚(수지청즉무어)하고 人至察則無徒(인지찰즉무도)니라.

註 가어(家語) : 공자가어(孔子家語)를 말함. 공자의 말과 행동 및 그 제자와의 문답을 적은 책. 처음에는 27권이었으나 후에 10권 44책이 됨. 지(至) : 지극히. 찰(察) : 살피다. 도(徒) : 무리. 곧 친구를 말함.

解義 오늘날까지도 많은 사람들 사이에 회자되고 있는 유명한 격언의 하나이다. 물이 지나치게 맑으면 고기가 살지 않는 것처럼 사람이 처신에 지나치게 선을 긋고 시비를 가리려고 하면 참다운

벗을 사귈 수 없다.

이는 되는 대로 처신하라는 뜻에서 한 말은 결코 아니다. 단지 지나치게 시비를 가리다 보면 편벽되기 쉽다. 그런데 바로 이 편벽된 사람이야말로 오히려 세 부류의 나쁜 벗으로 분류되고 있음은 아이러니가 아니겠는가.

결점은 누구에게나 있는 법이다. 터키의 속담에도 '결점이 없는 친구를 찾는 사람은 친구를 얻지 못한다'는 말이 있다. 그러므로 가능한 자신의 결점을 보완하기 위해 애쓰며 성실하게 살아가는 사람이 좋은 친구일 것이다.

❻

봄비는 땅을 기름지게 하지만 길 가는 사람은 그 진창을 미워하고, 가을달은 높게 떠올라 더없이 밝지만 도둑놈은 그 밝게 비치는 것을 미워하느니라.
―― 허경종(許敬宗)

原文 許敬宗(허경종)이 曰(왈), 春雨如膏(춘우여고)나 行人(행인)은 惡其泥濘(오기이녕)하고 秋月揚輝(추월양휘)나 盜者(도자)는 憎其照鑑(증기조감)이니라.

註 허경종(許敬宗) : 중국 당(唐)나라 때의 정치가로, 자는 연족(延族). 고(膏) : 기름지다는 뜻. 이녕(泥濘) : 진창. 양휘(揚輝) : 아주 밝게 빛나는 것. 오(惡) : 미워하다. 증(憎) : 미워하다. 싫어하다. 조감(照鑑) : 환하게 비치다.

解義 인간의 이기심을 극명하게 표현한 글이다. 봄비는 새싹을 자라게 하는, 없어서는 안 될 귀중한 자연의 섭리이다. 그런데도 그 당장에 길이 진창이 된다는 것 때문에 불평을 늘어놓는 것이 인간이다.

휘영청 밝은 가을달이 도둑에게 불리한 것은 말할 것도 없다.

그러니 당연히 미워할 수밖에. 이처럼 자기 자신의 속셈만을 따지는 인간의 이기심은 인간이 지닌 또 하나의 어쩔 수 없는 속성이기도 하다.

프랑스의 유명한 상징파 시인 보들레르는 '아무리 분 바르고 꾸미고자 애를 써도' 결국은 드러나는 것이 인간의 이기심이라고 풍자적으로 노래하고 있다. 역시 인간의 속성인 이기심의 한 단면을 잘 나타내고 있다 할 것이다.

7

대장부는 착함을 보는 데 밝으므로 명분과 절의를 태산보다 중하게 여기고, 마음씀이 깨끗하므로 삶과 죽음을 홍모(鴻毛)보다 가볍게 여기느니라. ──경행록

原文 景行錄에 云, 大丈夫는 見善明故로 重名節於泰山하고 用心精故로 輕死生於鴻毛니라.

註 견선명(見善明): 착함을 보는 데 밝다. 명절(名節): 명분과 절의(節義). 용심정고(用心精故): 마음씀이 깨끗한 것. 홍모(鴻毛): 기러기의 털. 극히 가벼운 것을 표현할 때 자주 쓰이는 비유이다.

解義 이 글에서 대장부란 곧 군자를 의미한다. 군자는 선을 숭상하고 정도를 걷는 사람을 가리키는 말이다. 그러므로 명분과 절의를 태산보다 소중히 여길 수 있으며, 마음씀이 불의를 미워하므로 생사를 기러기의 깃털보다도 가벼이 여길 수 있는 것이다.

8

남의 흉한 일은 민망히 여기고, 남의 좋은 일은 기뻐하라. 남이 매우 위급할 때는 건져 주고, 남이 위험할

때는 구해 주도록 하라.

原文 悶人之凶하고 樂人之善하며 濟人之急하고 救人之危니라.

註 민(悶) : 민망하게 여기다. 괴롭게 여기다. 흉(凶) : 언짢은 것. 제(濟) : 건져 주다.

解義 맹자에 보면 '남에게 차마 하지 못하는 마음'이 사람마다에 있다고 했다. 이는 다른 사람의 흉사를 민망히 여기고 좋은 일을 함께 기뻐하는 마음과도 통하는 것이다.
그러므로 마땅히 남을 사랑하고 불쌍히 여기며, 남의 위급함을 도와 줄 줄 알아야 참된 인간이라고 할 것이다.

❾

눈으로 직접 본 일도 다 참되지 않을까 두려운데, 등 뒤에서 하는 말을 어찌 족히 깊이 믿으랴.

原文 經目之事도 恐未皆眞이어늘 背後之言을 豈足深信이리오.

註 경목(經目) : 눈을 거쳐 간 것. 즉 눈으로 본 것. 공미(恐未) : 그것이 아닐까 두렵다. 배후지언(背後之言) : 등 뒤에서 하는 말.

解義 '눈으로 직접 본 일도 다 참되지 않을까 두렵다'는 말은 참으로 절실한 교훈이다. 모든 일에 그처럼 삼가고 진실에 가깝고자 노력하는 모습은 아름답다.
이렇듯 눈으로 직접 본 일조차 참되지 않을까 저어되는데 어찌 뒤에서 떠도는 헛된 말을 깊이 믿을 수 있겠는가.

앞에서도 인용했듯이 '허망한 말은 곧 죄'라고 불교에서는 가르치고 있다. 이 글과 일맥상통하는 데가 있다 하겠다.

10

자기 집의 두레박 줄이 짧은 것은 탓하지 않고, 다만 남의 집 우물이 깊은 것만 탓한다.

原文 不恨自家汲繩短하고 只恨他家苦井深이라.
   불한자가급승단   지한타가고정심

註 불한(不恨) : 한탄하지 않다. 여기에서는 탓하지 않다로 풀이했다. 급승(汲繩) : 두레박 줄. 타가(他家) : 남의 집. 고정심(苦井深) : 우물 깊은 것을 고통으로 여기다.

解義 어떤 일이 잘못되었을 때 남을 탓하기는 쉽다. 이 글은 이처럼 사람들이 무슨 일이 잘못 되었을 때 자기의 허물이나 실수를 반성하기보다 먼저 다른 사람을 탓하고 원망하는 어리석은 태도를 경계한 것이다.
공자께서도 '벼슬자리가 없는 것을 근심하지 말고 거기 설 능력을 근심하고, 나를 아는 이가 없는 것을 근심하지 말고 알려지게 되기를 바랄 것이니라' 하고 일침을 가하고 있다.

11

뇌물을 받고 부정을 저지르는 사람이 세상에 가득하건만, 박복한 사람만이 죄로 걸려드는구나.

原文 贓濫이 滿天下하되 罪拘薄福人이니라.
   장람   만천하   죄구박복인

註 장람(贓濫) : 뇌물을 받고 부정을 저지르다. 구(拘) : 구속하다.

解義 큰 부정을 저지른 사람은 오히려 빠지고, 어쩌다 작은 부정을 범한 사람만이 법망에 걸려드는 일은 예나 지금이나 마찬가지였던 모양이다. 오늘날에도 날카롭게 정곡을 찌르는 냉소적인 표현이 아닐 수 없다.

12

하늘이 만약 상도(常道)를 벗어나면 바람이 아니면 비가 오고 사람이 만약 상도를 벗어나면 병들지 않으면 죽음이 오리라.

原文 天若改常이면 不風卽雨요 人若改常이면 不病卽死이리라.

註 개상(改常) : 상도를 어기다. 즉 떳떳한 도리에 벗어난다는 뜻.

解義 하늘이 상도에서 벗어났을 때 일기가 고르지 못하여 비바람이 불어닥치듯이, 인간사에서도 그 정도를 벗어나면 반드시 허물이 돌아옴을 경계한 글이다.

13

나라가 바르면 하늘의 뜻도 순하고, 벼슬아치가 깨끗하면 백성이 저절로 편안해지느니라. 아내가 현명하면 그 남편에게는 화가 적고, 자식이 효성스러우면 그 아버지의 마음은 너그러워지느니라. ──장원시(壯元詩)

原文 壯元詩에 云, 國正天心順이요 官淸民自安이라 妻賢夫禍少요 子孝父心寬이니라.

註 국정(國正) : 나라가 바르다. 천심순(天心順) : 천심(天心)은 하늘의 뜻. 순(順)은 순하다. 하늘의 뜻이 순하다 함은 곧 대자연의 운행이 순조로워 농사일도 잘되고 백성이 편안히 살게 됨을 이른다.

解義 사람에게는 누구나 각자 지켜야 할 본분이 있다. 벼슬자리에 있는 사람은 청렴하고 나라를 바르게 이끌어 가는 것이 그의 본분이다. 아내는 어질고 현명하여서 남편에게 재앙이 돌아오지 않도록 처신하는 것이 아내된 도리이다.

자식은 부모에게 효도하여 그 부모의 마음을 너그럽고 온후하게 하는 것이 그의 본분이다.

이처럼 각자 맡은 바 본분을 다할 때 우리 사회는 좀더 아름답게 밝아질 수 있을 것이다.

14

나무는 먹줄을 좇으면 곧아지고, 사람은 다른 사람의 간하는 말을 받아들이면 거룩해지느니라. ──공 자

原文 子曰, 木從繩則直하고 人受諫則聖이니라.
(자왈, 목종승즉직하고 인수간즉성이니라.)

註 종(從) : 좇다, 따르다의 뜻. 승(繩) : 먹줄. 목재에 검은 줄을 곧게 치는 데 쓰인다. 수간(受諫) : 남의 간함을 받아들이다. 즉, 충고를 받아들이다의 뜻.

解義 '많은 사람들이 남으로부터 충고를 받으나, 그로 인해 이득을 보는 것은 현명한 자뿐이다'라는 서양 격언이 있다. 남의 충고를 제대로 받아들이기 어려운 데 대한 적절한 표현이다.

그러므로 남의 충고를 허심하게 받아들여 스스로를 반성할 수 있는 인물이라면 그는 나무가 먹줄을 좇을 때 곧게 켜지는 것처럼 반드시 훌륭하게 될 것이다.

15

한 줄기 푸른 산은 경치가 그윽한데, 그 땅은 옛사람이 가꾸던 밭을 후세 사람이 차지했구나. 후인(後人)들이여, 그 땅을 차지했다고 해서 기뻐하지 마라. 그 땅을 다시 차지할 사람이 바로 뒤에 또 있으리니.

原文 一派靑山景色幽러니 前人田土後人收라 後人收得莫歡喜하라 更有收人在後頭니라.

註 일파(一派) : 한 줄기. 유(幽) : 그윽함. 전인(前人) : 앞의 사람. 즉 옛사람의 뜻. 수(收) : 거두어들이다. 여기에서는 차지하다로 풀이했다. 후두(後頭) : 바로 뒤.

解義 인생이란 덧없는 것이다. 그 무상함이란 새벽녘까지 영롱하다가도 아침해가 떠오르면 순식간에 사라지는 이슬에 비유되고 있다. 이러한 인생에서 재화나 부귀에 탐욕을 부리고 집착한다는 것은 얼마나 어리석은 짓인가.
  지금 있는 것이 예전에도 있었고 앞으로도 있을 것이나 그것을 누리는 인간은 아침이슬처럼 덧없는 존재이다. 그러므로 우리 모두 쓸데없는 탐욕을 버리고 정직하게 살아야 할 것이다.

16

아무 까닭 없이 천금을 얻는 것은 무슨 큰 복이 있어서가 아니니, 반드시 큰 재앙이 있으리라.

—— 소동파(蘇東坡)

原文 蘇東坡云, 無故而得千金이면 不有大福이라 必有大禍일지니라.

註 소동파(蘇東坡) : 중국 북송(北宋) 때의 문인으로, 본래의 이름은 식(軾). 아버지 순(洵), 아우 철(轍)과 함께 삼소(三蘇)라고 불리며, 당송팔대가(唐宋八大家)의 한 사람. 왕안석(王安石)과 대립하여 쫓겨났으나, 후에 다시 기용됨. 서화에도 능하였으며, 저서에 동파전집(東坡全集)이 있음. 그의 유명한 절구(絶句)〈적벽부(赤壁賦)〉는 오늘까지도 널리 인구에 회자되고 있다. 무고(無故) : 아무런 연고 없이의 뜻. 불유대복(不有大福) : 큰 복이 있지 않다.

解義 '화(禍)가 없는 것보다 더 큰 복은 없고 잃지 않는 것보다 더 나은 이(利)는 없다'는 것은 회남자(淮南子)의 말이다. 진정한 복이란 단지 화가 없는 것일진대, 크나큰 횡재로 많은 재물이 생기는 것을 복으로 여길 수는 없을 것이다.

　무슨 일이든지 자신의 노력 없이 이루어지는 것은 없다. 아무런 노력 없이 얻어진 재물이란 물거품 같아서 손에 잡히는 순간 자취도 없이 사라지게 마련이다. 그러니 그런 헛된 망상을 꿈꿀 것이 아니라 무슨 일에든지 다만 노력하고 힘써야 할 것이다.

17

　어떤 사람이 찾아와서 점을 묻되 어떤 것이 화가 되며, 복이 되느냐고 했다.

　내가 다른 사람을 해롭게 하면 이것이 화요, 다른 사람이 나를 해롭게 하면 이것이 복이니라. ──소강절

原文 康節邵先生이 曰, 有人이 來問卜하되 如何是禍福고 我虧人是禍요 人虧我是福이니라.

註 유인(有人) : 어떤 사람. 문복(問卜) : 점을 묻다. 휴(虧) : 이지러지다. 해롭게 하다.

解義 예부터 하늘이 길조를 나타내도 사람이 그것을 보고 선한 일을 행하지 않으면 복은 그 자리에서 거두어진다는 말이 있다. 복이든 화든 다 내게서 비롯된다는 가르침이다.
　소강절 선생이 '내가 다른 사람을 해치면 그것이 화요, 다른 사람이 나를 해치면 이것이 복이다'라고 말씀한 것도 같은 맥락에서 이해해야 할 것이다.

18

　천 간이나 되는 큰 집일지라도 밤에 잘 때에는 여덟 자면 족하고, 좋은 밭이 만 이랑이라도 하루에 먹는 것은 두 되면 족하리라.

原文 大廈千間이라도 夜臥八尺이요 良田萬頃이라도 日食二升이니라.

註 대하(大廈) : 큰 집. 천간(千間) : 지극히 크고 넓음을 표현한 것이다. 와(臥) : 눕다. 경(頃) : 이랑. 승(升) : 1승은 1되를 말한다.

解義 참으로 명언이라 할 만하다. 여덟 자 넓이면 한 몸이 누워 잠잘 수 있고 하루 두 되의 양식이면 먹는 것으로 충분하다. 그런데도 사람들은 재물에 집착하여 끝없는 탐욕에 사로잡혀 있다.
　'사람은 한낱 숨결에 불과한 것, 한평생이라야 지나가는 그림자일 뿐'이라고 성경에서도 못박고 있다.
　부귀공명으로부터 자유로워질 때 인간은 비로소 진정한 자유인으로 돌아가서 공자처럼 '거친 음식에 물 마시며 팔베게를 베고 살아도 즐거움이 또한 그 가운데 있게' 될 것이다.

19

남의 집에 오래 머물면 남이 천하게 여기고, 자주 오면 친하던 사이도 멀어진다. 오직 사흘이나 닷새 사이인데도 서로 보는 눈이 처음과 같지 않음을 알겠더라.

原文 久住令人賤이요 頻來親也疎라 但看三五日에 相見不如初라.

註 구주(久住) : 오래 머물러 있다. 인천(人賤) : 남이 천하게 여기다. 빈래(頻來) : 자주 오다. 야(也) : 여기에서는 '～한 것'으로 풀이함. 불여초(不如初) : 처음과 같지 않다.

解義 누구라도 일상적인 생활에서 자칫 범하게 되는 잘못을 날카롭게 지적한 글이다.

실제로 아무리 친한 사이라도 손님이 내 집에 오래 머물게 되면 번거로워지고 또 피차 예의에 벗어나게 되는 것이 현실이다. 또한 아무리 정다운 사이일지라도 지나치게 자주 찾아다니다 보면 자칫 그 정마저 잃게 될지도 모른다.

영국의 격언에도 '고기와 진객(珍客)은 사흘이 지나면 싫어진다'는 말이 있는 것을 보면 동서양을 막론하고 사람 사는 생활은 같은 모양이다.

20

목마를 때 한 방울의 물은 단 이슬과도 같되, 술 취한 후에 잔을 더함은 없는 것보다 못하리라.

原文 渴時一滴은 如甘露요 醉後添盃는 不如無니라.

註 갈시일적(渴時一滴) : 갈증이 날 때의 한 방울 물의 뜻. 감로(甘露) : 이슬이 달디단 것. 첨배(添盃) : 잔을 더하는 것. 불여무(不如無) : 없는 것보다 못하다.

解義 무슨 일이든 어느만큼의 정도나 한계를 넘어서서는 안 됨을 경계한 글이다. 한 방울 물도 목이 마를 때는 달디단 이슬처럼 여겨지나, 술이 취한 뒤에 첨잔을 기울이는 것은 이미 한계를 넘어선 어리석은 행위일 뿐이니 없느니보다 못한 것이다.

21

술이 사람을 취하게 하는 것이 아니라 사람이 스스로 취하는 것이요, 색(色)이 사람을 미혹시키는 것이 아니라 사람이 스스로 미혹되는 것이다.

原文 酒不醉人人自醉요 色不迷人人自迷니라.

註 취인(醉人) : 사람을 취하게 하다. 자취(自醉) : 스스로 취하다. 미인(迷人) : 사람을 미혹시키다.

解義 '나의 적은 결국 자신이다'라는 말은 영원한 명언이다. 술과 여색뿐만 아니라 인간사 모든 일이 다 마찬가지이다.
술이 사람을 취하게 하는 것이 아니고 사람이 스스로 취하는 것이요, 색이 미혹시키는 것이 아니라 사람이 스스로 미혹당하는 것이니, 이 모든 것이 다 마음먹기에 달린 일이 아니겠는가. 진정한 군자란 바로 이 마음을 제대로 다스리는 인물인 것이다.

22

공(公)을 위하는 마음이 사(私)를 위하는 마음에 비할 수 있다면 무슨 일인들 옳고 그름을 가려내지 못하랴. 도를 지키려는 마음이 만약 남녀의 정념과 같다면 성불(成佛)한 지도 이미 오래이리라.

原文 公心을 若比私心이면 何事不辨이며 道念을 若比情念이면 成佛多時니라.

註 공심(公心) : 공평한 마음. 공을 위하는 마음. 사심(私心) : 사사로움을 위하는 마음. 변(辨) : 옳고 그름을 판단하는 것. 도념(道念) : 도를 지키려는 마음. 성불(成佛) : 부처가 되는 것.

解義 범인(凡人)들은 대개 공적인 일보다는 사사로운 일에 집착하는 경향이 강한 법이다. 그런 까닭에 사사로움을 위하는 마음을 미루어 공적인 일을 행한다면 무슨 일에서든지 정도를 갈 수 있을 것이다.
　또한 남녀의 정이란 불이 붙는 것처럼 한순간에 활활 타오르고 간절하게 이어진다. 도를 향하는 마음을 그처럼만 간절히 지닌다면 이미 성불한 지 오래일 것이다. 이 비유는 상당히 냉소적이면서도 결국 진리를 담고 있다 하겠다.

23

　교묘한 사람은 말을 잘하고 서툰 사람은 말이 없다. 교묘한 사람은 수고롭고 서툰 사람은 한가하다. 교묘한 사람은 다른 사람에게 해를 끼치고 서툰 사람은 덕성스러우며, 교묘한 사람은 흉하고 서툰 사람은 길하다. 아, 세상이 겸손하면 정치가 철저히 다스려져서 윗사람은 평안하고 아랫사람은 뜻에 잘 따르며, 풍속은 맑아지고 나쁜 습관은 없어질 것이니라.

―― 염계선생(濂溪先生)

原文 濂溪先生이 曰, 巧者言하고 拙者默하며 巧者勞하고 拙者逸하며 巧者賊하고 拙者德하며 巧者凶하고 拙者吉하나니 嗚呼라 天下拙이면 刑政이 徹하여 上安下順하며 風淸弊絶이니라.

註 염계(濂溪): 성은 주(周), 이름은 돈이(敦頤), 염계는 그의 호이며, 시호는 원공(元公). 중국 북송(北宋)의 유학자로 송학(宋學) 곧 주자학의 아버지로 불리며, 태극도설(太極圖說)과 통서(通書)를 저술하였다. 교자(巧者): 재주 있는 사람. 여기에서는 교활하고 순수성을 벗어나서 재주를 부리는 사람을 뜻함. 졸자(拙者): 재주 없는 어리석은 사람. 여기에서는 어리석어 보이나 순수성을 지닌 겸손한 사람을 뜻함. 묵(默): 말이 없다는 것. 즉 허튼 말을 아니한다는 뜻. 적(賊): 일반적으로 도적의 뜻이나, 여기에서는 사람을 해치는 것으로 풀이했다. 형정(刑政): 정치와 법률. 철(徹): 철저하다. 풍청(風淸): 풍속이 맑아지다. 폐절(弊絶): 나쁜 폐습이 없어지는 것.

解義 '교사불여졸성(巧詐不如拙誠)'이라는 말이 있다. 교묘한 재주로 남을 속이는 것이야말로 용렬한 정성보다 못하다는 말이다.

대개 교묘한 자는 언변에 능하나 서툰 사람은 그렇지 못하다. 그러나 교묘한 자는 자신의 재주를 믿고 지나치게 일을 꾸미거나 자칫 남을 해치거나 한다. 반대로 서툰 사람은 무슨 일에든지 교활하게 덤비지 않고 성심껏 하니 자연 길할 수밖에 없다.

이 글에서 '세상이 겸손하면 정치가 제대로 다스려지고 풍속이 맑아진다'고 한 것은 교활한 지혜보다는 차라리 우둔한 겸손이 나으니, 사람은 무릇 겸허해야 함을 강조한 것이다.

24

덕은 적은데도 지위가 높고, 지혜가 없으면서도 꾀하는 것이 크고서도 화가 없는 사람은 드무니라.

———주 역

原文 易에 曰, 德微而位尊하고 智小而謀大면 無禍者鮮矣니라.

註 미(微) : 미약하다. 적다는 뜻. 위존(位尊) : 지위가 높은 것. 지소(智小) : 지혜가 작음. 선(鮮) : 드물다.

解義 공자께서도 '그 지위에 있지 않거든 그 정사를 논하지 말라'고 했다. 지위와 인물 됨됨이가 어울리지 않아서 생겨난 화는 역사 속에서 그 실례를 찾아보기가 너무나 수월하다.

덕은 적은데 지위가 높고 지혜가 없으면서도 꾀하는 바가 크고 나서 어찌 재앙을 두려워하지 않을 수 있겠는가. 그럼에도 어리석은 인간이 그런 우를 저지름을 이미 그 옛날 주역에서부터 지적당하고 있음은 시사하는 바가 크다 하겠다.

25

관리는 벼슬이 높아짐에 따라 게을러지고, 질병은 조금씩 나아지는 데서 더해지며, 재앙은 게으른 데서 생기고 효도는 처자를 갖는 데서 흐려진다. 그러므로 이 네 가지를 살펴 삼가하여 처음과 나중이 같게 하라.

──설 원(說苑)

原文 說苑에 曰, 官怠於宦成하고 病加於小愈하며 禍生於懈怠하고 孝衰於妻子니 察此四者하여 愼終如始니라.

註 설원(說苑) : 군도(君道)·신술(臣術)·건본(建本)·입절(立節)·귀덕(貴德)·복은(復恩)등 20편으로 나누어서 처음에 서설(序說)을 말하고, 뒤에 일화(逸話)를 나열한 책으로 한(漢)나라의 유향(劉向)이 지었다. 환성(宦成) : 지위가 높아지는 것. 소유(小愈) : 조금 나아지다. 신종(愼

終) : 나중을 삼가하다. 사자(四者) : 네 가지 일. 여시(如始) : 처음과 같게 하는 것.

解義 지위가 높아졌다고 해서 직책을 게을리한다든지, 병이 조금 나아졌다고 해서 마음을 놓는다든지, 게으른 생활을 한다든지, 처자에 빠져서 부모에게 효도하는 일을 소홀히 한다든지 하는 것은 우리가 일상생활에서 자칫하면 범하기 쉬운 어리석은 행동들이다. 그러니 매사에 이 네 가지 일을 잘 살피고 삼가서 처음과 나중이 같도록 힘써야 할 것이다.

26

그릇은 가득 차면 넘치고, 사람도 가득 차면 잃게 되느니라.

原文 器滿則溢하고 人滿則喪이니라.
(기 만 즉 일)   (인 만 즉 상)

註 만(滿) : 가득 차다. 일(溢) : 넘치다. 상(喪) : 상실.

解義 그릇이 차면 물이 넘치는 것은 극히 자연스런 이치이다. 그런 것처럼 사람도 무엇이든 넘칠 만큼 소유하거나, 자만심이 가득 차게 되면 그것을 상실하게 되는 것 또한 자연스러운 이치가 아닐 수 없다.

달도 만월이 되면 다시 기울고 꽃도 활짝 피어나면 반드시 시드는 법이다. 자연의 이치가 그러할진대 인간사 또한 그와 다를 바가 무엇이겠는가. 그러므로 사람은 높이 오를수록, 익은 벼가 고개를 숙이듯 겸허할 줄 알아야 하며, 많은 것을 지닐수록 그것을 성심껏 쓸 곳에 쓰는 지혜를 길러야 할 것이다.

27

한 자나 되는 구슬을 보배로 여기지 말고, 한 치의

시간을 오직 다툴지니라.

原文 尺璧非寶요 寸陰是競이니라.
(척벽비보) (촌음시경)

註 척벽(尺璧) : 한 자나 되는 구슬로 풀이함. 촌음(寸陰) : 극히 짧은 시간. 시경(是競) : 오직 이를 다투다.

解義 주옥을 보배로 여길 것이 아니라 오직 시간만이 극히 귀중한 것임을 깨닫고 촌음(寸陰)을 다투어 배우고 일할 것을 강조한 글이다.

'시간은 바람과 같이 지나가서 다시는 돌아오지 않는다'는 것은 동서양에 다같이 있는 격언이다. 시간의 귀중함을 깨달아 촌음이라도 허비하지 말아야 함을 강조한 글은 그밖에도 수없이 많다. 주희 선생은 '소년은 늙기 쉽고 배우기는 어려우니 한 치의 광음도 가벼이 여기지 말라'는 교훈을 남겼다.

그런가 하면 시간에 대한 B. 프랭클린의 다음과 같은 일화 역시 퍽이나 시사적이다.

어느 날 프랭클린이 운영하는 서점에 한 손님이 와서 책을 집어들고는 물었다.

"이 책 얼마입니까?"

"1달러입니다."

"좀더 싸게 주시면 안 될까요?"

"그렇다면 1달러 25센트입니다."

"아니 좀더 싸게 달라는 거란 말이오."

"1달러 50센트."

손님은 어처구니가 없어서 어떻게 점점 더 비싸지느냐고 화를 내었다. 그러나 프랭클린은 다음과 같이 대답했다고 한다.

"돈보다 귀중한 것이 시간입니다. 당신이 그 시간을 허비하게 했으니 책값에 시간비를 더한 것뿐이오."

28

양고기 국이 비록 맛이 좋다 해도 여러 사람의 입에 다 맞추기는 어려우니라.

原文 羊羹이 雖美나 衆口難調니라.

註 양갱(羊羹):양고기 국. 수미(雖美):비록 맛이 있어도의 뜻. 중구(衆口):여러 사람의 입. 난조(難調):고루 맞추기 어렵다.

解義 사람은 저마다 다 각기 다른 모양, 다른 생각들을 가지고 이 세상을 살아가고 있다. 그러므로 그 모든 다수를 만족시키기란 불가능한 일이다. '양고기 국이 제아무리 맛있다 한들 여러 사람의 입을 다 맞출 수는 없는' 것이다.

이 글은 무슨 일에든지 신념을 굳게 지닐 것을 비유해 말한 것으로 봄이 옳을 듯하다.

29

흰 구슬은 진흙 속에 던져질지라도 그 빛을 더럽힐 수 없으며, 군자는 혼탁한 곳에 갈지라도 그 마음을 어지럽게 더럽힐 수 없다. 그러므로 송백(松栢)은 눈과 서리를 이겨내고, 밝은 지혜는 위급하고 곤란한 일을 헤쳐 나갈 수 있느니라. ──익지서

原文 益智書에 云, 白玉은 投於泥塗라도 不能汚穢其色이요 君子는 行於濁地라도 不能染亂其心하나니 故로 松栢은 可以耐雪霜이요 明智는 可以涉危難이니라.

註 투(投) : 던지다. 이도(泥塗) : 진흙탕. 오예기색(汚穢其色) : 오예(汚穢)는 더럽히다. 색(色)은 빛. 빛을 더럽히다의 뜻. 염란기심(染亂其心) : 마음을 어지럽게 물들임. 송백(松栢) : 소나무와 잣나무. 설상(雪霜) : 눈과 서리. 명지(明智) : 밝은 지혜. 섭(涉) : 건너다.

解義 아름다운 백옥은 진흙 속에 던져져도 그 빛을 잃지 않는 법이다. 마찬가지로 진정한 군자는 언제 어떤 곳에 처해 있더라도 마음이 흔들리지 말아야 한다. 또한 소나무나 잣나무가 겨울철 눈과 서리에도 그 푸르름을 잃지 않듯이 군자는 세상이 어지러워도 그 지조가 흔들려서는 안 된다.

혼탁한 세상에서 밝은 지혜로 위급한 일을 잘 헤쳐나갈 수 있어야 진정한 군자라 할 것이다.

30

산에 들어가 호랑이를 잡기는 쉬워도 입을 열어 다른 사람에게 사실을 말하기는 어려우니라.

原文 入山擒虎는 易나 開口告人은 難이니라.

註 금호(擒虎) : 호랑이를 사로잡는 것. 이(易) : 쉽다. 개구(開口) : 입을 열다.

解義 차마 딱한 일을 남에게 알리기는 쉬운 노릇이 아니다. 사람에게는 불인지심(不忍之心)이 있기 때문이다.

그러느니 차라리 산에 들어가 호랑이를 잡는 것이 낫겠다는 비유를 함으로써 그 어려움이 얼마나 큰가를 잘 나타내고 있다.

31

멀리 있는 물은 가까운 곳의 불을 끄지 못하고, 먼 곳에 있는 친척은 가까운 이웃보다 못하니라.

原文 遠水는 不救近火요 遠親은 不如近隣이니라.

註 원수(遠水) : 먼 곳에 있는 물. 근화(近火) : 가까이 있는 불. 원친(遠親) : 먼 곳의 친척. 근린(近隣) : 가까이 있는 이웃.

解義 예부터 '몸이 멀어지면 마음도 멀어진다'고 했다.
멀리 있는 물이 가까운 곳의 불을 끄지 못함은 당연한 현상이다. 이와 마찬가지로 멀리 있는 친척이 가까운 이웃보다 못함을 탓할 수는 없을지도 모른다. 그러므로 '몸이 멀어지면 마음도 멀어진다'는 것은 결국 옳은 말이다. 그러니 가까이 있는 이웃끼리라도 서로 화목하게 어울리고 힘을 합쳐 재난을 헤쳐 나간다면 그보다 더 좋은 일은 없을 것이다.

32

해와 달이 비록 밝지만 엎어 놓은 항아리의 밑은 비추지 못하고, 칼날이 비록 잘 들어도 죄 없는 사람은 베지 못하며, 나쁜 재앙이나 뜻하지 않은 화도 조심하는 집 문에는 들어오지 못하느니라. ──태 공

原文 太公이 曰, 日月이 雖明이나 不照覆盆之下하고 刀刃이 雖快나 不斬無罪之人하고 非災橫禍는 不入愼家之門이니라.

註 수명(雖明) : 비록 밝아도. 복분(覆盆) : 엎어놓은 항아리. 도인(刀刃) : 칼날. 쾌(快) : 여기에서는 잘 든다로 풀이했다. 비재(非災) : 그릇된 재앙. 횡화(橫禍) : 뜻밖에 당하는 화. 신가(愼家) : 조심하는 집.

[解義] 해와 달이 비록 밝다 해도 엎어놓은 항아리의 밑은 비추지 못한다는 말은 진리이다. 칼날이 제아무리 빠르고 날카롭다 해도 죄 없는 사람은 벨 수 없다는 것도 말 그대로라면 진리라 할 수 있다. 그렇듯이 평소 매사에 삼가고 조심하는 집안에는 재앙도 들어가지 못한다는 것이다.

한 자 길이 지렁이가 둑을 뚫어 능히 한 마을을 떠내려가게 할 수 있다는 말이 있다. 무슨 일이든 방심하고 있으면 아주 작은 데서부터 문제가 비롯되는 법이니 언제나 삼가고 근신할 일이다.

33

좋은 밭 만 이랑도 아주 작은 재주 한 가지를 몸에 지닌 것만 못하니라. ──태 공

[原文] 太公이 曰, 良田萬頃이 不如薄藝隨身이니라.

[註] 양전(良田) : 토질이 비옥한 전답. 박예(薄藝) : 변변치 못한 재주. 수신(隨身) : 몸에 따르다. 즉 몸에 지닌다는 뜻.

[解義] 앞의 훈자편(訓子篇)에도 이와 비슷한 '황금이 궤짝에 가득 차 있다 해도 자식에게 경서 한 권 가르치는 것만 못하고 자식에게 천금을 물려 준다 해도 한 가지 재주를 가르치는 것만 같지 못하다' 라는 글이 나온다.

무릇 재물이라는 것은 덧없이 돌고 도는 것이다. 그러므로 지금 당장은 썩 좋은 땅 만 이랑이 있다가도 내일은 또 남의 손으로 넘어갈 수도 있다. 그러나 재주란 한 번 몸에 지니게 되면 영원히 없어지지 않으며 언제라도 생활을 영위할 도구가 되어 주는 것이다.

34

 사물을 접할 때 중요한 것은 자기가 하고 싶지 않은 것을 다른 사람에게 베풀지 말고, 행하여 얻지 못하는 것이 있거든 돌이켜 그 책임을 자기에게서 구하는 것이니라.
——성리서

原文 性理書에 云, 接物之要는 己所不欲을 勿施於人하고 行有不得이어든 反求諸己니라.

註 접물(接物) : 사물을 접촉하는 것. 기소불욕(己所不欲) : 자기가 하고자 하지 않는 것. 부득(不得) : 얻지 못하다. 즉 뜻대로 되지 않다. 반구저기(反求諸己) : 돌이켜 자기에게서 그 원인을 구하는 것. 즉 자기 반성을 뜻함.

解義 성리서의 이 교훈은 말처럼 그리 쉬운 것은 아니다.
 논어에 보면 자공(子貢)이 어느 날 공자께 한평생 실천해야 할 덕목에 관해 묻자 '그건 서(恕)이니라. 내가 하고 싶지 않은 일을 남에게 시키지 말라'고 했다.
 그런가 하면 어느 날 자공이 '저는 남이 저에게 시키기를 원치 않는 일은 저도 남에게 시키지 않으려 합니다' 하자 공자께서는 한 마디로 '너의 미칠 바가 아니니라'고 하였다.
 언뜻 보면 모순되는 말처럼 들리나 그만큼 실천하기가 쉽지 않은 덕목임을 강조한 것이다.
 행하여 얻지 못한 것이 있거든 돌이켜 그 책임을 자기에게서 구해야 한다는 말도, 얼핏 쉬운 듯 들리나 실제로는 실천하기가 어려운 일이다. 하지만 행하기에 힘써 노력할 때 사회는 좀더 밝아질 수 있을 것이다.

35

　술과 여색과 재물과 기(氣), 이 네 가지로 쌓은 담 안에 수많은 어진 사람과 어리석은 사람이 안방과 행랑에 들어 있도다. 만약 세상 사람들이 이곳에서 뛰쳐나올 수만 있다면 그것이 바로 신선과 마찬가지로 죽지 않는 방법이니라.

原文　酒色財氣四堵墻에　多少賢愚在內廂이라　若有世人이 跳得出이면　便是神仙不死方이니라.

註　사도장(四堵墻) : 네 가지(술, 색, 재물, 기운)로 쌓은 담으로 풀이됨. 현우(賢愚) : 어진 사람과 어리석은 사람. 내상(內廂) : 안 행랑. 도득출(跳得出) : 뛰쳐 나오다. 불사방(不死方) : 죽지 않는 방법.

解義　참으로 적절하고도 간절한 비유이다. 사람이 살아가면서 제어하기 힘든 것이 주(酒), 색(色), 재(財), 기(氣)의 네 가지이다. 우선 주색을 예로 들면 '술이 비록 마시기 좋을지라도 한 두 잔 이상 마시지 말며, 색이 비록 좋을지라도 패망에 이르지 말지니, 평생에 이 두 가지를 삼가면 백 년을 사는 몸에 병들 일이 없으리라'는 시처럼 예부터 삼가고 삼가야 할 행동으로 간주되어 왔다.

　재물에 관해서는 탐욕을 경계하는 글이 본문 안에도 너무 많이 나온다. 지나친 기운도 마찬가지이다. 삼가고 근신해서 그 네 가지 담장에서 벗어나야 할 것이다.

입교편
(立敎篇)

　'입교(立敎)'를 말 그대로 풀이하면 '가르침을 세우는 것'이라고 할 수 있다. 실제로 이 입교편에는 '가르침을 세울 수 있는' 유교사상의 윤리도덕의 강령인 제반 도덕률들이 조목조목 설명되어 있다. 세상을 살아가자면 반드시 지켜야 할 기본적인 윤리도덕률이라 할 삼강오륜을 위시해, 정치·경제·사회의 각 방면에 대한 계획과 실천의 묘법들이 상세히 설파되어 있는 것이다. 오늘날에도 일상생활에서 수양의 지침으로 삼아 가르침을 세워 간다면 크게 도움이 될 것이다.

1

　입신함에는 의(義)로움이 있으니 효도가 그 근본이 되고, 상사(喪祀)에는 예도가 있으니 슬퍼함이 그 근본이 되고, 싸움터에는 질서가 있으니 용맹이 그 근본이 되고, 나라를 다스리는 데는 방법이 있으니 농사가 그 근본이 되고, 나라를 보존하는 데는 도리가 있으니 대를 잇는 것이 그 근본이 되고, 재물을 만드는 데는 때가 있으니 노력이 그 근본이 되느니라.　——공　자

原文　자왈　입신유의이효위본　　　　상사유례이애위본
子曰, 立身有義而孝爲本이요 喪祀有禮而哀爲本이요
전진유렬이용위본　　　치정유리이농위본　　　거국유도이
戰陣有列而勇爲本이요 治政有理而農爲本이요 居國有道而
사위본　　　생재유시이력위본
嗣爲本이요 生財有時而力爲本이니라.

註　입신(立身) : 몸을 세우다. 즉 출세하는 것. 상사(喪祀) : 사람이 죽어서 초상 치르는 것과 제사 지내는 것. 애(哀) : 슬퍼함. 전진(戰陣) : 전쟁을 하려고 진을 치는 것. 치정(治政) : 나라를 다스리는 것. 이(理) : 이치. 여기에서는 방법으로 풀이함. 거국(居國) : 나라를 보전하는 것. 사(嗣) : 잇다. 즉 자손을 잇다의 뜻.

解義　이 글은 효도가 입신출세를 하는 근본이 되고, 슬퍼하는 것이 상제(喪祭)의 근본이 되며, 전쟁터에서는 용기가 근본이 되고 나라를 다스리는 데는 농사가 근본이 되며, 나라를 보존해 나가는 근본은 왕족의 대를 잇는 것이며, 재물을 모을 수 있는 근본은 노력이라는 점을 설명하고 있다.
　이 여섯 가지 가르침은 유가에서 전통적으로 강조해 온 기본적인 덕목이다. 먼저 '입신'하려면 효를 행해야 함을 근본으로 삼은 것은 동양윤리의 가장 큰 특징이라 할 것이다. 상제에 슬퍼함

을 근본으로 삼은 것은 인간 심성의 지극히 자연스런 발로로서 새삼 언급할 필요도 없는 말이다.
 전쟁터에서는 무엇보다 용기가 근본이며, 재물을 모으기 위해서 가장 필요한 것 역시 노력일 뿐이다. 또한 농사일은 이미 공자시대 이전부터 천하지대본(天下之大本)으로 인식되어 왔다. 그리고 이 모든 인식과 가르침은 오늘날에도 어김없이 적용되는 참된 교훈이 아닌가 한다.

2

 정치를 하는 요체는 공정함과 깨끗함이며, 집을 이루는 도는 검소함과 부지런함이니라. ──경행록

原文 景行錄에 云, 爲政之要는 曰公與淸이요 成家之道는 曰儉與勤이니라.

註 위정(爲政):정치를 하는 것. 요(要):요체(要締). 중요한 것. 공여청(公與淸):공정함과 청렴함. 성가(成家):집을 이루다. 검여근(儉與勤):검소함과 근면함.

解義 어느 나라, 어느 때를 막론하고 정치의 요체는 공명정대함과 청렴결백함이다. 그리고 이는 두말할 필요도 없는 진리이다.
 논어에도 '진실로 제 몸을 바르게 하면 정사를 베푸는 데 무엇이 어려우며, 제 몸을 바르게 하지 못하면 백성을 어찌 바르게 하리오' 하였다.
 청렴결백을 상징하는 말에는 '갈불음도천수(渴不飮盜泉水)'라는 경구가 있다. 아무리 목이 말라도 도천(盜泉)의 물은 이름만으로도 더러우므로 마시지 않는다는 것이다.
 위정자들이 이러한 자세를 지닐 때 오늘날에도 참정치가 펴질 수 있을 것이다.

집안을 일으켜 세우는 요체 역시 두 가지가 있을 뿐이다. 근면하고 검소하게 사는 것이다. 앞장에서도 성심껏 생활하지 않고 얻어진 횡재는 재앙일 뿐이라고 경고하고 있는데 이 역시 다 근검절약 정신을 강조한 것이다.

3

글을 읽는 것은 집을 일으키는 근본이며, 도리를 따르는 것은 집을 보존하는 근본이며, 부지런하고 검소한 것은 집을 다스리는 근본이며, 온화하고 유순한 것은 집을 정돈하여 가지런히 하는 근본이니라.

原文 讀書(독서)는 起家之本(기가지본)이요 循理(순리)는 保家之本(보가지본)이요 勤儉(근검)은 治家之本(치가지본)이요 和順(화순)은 齊家之本(제가지본)이니라.

註 기가(起家) : 집을 일으키다. 순리(循理) : 이치를 따르는 것. 보가(保家) : 집을 보전함, 보호함. 화순(和順) : 온화하고 유순함. 제가(齊家) : 집을 제대로 다스리는 것.

解義 배우지 않고서는 누구도 제대로 사물의 도리를 깨칠 수가 없으며 어떤 일을 제대로 성취시킬 수도 없다. 풍부한 학문이 들어 있어야만 입신출세를 하고 큰 사업을 이룩할 수 있다. 즉 글을 읽어야만 집안을 일으킬 수 있는 것이다.
　무슨 일이든지 이치를 따라서 하면 성공할 수 있고, 근면하고 검소한 생활을 하게 되면 경제적으로 윤택해지고 집이 일어난다. 남편은 평화스럽고 아내는 유순해야 집안이 화목하고 만사가 이루어진다. 한 가족이 미덕을 지키고 화목함으로써 그 집의 질서가 바로잡히고 흥할 수 있는 것이다.

4

평생의 계획은 어릴 때에 있고 일 년의 계획은 봄에 있으며 하루의 계획은 새벽에 있나니, 어렸을 때 배우지 않으면 늙어서 아는 바가 없고 봄에 밭을 갈지 않으면 가을에 바랄 바가 없으며 새벽에 일어나지 않으면 그 날은 할 일이 없느니라. ——공자 삼계도(三計圖)

原文 孔子三計圖에 云, 一生之計는 在於幼하고 一年之計는 在於春하고 一日之計는 在於寅이니 幼而不學이면 老無所知요 春若不耕이면 秋無所望이요 寅若不起면 日無所辦이니라.

註 삼계(三計): 하루의 계획, 일 년의 계획, 일생의 계획. 일생지계(一生之計): 한평생의 계획. 유(幼): 어린 때. 인(寅): 인시(寅時)를 말한다. 인시는 요즈음의 새벽녘쯤에 해당한다. 판(辦): 일을 처리하다. 즉 일을 한다는 뜻.

解義 이 글은 오늘날까지도 널리 회자되고 있는 만고의 지언(至言)이다. 공자는 논어에서도 '사람이 먼 앞날을 걱정하지 않으면 반드시 가까운 날에 근심이 생긴다'고 했다.

이렇듯 일생의 계획은 어릴 때 있고 일 년의 계획은 봄에 있으며 하루의 계획은 새벽에 있어야 한다. 만일 그렇지 못하면 우리는 바로 다음 순간 닥쳐올 근심을 면하기 어려울 것이다.

관자(管子)에도 공자의 말씀과 맥락이 같은 다음과 같은 간절한 가르침이 보인다.

'일년의 계획은 봄에 있고 하루의 계획은 아침에 있다. 봄에 갈지 않으면 가을에 거둘 것이 없고, 새벽에 일어나 서두르지 않으면 그날 일을 할 수 없다. 젊은 시절은 일 년으로 치면 봄이고, 하루로 치면 아침이다. 허나 봄에는 꽃이 만발하고 눈과 귀에 유혹이 많다. 이때 이 이목의 향락을 쫓느냐, 부지런히 땅을 가느냐에 의해 인생의 운명이 결정된다.'

5

다섯 가지 가르침의 조목은, 아버지와 자식 사이에는 친함이 있어야 하며, 임금과 신하 사이에는 의리가 있어야 하며, 남편과 아내 사이에는 분별이 있어야 하며, 어른과 어린이 사이에는 차례가 있어야 하며, 친구 사이에는 믿음이 있어야 할지니라.　　　　——성리서

原文 性理書에 云, 五敎之目은 父子有親하고 君臣有義하며 夫婦有別하고 長幼有序하며 朋友有信이니라.

註 오교(五敎): 오륜(五倫)이라고도 하며, 유가의 기본적인 덕목을 이루는 다섯 가지 가르침을 뜻한다. 목(目): 조목(條目)의 뜻.

解義 이 오교, 즉 오륜의 가르침은 삼강(三綱)과 함께 유교의 근간을 이루는 도덕률이다. 그리고 이조 오백 년을 거쳐 오늘에 이르기까지 우리에게 뿌리깊게 그 영향력을 행사해 온 삶의 교훈이기도 하다.

여기에서 부자유친(父子有親)은 아버지는 자식을 사랑해서 이끌어 주고 자식은 어버이를 공경해서 받드는 부자관계의 확립을 말한다. 부자 사이의 친애함을 역설적으로 사용해 아들을 교육시킨 황희(黃喜) 정승의 다음과 같은 이야기는 새겨들을 만하다.

어느 날 황희는 아버지의 훈계를 듣지 않고 주색에 빠진 아들이 집으로 돌아오는 것을 보고 의관을 갖추고 문 밖으로 나가 아

들을 공손히 맞아들였다. 깜짝 놀란 아들이 허둥지둥 연유를 묻자 황희는 '아비 말을 듣지 않는데 어찌 내 집안 사람이라 하겠는가. 집안 사람이 아닌 나그네가 집에 찾아오면 이를 맞는 주인이 인사를 차리지 않아서야 어찌 예의라 이르겠느냐' 하고 정중하게 대답했다.

부자간에는 주객 사이와는 달리 친애의 정이 있음을 들어 아들의 잘못을 완곡하게 지적하는 모습이 황희 정승의 면모답다.

그 다음 임금과 신하 사이에는 의(義)가 있어야 함을 강조한 것이 군신유의(君臣有義)의 도덕률이다. 주역 귀매괘(歸妹卦)에 '월기망(月幾望)'이라는 말이 나온다. 그늘이 빛을 받는 것이 달이 햇빛을 받는 것과 같다는 의미로, 신하가 오직 임금을 위해 충성을 다해야 함을 이르는 말이다. 유가에서 이 '군신유의'는 정치의 기본틀을 이루는 중요한 사상이었다.

부부유별(夫婦有別)이란 남편과 아내 사이에 분별이 있어야 함을 이른 말이다.

'부부가 있은 뒤에 부자가 있고 부자지간이 있은 뒤에 군신 상하가 있어 예의란 것을 차리게 된다. 그러므로 부부는 인륜의 근본인 동시에 국가의 안정이나 혼란에 관계되지 않음이 없다.' —— 이렇듯 중요한 관계에 분별이 없어서는 안 된다는 것은 오늘날에도 필히 적용되는 가르침이 아닐 수 없다.

예부터 백발 노인이 무거운 짐을 지고 길 가는 모습이 눈에 띄지 않아야 태평성대라고 했다. 젊은 사람들이 노인을 공경할 줄 알아야 한다는 가르침으로 이것이 바로 장유유서(長幼有序)이다.

그 다음으로 붕우유신(朋友有信)이 있다. 벗 사이에는 믿음이 있어야 한다는 말이다. '아버지는 보배이고 형제는 위로가 되나 벗은 그 양쪽'이라는 말이 있다. 이렇듯 소중한 관계에서 가장 필요한 것이야말로 믿음이 아니겠는가.

모든 가치관이 뒤바뀌고 혼란한 오늘날과 같은 세태에서 이 오륜의 가르침이야말로 더욱 절실한 것이 아닐까 여겨진다.

6

　삼강이란 임금은 신하의 본이 되는 것이고 아버지는 자식의 본이 되는 것이고 남편은 아내의 본이 되는 것이니라.

原文 三綱은 君爲臣綱이요 父爲子綱이오 夫爲婦綱이니라.
(삼강)　(군위신강)　　(부위자강)　　(부위부강)

註 강(綱) : 여기에서는 본(本)으로 해석되며, 모범이 되다의 뜻.

解義 삼강(三綱)은 앞장의 오륜과 함께 유교에서 가장 기본이 되는 도덕률로서 특히 임금과 신하, 아버지와 자식, 남편과 아내 사이에 마땅히 지켜야 할 도리를 강조한 것이다.
　군위신강(君爲臣綱)이란 임금된 자는 임금으로서의 모든 행동을 올바르게 함으로써 신하들에게 본을 보여야 된다는 것이다. 임금의 행동이 공명정대해야 신하들은 그 임금을 존경하게 되고 또 그 행동을 본받아서 어진 신하가 되며 따라서 군신 관계의 질서가 확립되고 정사가 밝으며 나라가 잘 다스려지는 것이다.
　부위자강(父爲子綱)이란 아버지가 행동을 올바르게 가짐으로써 자식에게 모범이 되어야 한다는 것이다. 아버지의 행동이 정도를 걸을 때 자식이 그 아버지를 존경하며 그 아버지를 본받아서 착한 사람이 되고 따라서 부자 관계의 질서가 확립되고 가정이 원만하여 번영을 이룩한다.
　부위부강(夫爲婦綱)이란 남편이 행동을 올바르게 함으로써 아내의 모범이 되어야 한다는 것이다. 남편의 행동이 정당하고 성실할 때 아내는 그 남편을 존경하게 되고 본받아서 어진 아내가 되는 것이다.

7

충신은 두 임금을 섬기지 않고, 열녀는 두 지아비를 섬기지 않느니라. ──왕 촉(王蠋)

原文 王蠋이 曰, 忠臣은 不事二君이요 烈女는 不更二夫니라.

註 왕촉(王蠋) : 중국 전국(戰國) 시대 때의 제(齊)나라 사람. 제나라가 연(燕)나라와의 싸움에 지게 되자 항복하지 않고 자살한 인물로 충신으로 이름이 높다. 불사(不事) : 섬기지 않다. 열녀(烈女) : 정절이 굳은 여자. 불경(不更) : 바꾸지 않다. 여기에서는 섬기지 않다로 풀이했다.

解義 이 말만큼 오랜 세월을 두고 인구에 회자되면서 많은 충신과 열부에 의해 비유와 인용으로 쓰인 명언도 흔치 않을 것이다. 이조 오백 년을 통해서도 두 임금을 섬기지 않고자 투쟁한 충신들의 일화는 이루 다 헤일 수 없을 정도이다.

'불경이부(不更二夫)'의 사고 역시 오랜 세월 한국의 여인들에게 인내와 고통을 강요해 왔다. 그러나 요즘처럼 세태가 '인스턴트식 사랑'에 물들어 가는 것을 보노라면 오히려 그러한 사고를 지녔던 시대로 회귀하고 싶다는 욕망을 한 번쯤 갖는다고 해서 큰 잘못은 없을 것이다.

8

관직을 다스림에는 공평함만한 것이 없고, 재물을 대할 때는 청렴함만한 것이 없느니라. ──충 자(忠子)

原文 忠子曰, 治官은 莫若平이요 臨財에 莫若廉이니라.

註 충자(忠子) : 누구인지 알려진 바가 없다. 치관(治官) : 관직을 다스리다. 막약(莫若) : 같지 못하다. 평(平) : 공평함. 염(廉) : 청렴함.

解義 오늘날에도 관직에 있는 사람이라면 반드시 마음에 새겨 실천해야 할 절실한 교훈이다.

벼슬자리에 있는 사람이 그 직무를 수행함에 있어 공평무사(公平無私)하지 못하다면 그 나라는 이미 기강이 흔들리고 있다고 봐야 한다. 어느 한 곳 어느 한 경우에라도 관직에 있는 사람이 불공평하고 사사로움에 치우칠 때 국민은 이미 그 정부에 대해 더 이상 믿음을 가질 수 없기 때문이다.

청렴함 역시 마찬가지이다. 우리는 예부터 청빈함을 낙으로 삼으며 오로지 나라 일에 진력한 훌륭한 많은 분들의 일화를 간직해 왔다.

그런데 오늘의 세태를 돌아보면 어떠한가. 직무를 수행함에 공평무사하고 청빈한 관리란 한갓 꿈이 아닐까 여겨질 만큼 도처에서 부정이나 비리가 발견되어지는 세상이다.

우리는 여러 고전의 숙독을 통해서 스스로의 생활을 돌아보고 뼈아픈 반성을 통해 진실된 삶을 회복해야 할 것이다.

9

무릇 말을 할 때에는 반드시 정성스럽고 참되게 하며, 무릇 행실은 반드시 돈독하고 공경히 하며, 음식은 반드시 삼가고 알맞게 먹도록 하며, 글씨는 반드시 똑똑하고 바르게 쓰며, 몸가짐은 반드시 단정하고 엄숙히 하며, 옷 매무새는 반드시 단정히 하며, 걸음걸이는 반드시 점잖게 하라.

사는 곳은 반드시 바르고 조용해야 하며, 일을 할 때에는 반드시 계획을 세워서 시작하며, 말을 할 때에는 반드시 그것을 실천할 수 있는지 없는지를 생각해서 하며, 보통 때에 반드시 덕을 굳게 가지며, 일을 허락할 때는 반드시 신중히 하며, 다른 사람의 착한 일을 보거든 내 일과 같이 생각하며, 악한 일을 보거든 자기 자신의 질병인 것같이 생각하라.

　무릇 이 열 네 가지는 모두 아직도 내가 깊이 깨닫지 못한 것이다. 이것을 오른편에 써 붙이고 아침 저녁으로 보고 경계하노라. ——장사숙 좌우명(張思淑座右銘)

原文 張思叔座右銘에 曰, 凡語를 必忠信하며 凡行을 必篤敬하며 飮食을 必愼節하며 字劃을 必楷正하며 容貌를 必端莊하며 衣冠을 必整肅하며 步履를 必安詳하라. 居處를 必正靜하며 作事를 必謀始하며 出言을 必顧行하며 常德을 必固持하며 然諾을 必重應하고 見善如己出하며 見惡如己病하라. 凡此十四者는 皆我未深省이라 書此當座右하여 朝夕視爲警하노라.

註 장사숙(張思叔) : 중국 북송(北宋)때의 학자로, 성리학자(性理學者)인 정이천(程伊川)의 제자임. 좌우명(座右銘) : 자리 오른쪽에 써 놓고 아침 저녁으로 보면서 반성하는 자료로 삼는 격언. 독경(篤敬) : 돈독하고 공경히 여기다. 신절(愼節) : 삼가고 알맞게 하는 것. 자획(字劃) : 글씨 획. 여기에서는 글씨라고 풀이했다. 해정(楷正) : 똑똑하고 바르게 쓰는 것. 단장(端莊) : 단정하고 엄숙한 모양. 의관(衣冠) : 옷과 갓. 또는 사모 같은 머리에 쓰는 것을 말함. 정숙(整肅) : 엄숙하게 정제하는 모양. 보리(步履) : 걸음걸이. 안상(安詳) : 침착하고 조용함. 모시(謀始) : 계획을 세워서 시작하다. 고행(顧行) : 행실을 돌아보다. 여기에서는 실행이 가능한지 어떤지를 살펴보는 것. 상덕(常德) : 평소 지닌 덕. 즉 착하고 올바른 마음씨. 연락(然諾) : 어떤 일을 허락하다. 중응(重應) : 신중히

생각해서 응하다. **여기출(如己出)** : 내 몸에서 나간 것처럼 여기다. **기병(己病)** : 내 몸의 병. **미심성(未深省)** : 아직 깊이 깨닫지 못하다. **조석시위경(朝夕視爲警)** : 아침 저녁으로 보아서 경계로 삼다. 좌우명을 보고 몸과 마음을 경계함을 뜻한다.

解義 장사숙의 이 14가지 좌우명은 오늘날에도 정도를 걷고자 하는 사람이라면 반드시 실천해야 할 격언들로 이루어져 있다.

첫째, 말이란 늘 조심스럽게 해야 하는 것으로 특히 진실하고 믿음이 있어야 한다. 가장 훌륭한 말은 오래 생각한 끝에 한 말이다. 그러므로 사람이 말을 할 때는 침묵보다 더 귀한 것이어야 하는 것이다.

둘째, 사람의 행실은 언제나 독실하고 공경스러우며 겸허해야 한다. 그리되어야만 비로소 쓸데없는 허물을 저지르지 않을 수 있는 것이다.

음식에 관해서는 예부터 절제하고 삼가할 것을 경계하는 경구들이 많았다. 공자는 '단사표음(單食瓢飮)'이라고 해서 한 대그릇의 밥과 표주박의 물로써 청빈하고 자족한 생활을 하는 것을 높이 샀다. 음식과 남녀지정은 인간의 가장 큰 욕망이므로 반드시 삼가고 절제해야 하는 것이다.

글씨도 그 사람의 됨됨이를 파악하는 데 중요한 단서가 되므로 늘 단정하게 쓰려고 노력하는 자세가 필요하다. 획이 반듯하게 고르지 못한 글씨는 술 취한 모습과 같다 해서 예부터 점수가 깎여 왔던 것이다.

용모 또한 늘 단정하고 엄숙해야 한다. 그리고 용모 못지 않게 옷차림도 깔끔하고 예의에 맞게 차려입을 줄 알아야 한다.

걸음걸이는 늘 바르고 조용해야 하니 왁자지껄하거나 수선스러운 걸음걸이는 예부터 양반의 체모에 어긋나는 것이었다. 그밖에 살고 있는 거처는 정숙한 곳이어야 한다. 시정의 번잡 속에서 묻혀 살다 보면 저도 모르게 속진이 묻게 마련이 아니겠는가.

매사에 신중한 계획이 필요함은 더 언급할 여지도 없을 것이다. 또한 '말은 행위'이다. 말을 입 밖에 낼 때는 실천할 수 있는지의 여부를 반드시 살펴본 뒤에 해야 하는 것이다.

덕과 선, 악에 대한 좌우명 역시 마음에 새겨 늘 스스로 **경계**에 힘써야 할 덕목들이다.

김시습(金時習)의 유명한 절구에도 장사숙의 **좌우명에 비견될** 만한 다음과 같은 글이 있다. 마찬가지로 마음에 새겨 교훈으로 삼기 바란다.

'사람이 오래 살고자 하면 언어를 삼가며 음식을 절제하고 탐욕을 덜어 내야 한다. 잠을 가볍게 여기고 희로애락도 절도를 벗어나선 안 된다. 대개 언어에 법도가 없으면 허물과 근심이 생기고 음식이 때를 잃으면 고달프고 수고스러우며 탐욕이 심하면 위태롭고 혼란한 일이 생긴다. 잠이 많으면 게으르고 희로애락의 기복이 심하면 그 성품을 보전하지 못한다. 이 다섯 가지 절도를 잃으면 참 원기(元氣)가 소모되어서 날로 죽음에 이르고 말 것이다.'

10

첫째, 조정에서의 이해와 변방으로부터의 보고와 관직의 임명에 관하여 말하지 마라.

둘째, 주(州)와 현(縣)의 관원의 옳고 그름과 얻고 잃음에 관하여 말하지 마라.

셋째, 여러 사람이 저지른 악한 일을 말하지 마라.

넷째, 벼슬하게 된 내막과 기회를 좇아 세도에 아부하는 일에 관하여 말하지 마라.

다섯째, 재물과 이익의 많고 적음이나 가난을 싫어하고 부를 바라는 일을 말하지 마라.

여섯째, 음탕하고 난잡한 짓거리나 여색에 관한 생각을 말하지 마라.

일곱째, 다른 사람의 물건을 탐내거나 술과 음식을 뒤

져 찾지 마라.

남이 전해 달라는 편지를 뜯어 보거나 지체해서는 안 되며, 남과 함께 있으면서 남의 개인적인 글을 엿보아서는 안 되며, 다른 집에 갔을 때 남의 글을 보지 마라.

다른 사람의 물건을 빌렸을 때에는 이것을 손상하거나 돌려주지 않아서는 안 되며, 무릇 음식을 먹되 가려 먹지 마라.

다른 사람과 함께 있으면서 자신의 편리함만을 취하지 말며, 무릇 다른 사람의 재물 많고 귀한 것을 가히 부러워하거나 헐뜯지 마라.

무릇 이 몇 가지 일을 지키지 못하는 사람이 있다면 능히 그 마음씀이 바르지 못함을 알 수 있으며, 마음을 바르게 하고 몸을 닦는 데 크게 해로울 것이다. 그러므로 이 글을 써서 스스로 경계하노라.

——범익겸 좌우명(范益謙 座右銘)

原文 范益謙座右銘에 曰,
一不言朝廷利害邊報差除하라.
二不言州縣官員長短得失하라.
三不言衆人所作過惡之事하라.
四不言仕進官職趨時附勢하라.
五不言財利多少厭貧求富하라.
六不言淫媟戲慢評論女色하라.
七不言求覓人物干索酒食하라.
又人付書信을 不可開坼沈滯요 與人幷坐에 不可窺人私

書요 凡入人家에 不可看人文字라.

凡借人物에 不可損壞不還이요 凡喫飮食에 不可揀擇去取라.

與人同處에 不可自擇便利요 凡人富貴를 不可歎羨詆毁라.

凡此數事에 有犯之者면 足以見用心之不正이라 於正心修身에 大有所害라 因書以自警하노라.

註 범익겸(范益謙) : 인물 미상임. 변보(邊報) : 변방으로부터의 보고. 차제(差除) : 관리를 임명함. 차(差)는 택(擇), 제(除)는 제수(除授). 사진(仕進) : 벼슬에 나아감. 추시(趨時) : 기회를 좇아서. 부세(附勢) : 권세에 아부함. 염빈(厭貧) : 가난을 싫어하다. 음설(淫媟) : 음탕함. 희만(戱慢) : 희롱하다. 구멱인물(求覓人物) : 남의 물건을 차지하려 하다. 간색주식(干索酒食) : 술과 음식을 찾아내 빼앗다. 개탁(開坼) : 열어 보다. 병좌(幷坐) : 나란히 앉다. 규(窺) : 엿보다. 사서(私書) : 사적인 글. 손괴(損壞) : 손상시키고 망치다. 불환(不還) : 돌려보내지 않다. 탄선(歎羨) : 부러워하다. 저훼(詆毁) : 헐뜯다. 자경(自警) : 스스로 경계하다.

解義 우리가 일상생활을 해나가면서 반드시 지켜야 할 지극히 평범한 일들을 들어 처세의 교훈으로 삼은 것이 인상적인 글이다.

전반에는 난세(亂世)에 처했을 때 몸을 보전하기 위해서는 꼭 삼가고 지켜야 할 처세술이, 후반에는 일상생활 속에서 남에게 폐를 끼쳐서는 안 되는 생활상의 덕목들이 쉽게 나열되어 있다.

처세의 교훈으로 삼아 지켜나가고자 노력한다면 훗날 반드시 그 열매를 맺게 될 것이다.

11

무왕이 태공에게 물었다.

"사람이 세상을 살아감에 있어 어찌하여 귀하고 천한

것과 재물이 많고 적은 것이 고르지 않습니까? 원컨대 이를 설명하여 주십시오. 알고자 합니다."

태공이 아뢰었다.

"부귀라는 것은 성인(聖人)의 덕과 같아서 모두가 천명(天命)에 말미암거니와, 부자는 그 씀씀이가 절도있고, 가난한 자는 그 집에 열 가지 도둑이 있기 때문입니다."

原文 武王이 問 太公曰, 人居世上에 何得貴賤貧富不等고 願聞說之하여 欲知是矣로이다. 太公이 曰, 富貴 如聖人之德하여 皆由天命이어니와 富者는 用之有節하고 不富者는 家有十盜니이다.

註 무왕(武王) : 중국 주(周)나라 문왕(文王)의 아들로, 이름은 발(發). 아우 단(旦)과 협력하여 주왕(紂王)을 토벌한 후, 은조(殷朝)를 쳐서 주왕조(周王朝)를 세움. 후에 강태공(姜太公)을 태사(太師)로 받들었다. 부등(不等) : 평등하지 않다. 고르지 못하다. 욕지시(欲知是) : 이를 알고자 하는 욕망. 개유천명(皆由天命) : 천명으로 말미암다. 유절(有節) : 절도가 있는 것. 십도(十盜) : 열 가지 도둑.

解義 무왕은 중국 역사상 가장 현성(賢聖)한 임금 중의 한 사람이었다. 그는 아버지 문왕이 죽고 나자 그 뒤를 이어, 오늘날까지도 포악한 임금의 대명사처럼 회자되는 주왕(紂王)을 치고 은(殷)나라를 정벌해 주왕조를 창건했다.

무왕과 그의 태사인 태공과의 문답은 서경(書經)에 자세히 기록돼 있다. 여기에서는 문왕이 사람살이의 고르지 못함에 관해서 묻자 태공이 매우 적절하고도 함축적인 해답을 주고 있다.

앞장에서 큰 부자와 성인은 하늘이 낸다는 말이 나오나, 여기서도 태공은 부귀와 성인은 천명에 말미암는다고 말하고 있다.

그러나 일반적으로 부자와 가난한 자 사이에는 큰 차이가 있으니, 그것이 바로 부와 가난을 갈라놓는 경계라 할 수 있다. 그 차이란 부자는 모든 씀씀이에 절도와 절제가 있으되, 가난한 자는 이와 반대로 그 집에 열 명의 도둑이 든 것만큼이나 매사에 게으르고 씀씀이가 헤설프다는 것이다. 근검절약에 대한 참으로 적절하고도 정곡을 찌르는 비유가 아닐 수 없다. 뒷장에 열 가지 도둑이 무엇을 의미하는지가 자세히 열거되어 있다.

12

무왕이 말하였다.
"무엇이 열 가지 도둑이오?"
태공이 대답하였다.
"곡식이 제때에 익은 것을 거둬들이지 않는 것이 첫째 도둑이요, 거두어 쌓는 것을 마치지 않는 것이 둘째 도둑이요, 일 없이 등불을 켜놓고 자는 것이 셋째 도둑이요, 게을러서 밭갈이하지 않는 것이 넷째 도둑이요, 공력을 베풀지 않는 것이 다섯째 도둑이요, 오로지 교활하고 해로운 일만 행하는 것이 여섯째 도둑이요, 딸이 너무 많은 것이 일곱째 도둑이요, 낮잠이나 자고 아침에 늦게 일어나는 것이 여덟째 도둑이요, 술을 탐내고 욕망을 즐기는 것이 아홉째 도둑이요, 다른 사람을 매우 시기하는 것이 열째 도둑입니다."

原文 武王이 曰, 何謂十盜이오. 太公曰, 時熟不收爲一盜요 收積不了爲二盜요 無事燃燈寢睡爲三盜요 慵懶不耕이 爲四盜요 不施功力이 爲五盜요 專行巧害는 爲六盜요 養

女太多가 爲七盜요 晝眠懶起는 爲八盜요 貪酒嗜慾이 爲
九盜요 强行嫉妬가 爲十盜니이다.

註 시숙(時熟) : 제철에 익다. 때에 알맞게 익다. 불료(不了) : 끝내지 않다. 연등(燃燈) : 등불을 켜다. 침수(寢睡) : 잠자는 것. 용라(慵懶) : 게으르고 나태함. 교해(巧害) : 교활하고 해로움. 나기(懶起) : 일어나기를 게을리하다. 기욕(嗜慾) : 욕심을 즐기다. 강행질투(强行嫉妬) : 질투하고 시기하는 것이 매우 극심하다.

解義 앞장에서 가난한 집에는 열 가지 도둑이 있다고 한 태공은 이 장에서는 그 열 가지 도둑이 어떤 것들인지를 자세하게 설명하고 있다.

우리가 일상생활에서 한두 가지쯤은 저지르게 되는 허물, 즉 나태하고, 쉽게 방탕에 빠지고, 남을 시기하거나 비방하고 하는 일들이 모두 열 가지 도둑에 해당한다는 사실을 알 수 있을 것이다.

예나 지금이나 사람 살아가는 일은 다를 바가 없어서 허물이 많은 사람일수록 가난하게 살게 된다는 점을 명심해야 할 것이다. 비록 부귀가 천명에 말미암는다 해도 가능한 허물을 덜어 가는 노력이야말로 우리의 생을 좀더 풍요롭게 하는 힘이 되어 줄 것이기 때문이다.

13

무왕이 말하였다.
"집에 열 가지 도둑이 없는데도 부유하지 못한 것은 어찌하여 그렇습니까?"
태공이 아뢰었다.
"그런 사람의 집에는 반드시 삼모(三耗)가 있을 것입니다."

무왕이 다시 말하였다.
"삼모란 무엇을 말합니까?"
태공이 아뢰었다.
"창고가 새는데도 막지 않아서 쥐와 새들이 어지럽게 먹어대는 것이 첫째 소모요, 거두고 씨 뿌리는 때를 놓치는 것이 둘째 소모요, 곡식을 땅에 흘려 더럽히고 천하게 다루는 것이 셋째 소모입니다."

原文 武王이 曰, 家無十盜而不富者는 何如닛고. 太公이 曰, 人家에 必有三耗이오. 武王이 曰, 何名三耗닛고. 太公이 曰, 倉庫漏濫不蓋하여 鼠雀亂食이 爲一耗요 收種失時가 爲二耗요 抛撒米穀穢賤이 爲三耗니이다.

註 필유(必有): 반드시 있다. 삼모(三耗): 세 가지 소모. 누람(漏濫): 물이 새어나와 넘치다. 곧 쥐구멍이 뚫린 것. 불개(不蓋): 덮지 않다. 서작(鼠雀): 쥐와 참새. 난식(亂食): 어지러이 먹어대다. 수종(收種): 거두고 씨 뿌리는 일. 실시(失時): 때를 놓치다. 포살(抛撒): 흩어 버리다. 예천(穢賤): 더럽고 천하게 다루다.

解義 무왕은 이 장에서 집안에 열 가지 도둑이 있는 것도 아닌데 여전히 가난을 면치 못하는 것은 대체 무엇 때문인가를 다시 태공에게 묻고 있다. 이에 대해 태공은 열 가지 도둑 외에 세 가지 극심한 소모가 있으니, 그것이 있는 한 여전히 형편이 넉넉해질 수 없음을 설명하고 있다.
태공이 말하는 세 가지 소모란 첫째, 곡식을 넣어 두는 창고의 관리가 소홀해 쥐나 새가 마음대로 드나들며 먹어대는 것이요, 둘째는 제때에 씨를 뿌리지 못하는 것이요, 셋째는 곡식을 마구 낭비하고 더럽히는 것이다.

이는 반드시 농사에 한한 이야기가 아니며 우리 생활 전반에 대한 하나의 비유로 해석함이 옳을 듯하다.

14

무왕이 말하였다.

"집에 삼모가 없는데 부유하지 못한 것은 어찌하여 그렇습니까?"

태공이 아뢰었다.

"그런 사람의 집에는 반드시 첫째는 일을 그르치는 것, 둘째는 일을 잘못하는 것, 셋째는 어리석은 것, 넷째는 실수하는 것, 다섯째는 인륜을 거역하는 것, 여섯째는 상서롭지 못한 것, 일곱째는 노예 행세하는 것, 아홉째는 우둔한 것, 열째는 뻔뻔스러운 것이 있어서 스스로 그 화를 부르는 것이지, 하늘이 재앙을 내리는 것은 아닙니다."

原文 武王이 曰, 家無三耗而不富者는 何如닛고. 太公이 曰, 人家에 必有一錯 二誤 三痴 四失 五逆 六不祥 七奴 八賤 九愚 十强하여 自招其禍요 非天降殃이니다.

註 자초(自招) : 스스로 초래하다. 강앙(降殃) : 재앙을 내리다.

解義 무왕은 이번에는 집안에 삼모가 없는데도 형편이 나아지지 않는 경우 그 연유를 물었다. 이에 대해서 태공은, 그런 집에는 반드시 일착(一錯), 이오(二誤), 삼치(三痴), 사실(四失), 오역(五逆), 육불상(六不祥), 칠노(七奴), 팔천(八賤), 구우(九愚), 십강(十强)이 있어서 스스로 재앙을 불러오기 때문이라고 설명

했다. 뒤에 이에 대한 자세한 설명이 나온다.

15

무왕이 말하였다.
"원컨대 그것을 자세히 듣고자 합니다."
태공이 아뢰었다.
"아들을 기르되 가르치지 않는 것이 첫번째 그르침이며, 어린이를 타이르지 않는 것이 두 번째의 잘못이며, 처음 아내를 맞아들이되 엄히 가르치지 않는 것이 세 번째의 어리석음이며, 말하기 전에 먼저 웃기부터 하는 것이 네 번째의 실수이며, 부모를 봉양하지 않는 것이 다섯 번째의 인륜을 거역하는 것이며, 밤에 알몸으로 일어나는 것이 여섯 번째의 상서롭지 못함이며, 다른 사람의 활을 빌어 당기기를 좋아하는 것이 일곱 번째의 노예처럼 구는 것이며, 다른 사람의 말을 타기를 좋아하는 것이 여덟 번째의 천함이며, 다른 사람의 술을 얻어 마시면서 다른 사람에게 술을 권하는 것이 아홉 번째의 어리석음이며, 다른 사람의 밥을 빌어 먹으면서 친구에게 주는 것이 열 번째의 뻔뻔스러움입니다."

이를 듣고 무왕이 말하였다.
"참으로 훌륭하고 정성스럽도다, 그 말이여."

原文 武王이 曰, 願悉聞之이오. 太公이 曰, 養男不敎訓이 爲一錯이요 嬰孩不訓이 爲二誤요 初迎新婦不行嚴訓이 爲三痴요 未語先笑가 爲四失이요 不養父母가 爲五逆이요 夜起赤身이 爲六不祥이요 好挽他弓이 爲七奴요 愛騎他

馬가 爲八賤이요 喫他酒勸他人이 爲九愚요 喫他飯命朋
友가 爲十强이니다. 武王曰, 甚美誠哉라 是言也여.

註 원실문지(願悉聞之) : 다 듣기를 원하다. 양남(養男) : 아들을 기르다.
영해(嬰孩) : 어린 아이. 치(痴) : 어리석음. 미어선소(未語先笑) : 말도
하기 전에 먼저 웃는 것. 실(失) : 과실, 실수. 적신(赤身) : 벌거벗은 몸.
불상(不祥) : 상서롭지 못한 것. 호만(好挽) : 당기기를 좋아하다. 타궁
(他弓) : 다른 사람의 활. 노(奴) : 종. 극히 비천한 신분. 즉 상스럽다는
뜻. 애기(愛騎) : 여기에서는 타기를 좋아한다로 풀이했다. 끽타주(喫他
酒) : 남의 술을 마시는 것. 강(强) : 여기에서는 뻔뻔하다로 풀이했다.
재(哉) : 어조사. 여기에서는 하도다.

解義 이 글은 태공이 무왕에게 일착, 이오, 삼치, 사실, 오역,
육불상, 칠노, 팔천, 구우, 십강에 대한 것을 자세히 설명한 것
이다. 무왕은 태공의 설명을 다 듣고 나자 '진실로 훌륭하고 정
성스럽도다, 그 말이여' 하는 감탄사를 발하여 찬양하였다.
　이는 앞의 열 가지 도둑과 함께 우리가 반드시 경계하고 삼가야
될 악덕들이 아닌가 생각된다. 큰 교훈으로 삼아 좀더 나은 생활
을 영위하는 데 힘써야 할 것이다.

치정편
(治政篇)

　치정편은 위정자들은 어떻게 하면 나라의 정치를 바르게 이끌고, 관리들은 어떤 자세를 가져야 나라의 공복으로서 그 임무를 충실히 수행할 수 있는지에 관한 가르침들로 구성되어 있다. 예부터 정치가 밝아야 그 나라의 백성들도 안정된 생활을 누릴 수 있었다. 그렇다면 어떻게 해야 정치가 밝아질까? 이는 전적으로 정사를 맡은 벼슬아치들에게 그 관건이 달려 있다. 이 치정편은 바로 그들에게 주는 간절하고도 적절한 교훈집이다.

1

처음으로 벼슬자리에 오른 선비라도 진실로 물건을 사랑하는 마음이 있다면 다른 사람에게 반드시 도움되는 바가 있을지니라. ──명도선생(明道先生)

原文 明道先生이 曰, 一命之士도 苟有存心於愛物이면 於人에 必有所濟니라.

註 명도선생(明道先生): 중국 북송(北宋) 때의 대유학자로 성은 정(程), 이름은 호(顥), 자는 백순(伯淳), 명도(明道)는 호임. 주돈이(周敦頤)에게서 배웠으며, 우주와 사람의 본성은 같음을 주장했다. 성리학(性理學)을 크게 발전시켰다. 성리학은 주자에 이르러 대성(大成)을 보았기 때문에 정주학(程朱學)이라고도 불리워진다. 일명지사(一命之士): 처음으로 관직에 오른 사람. 구(苟): 진실로의 뜻. 존심(存心): 마음을 두다. 소제(所濟): 구제하는 바. 도움이 되는 바의 뜻.

解義 예부터 벼슬가진 사람들이 어떻게 나라와 백성을 위해 봉사하고 자신의 공명정대함을 유지하는가에 따라 그 나라의 운명이 달라져 왔다. 그러므로 이 치정편의 첫장이 처음으로 관직에 발을 디딘 사람을 위한 경구임은 상징적인 의미가 강하다.

처음으로 벼슬길에 오른 사람이라면 아직은 미관말직에 머무르게 마련이다. 아무리 그와 같은 사람이라도 물건을 아끼고 사랑함에 마음을 두기만 한다면 반드시 백성에게 도움을 줄 수 있을 것이다. 이는 벼슬에 오르는 선비는 마땅히 그와 같은 뜻이 있어야 한다는 것을 강조한 것이라 하겠다.

2

위에는 지시하는 사람이 있고, 중간에는 이에 의하여

다스리는 사람이 있고, 그 아래에는 이에 따르는 사람이 있다. 예물로 받은 비단으로 옷을 만들어 입고, 곳간에 거두어 둔 곡식으로 밥을 지어 먹으니, 너희의 봉록(俸祿)은 모두가 다 백성들의 기름이다. 아래에 있는 백성을 학대하기는 쉽지만, 위에 있는 푸른 하늘을 속이기는 어려우니라. ──당태종 어제(唐太宗御製)

原文 唐太宗御製에 云, 上有麾之하고 中有乘之하고 下有附之하니 幣帛衣之요 倉廩食之하니 爾俸爾祿이 民膏民脂니라. 下民은 易虐이어니와 上蒼은 難欺니라.

註 당태종(唐太宗) : 당(唐)나라 제2대 임금. 이름은 이세민(李世民)이며, 아버지 이연(李淵)을 도와서 수나라를 멸하고 당나라를 세웠다. 백성을 매우 사랑했던 것으로 알려져 있다. 휘(麾) : 지휘하다. 승(乘) : 여기에서는 다스리다로 풀이했다. 부(附) : 따르다. 폐백(幣帛) : 예물로 받은 비단. 이(爾) : 너. 그대. 이학(易虐) : 학대하기 쉬움. 상창(上蒼) : 위에 있는 푸른 하늘. 난기(難欺) : 속이기 어려움.

解義 관리도 하나의 집단이므로 여러 계층을 이룬다. 위에는 지시하는 사람이 있고 중간관리자가 있으며 아래로는 그것을 집행하는 미관말직들이 있다. 그러나 이 모든 관리들의 봉록은 한결같이 '백성들의 기름'인 것이다.

예부터 '벼슬아치는 심부름꾼'이라든가, '공복(公僕)'이라든가 '봉사정신'이라든가 하는 말이 널리 쓰여 왔다. 하지만 어느 때, 어느 나라를 막론하고 관직을 특권인양 생각하고 백성 위에 군림하려드는 그릇된 관리들이 있어 온 것 또한 사실이다.

이에 당태종은 '아래 백성을 학대하기는 쉬워도 위에 있는 푸른 하늘을 속이기는 어렵다'고 경고를 보내고 있다.

벼슬자리에 있는 사람은 모름지기 백성의 수고로움을 생각하고 덕치(德治)를 펴 나라의 안녕과 평화를 가져올 의무가 있음을 잊어서는 안 되는 것이다.

3

관직에 있는 자로서 마땅히 지켜야 할 법은 오직 세 가지가 있으니 청렴한 마음과 신중함과 부지런함이다. 이 세 가지를 알면 몸 가질 바를 알 것이니라.
———동몽훈(童蒙訓)

原文 童蒙訓에 曰, 當官之法이 唯有三事하니 曰淸曰愼曰勤이라 知此三者면 知所以持身矣니라.

註 동몽훈(童蒙訓) : 송(宋)나라 때 여본중(呂本中)이 아이들을 가르치기 위해 지은 책. 당관(當官) : 벼슬아치가 되는 것. 지신(持身) : 몸가짐.

解義 이 장은 관직에 있는 사람이 반드시 지켜야 할 세 가지 규범에 관한 것이다. 그 세 가지란 청렴, 신중, 근면이다.
　첫째 청렴함은 벼슬아치가 가장 사랑해야 할 덕목이다. 관리가 부패하면 그 나라가 부패하고 나라가 부패하면 그 나라는 이미 멸망한 것이나 다름없기 때문이다.
　사문류취(事文類聚)에 태위(太尉) 이성원(李晟元)의 청렴함에 대한 다음과 같은 고사가 나온다.
　이성원이 연로해지자 벼슬자리에서 물러나고자 했다. 임금은 그것을 허락하고 많은 호사스런 선물을 하사함으로써 그의 업적을 기렸다. 그러나 이성원은 그것들을 도로 다 돌려보내고는 망가진 수레에 소를 매어 아들과 함께 서울을 떠났다.
　만조백관이 그를 환송하고자 나왔으나 만나지 못했다. 그럴 것을 미리 안 이성원이 어두운 새벽에 길을 떠나 버렸기 때문이다.
　그는 관직에 있는 동안에도 내내 초가집에서 살 만큼 청렴결백한 인물이었다. 공복이 그 자리를 이용해 부를 취함은 의(義)가 아님을 그는 누구보다도 잘 알고 있었던 것이다

 둘째로 벼슬아치는 매사를 처리함에 신중해야 한다. 신중함은 가장 튼튼한 성벽이어서 어떤 경우에도 무너지거나 배반당하는 일이 없다.

 특히 백성을 올바르게 이끌어 가야 할 벼슬아치는 그만큼 책임이 무겁기 때문에 더욱 신중함이 요구되는 것이다.

 셋째가 부지런함이다. 만사에 게을러서 되는 일은 한 가지도 없다. 잠든 속에서 깨어 있는 자만이 준마와 같이 빨리 달려 멀리 나아가는 것이다. 청렴, 신중, 근면 이 세 가지야말로 관직에 있는 사람이 잠시도 잊어서는 안 될 규범이다. 그리하여 직무에 충실하고 밝은 정치가 되도록 힘써야 하는 것이다.

4

 관직에 있는 자는 반드시 심히 화내는 것을 경계하라. 일에 옳지 않음이 있거든 마땅히 상세하게 처리하면 반드시 맞지 않는 것이 없으리라. 만약 화부터 먼저 내면 오직 자신을 해롭게 할 뿐이다. 어찌 남을 해롭게 할 수 있겠는가?

原文 當官者는 必以暴怒爲戒하여 事有不可이든 當詳處之면 必無不中이며 若先暴怒면 只能自害라 豈能害人이리오.

註 폭노(暴怒): 심하게 화내는 것. 상처지(詳處之): 일을 자상하게 처리하는 것. 부중(不中): 맞지 않는 것.

解義 벼슬아치는 백성의 공복이라는 말이 진실로 통용된다면 그

벼슬아치가 공무를 처리함에 심하게 화를 낸다거나 하는 일은 있을 수 없다. 하지만 작금의 현실은 그렇지도 않은 것이, 관리들이란 흔히 백성들 위에 군림하고 싶어한다. 이 치정편은 바로 그런 폐단을 없애 관리로서 공명정대할 것을 촉구하고 있다.

그 중에서도 이 장은 관직에 있는 자가 쉽게 화를 폭발시켜서는 안 됨을 강조하고 있다.

보통 사람도 지나치게 분노하면 이성을 잃어 일을 그르치게 되는데, 나라의 중요한 일을 처리하는 사람들이 그렇게 한다면 그 나라의 앞날은 어떻게 되겠는가. 부디 자상하고 신중하게 처신함으로써 백성의 공복으로서의 자세를 갖추어야 하는 것이다.

5

임금 섬기기를 어버이 섬기듯이 하고, 웃사람 섬기기를 형을 섬기듯이 하며, 친구 대하기를 자기 집 식구같이 하고, 아전을 대접하기를 자기 집 노복과 같이 하고, 백성 사랑하기를 아내와 자식 사랑하듯 하고, 나랏일 처리하는 것을 집안일 하는 것과 같이 한 후에야 능히 최선을 다했다고 할 수 있을 것이니라.

만약 털끝만큼이라도 다하지 못한 점이 있다면 모두가 내 마음에 다하지 못한 것이 있기 때문이니라.

原文 事君을 如事親하고 事長官을 如事兄하고 與同僚를 如家人하고 待羣吏를 如奴僕하고 愛百姓을 如妻子하고 處官事를 如家事然後에 能盡吾之心이니 如有毫末不至면 皆吾心에 有所未盡也니라.

田 사(事) : 섬기다. 동료(同僚) : 같은 일터에서 함께 일하는 사람. 가인

(家人) : 자기 집 식구. 군리(羣吏) : 여러 아전. 아전이라 함은 관직에 해당되지 않고 각 관청에서 일을 보는 사람을 말함. 노복(奴僕) : 남자 하인. 호말(毫末) : 털끝. 부지(不至) : 이르지 못하다. 미흡한 것. 유소미진(有所未盡) : 다하지 못한 바가 있다.

解義 관직에 있는 자로서 마땅히 임금을 섬기고 웃사람을 공경하고 동료들과 화목하며 아랫사람을 어루만지고 백성들을 사랑해야 함은 당연한 도리이자 의무이다.

 또한 나랏일도 내 자신의 일처럼 생각하여 마음을 다한 뒤에야 최선을 다했다고 할 수 있을 것이다. 조금이라도 다하지 못한 점이 있으면 모두 내 마음에 다하지 못한 것이 있는 탓이라는 말 또한 의미심장하다.

6

어떤 사람이 물었다.
 "부(簿)는 영(令)을 보좌하는 사람입니다. 그런데 부가 하고자 하는 바를 영이 혹시 따르지 않는다면 어떻게 해야 합니까?"
 이천(伊川) 선생이 말씀하였다.
 "이것은 마땅히 성의로써 움직여야 한다. 지금 영이 부와 화목하지 않은 것은 곧 사사로운 생각으로 다투는 것이다. 영은 고을의 장관이니 만일 아버지와 형을 섬기는 도리로 섬겨, 잘못이 있다면 자기에게로 돌리고, 잘한 일이 있다면 영에게로 돌아가지 않을 것을 염려하여 성의를 쌓아 간다면 어찌 사람을 움직이지 못하겠는가?"

原文 或이 問, 簿는 佐令者也니 簿所欲爲를 令或不從이

면 奈何닛고. 伊川先生이 曰 當以誠意動之니라 今令與簿
不和는 便是爭私意요 令은 是邑之長이니 若能以事父兄
之道로 事之하여 過則歸己하고 善則唯恐不歸於令하여 積
此誠意면 豈有不動得人이리오.

註 이천선생(伊川先生) : 북송(北宋) 때의 학자로, 성은 정(程), 이름은 이(頤), 정호(程顥)의 아우로, 형 명도(明道)와 더불어 이정자(二程子)로 불리우며 성리학을 일으키는 데 공이 컸다. 부(簿) : 관청의 장(長)을 보좌하는 직위. 영(令) : 현령(縣令)을 말하는 것이니 곧 고을의 장관을 뜻한다. 내하(奈何) : 어떻게 하리오? 귀기(歸己) : 자기에게로 돌리는 것. 유공불귀어령(唯恐不歸於令) : 오직 영에게로 돌아가지 않을 것을 두려워하다. 득인(得人) : 남에게서 사랑을 받는 것.

解義 송나라의 거유(巨儒) 이천 선생이 관직의 하나인 '부'와 '영'의 관계를 들어 벼슬자리에 있는 사람들의 상하 관계가 어떠해야 하는가를 보여 준 글이다. 영은 부에 비해서 웃사람이다. 그러므로 그에게 잘못이 있다 해도 부가 아랫사람으로서 부형을 섬기는 도리로 그를 섬겨야만 한다. 부가 모든 잘못은 자기에게로 돌리고 또 잘한 것은 그 영예를 영에게로 돌아가게 해서 성의를 다한다면 영도 부의 성의에 감동해 마음을 돌리지 않을 수 없을 것이다.

어디까지나 아랫사람이 양보하고 웃사람을 잘 보좌함으로써 인화(人和)를 이룩한다면 상하관계는 원만하게 유지될 것이다.

7

유안례(劉安禮)가 백성을 대하는 도리를 묻자 명도 선생이 말씀하였다.

"백성으로 하여금 각각 그들의 뜻을 다 펴게 하여라."

아전을 거느리는 방법을 묻자 말씀하였다.

"자기 자신을 올바르게 함으로써 사물의 이치를 깨닫게 하라."

原文 劉安禮가 問臨民한대 明道先生 曰, 使民으로 各得輸其情이니라. 問御吏한대 曰正己以格物이니라.

註 유안례(劉安禮) : 북송(北宋) 때의 사람으로 자는 원소(元素). 한고제(漢高帝)의 자손. 수기정(輸其情) : 그 뜻을 관청에 전달하다. 어리(御吏) : 아전을 통솔하다. 정기(正己) : 자기를 바르게 하다. 격물(格物) : 사물의 이치를 연구하는 것.

解義 유안례(劉安禮)가 백성을 대하는 태도를 묻자 명도 선생은 백성들이 자신들의 생각이나 뜻을 모두 펼칠 수 있어야 한다고 대답했다. 관청의 존재 이유는 백성을 위한 것이다. 당연히 백성들의 생각하는 바를 듣고 그들의 애로사항이나 의견을 받아들여서 이를 정치에 반영시키는 것이 그들의 의무이다. 그렇게 함으로써 백성들의 고충을 덜어 주고 잘살 수 있도록 해 주어야 하는 것이다.

아전을 통솔하는 방법은 먼저 자기 자신을 바르게 하는 것이다. 아랫사람을 통솔하는 데 있어서 가장 중요한 것은 먼저 자신을 바르게 하여 수범(垂範)을 하면 아랫사람이 이에 따라가지 않을 수 없는 것이다.

8

도끼에 맞는 한이 있더라도 바르게 간하고, 가마솥에 넣어서 죽이려 해도 옳은 말을 다하면 이를 충신이라 하느니라. ──포박자(抱朴子)

原文 抱朴子가 曰, 迎斧鉞而正諫하며 據鼎鑊而盡言이면

차위충신야
此謂忠臣也니라.

註 포박자(抱朴子) : 동진(東晋) 초기의 도가(道家)로 성은 갈(葛), 이름은 홍(洪), 포박자는 호임. 신선술(神仙術)·도술(道術)을 좋아하고, 평생을 그 수련에 노력했다. 저서에 포박자(抱朴子), 신선전(神仙傳) 등이 있다. 부월(斧鉞) : 부(斧)와 월(鉞)이 다같이 도끼를 뜻한다. 간(諫) : 임금에게 잘못을 간하는 것. 정확(鼎鑊) : 가마솥. 진언(盡言) : 여기에서는 임금에게 자신의 생각을 모두 이야기하는 것.

解義 충신에 관해서는 예부터 다양한 정의가 있어 왔다. 그 중에서도 포박자는 임금에게 간언(諫言)과 진언(盡言)을 할 수 있어야 충신이라고 했다. 아무리 임금의 위에 있다 해도 잘못이 있으면 그것을 바로잡아야 한다. 그것을 바로 잡아 주는 것이 신하의 일인 것이다.
그러나 '좋은 약은 입에 쓴' 법이다. 역사상 많은 위대한 인물들이 임금의 잘못을 간하다가 죽거나 벼슬길에서 물러나거나 해왔다. 포박자 또한 나라와 임금을 사랑하고 근심하는 자로서는 마땅히 죽기를 각오하고 임금이 바른 길을 가도록 간언해야 한다고 강조했다.

치가편
(治家篇)

　치가편은 국가사회의 기본단위를 이루는 가정생활의 올바른 지침서이다. 행복한 가정은 인간에게 가장 복된 요소이다. 그 가정이 불행하면 한 개인의 불행은 말할 것도 없고 그런 개인들로 이루어진 사회형태조차 위태롭게 한다. 그러므로 예부터 가정을 원만하고 화목하며 복되게 이끄는 것을 무엇보다 소중하게 여겨 왔던 것이다. 이 치가편의 탐독을 통해 가정생활의 참된 의미를 깨닫게 되기를 바란다.

1

모든 손아랫사람들은 일의 크고 작음을 가림 없이 제 멋대로 행동하지 말고 반드시 집안 어른께 여쭈어 보고 해야 하느니라. ──사마온공

原文 司馬溫公이 曰, 凡諸卑幼는 事無大小를 毋得專行하고 必咨稟於家長이니라.

註 비유(卑幼): 손아랫사람, 어린 사람. 무득(毋得): ～해서는 안 된다. 전행(專行): 제 마음대로 행동하는 것. 자품(咨稟): 웃사람에게 여쭈어 보다. 가장(家長): 집안 어른.

解義 가정은 우리 개인생활의 근거이자 국가 생활의 기본단위이다. 이러한 가정생활을 잘 꾸려나가자면 거기에 맞는 적절한 지혜가 요구된다. 이 치가편은 그러한 지혜와 여러 교훈들로 이루어져 있다.

첫장에서는 집안의 어린 사람들이 어른을 무시하고 멋대로 행동하는 것을 경계하고 있다. 어느 집안에나 그 집안의 가장 높은 웃어른이 있게 마련이다. 이럴 때에는 대소사를 반드시 상의하여 처리해 나가면 가정생활에 질서가 잡히고, 웃어른을 공경하는 모범을 갖게 되므로 어린 사람들은 언제나 예의범절이 깍듯한 사람으로 성장할 수 있을 것이다.

2

손님 접대는 풍성히 아니할 수 없으며, 살림살이는 검소하게 아니할 수 없느니라.

[原文] 待客은 不得不豊이요 治家는 不得不儉이니라.

[註] 대객(待客) : 손님을 접대하다. 부득불(不得不) : 아니할 수 없다. 치가(治家) : 집안을 다스리다. 여기에서는 살림살이의 뜻.

[解義] 먼 곳으로부터 내 집을 찾아온 손님에게 풍성한 접대를 하는 것은 하나의 예의이자 인정이다. 하지만 이때에 환대와 허세는 다르다. 풍성히 하되 자기 분수를 넘어 호사를 부리는 것은 오히려 상대에게 불쾌감을 줄 뿐이다.
　살림살이에는 검소와 절약의 미덕을 아무리 발휘해도 상관없다. 제아무리 많은 부를 가졌다 해도 사치와 낭비를 일삼는다면 머지 않아 그 부는 눈 녹듯 사라져 버릴 것이다. 그러므로 검소하고 절약해 집안을 이끌어 나가는 것만이 지혜로운 생활태도라 할 것이다.

3

　어리석은 사람은 아내를 두려워하고, 어진 아내는 남편을 공경하느니라.　　　　　　　　——태　공

[原文] 太公이 曰, 痴人은 畏婦하고 賢女는 敬夫니라.

[註] 치인(痴人) : 어리석은 사람. 외부(畏婦) : 아내를 두려워하다. 현녀(賢女) : 현숙한 아내. 경부(敬夫) : 남편을 공경하다.

[解義] 중용에 보면 '군자의 도는 부부에서 실마리가 시작된다'는 말이 있다. 부부가 있은 뒤에야 부자가 있고 부자가 있은 뒤에야 군신 상하가 있어서 예의를 가질 수 있다고도 한다.
　이처럼 부부란 인륜의 근본이니 참으로 소중한 관계가 아닐 수

없다. 이러한 부부관계에서 중요한 것은 분별과 정의(情宜)이다.
 남편은 아내를 사랑하고 아내 역시 남편을 사랑하고 공경한다면 아무런 문제될 것이 없다. 다만 어리석은 남편이나 아내만이 상대를 두려워하거나 공경하지 않으니 이러한 가정은 이미 커다란 문제를 안고 있다고 보아야 할 것이다.

4

 무릇 종을 부리는 데는 먼저 그들의 춥고 배고픔을 생각하라.

原文 凡使奴僕에 先念飢寒이니라.
(범 사 노 복   선 념 기 한)

註 사(使) : 사람을 부리다. 선념(先念) : 우선해서 생각하는 것. 기한(飢寒) : 배고프고 추운 것.

解義 인간이란 자기가 배부르고 등 따뜻하면 쉽게 춥고 배고픈 남의 처지를 잊어버리는 나쁜 속성을 지니고 있다. 이 장은 바로 이 점을 경계해 집안에서 부리는 사람들에게 주인된 도리를 다함으로써 그것을 넓혀나가, 세상의 자기보다 처지가 못한 사람을 가엾게 여기고 도와 주어야 한다는 점을 깨우쳐 주고 있다.
 '하인은 나의 수고와 괴로움을 대신하니 위엄은 뒤로 돌리고 은혜를 앞세워 그 마음을 얻어야 하리라.'——이율곡 선생의 말씀이다. 무릇 아랫사람을 부리는 데는 그와 같은 마음으로 할 것이니, 그렇게 한다면 상하관계는 더욱 돈독해질 것이다.

5

 자식이 효도하면 어버이는 즐거우며, 집안이 화목하면 모든 일이 이루어지느니라.

[原文] 子孝雙親樂이요 家和萬事成이니라.
  자효쌍친락   가화만사성

[註] 쌍친(雙親) : 아버지와 어머니. 가화(家和) : 집안이 화목한 것.

[解義] 부모에게는 효도하는 자식이 있는 것보다 더한 즐거움이 없다. 어버이가 즐거워하니 집안은 자연 화목하고 친애하게 마련이다. 이렇듯 한 가족이 서로 친애하고 화목한다면 어떤 어려운 일도 극복할 수 있으며 이것을 성공으로 이끌어 집안은 발전을 가져오고 번영을 이룩할 수 있을 것이다.

❻

언제나 불이 나는 것을 예방하고, 밤마다 도둑이 드는 것을 방비하라.

[原文] 時時防火發하고 夜夜備賊來니라.
  시시방화발   야야비적래

[註] 방화발(防火發) : 불이 나는 것을 예방하다. 비적래(備賊來) : 도둑이 드는 것을 방지하다.

[解義] 생활적인 면에 있어서 반드시 필요한 충고가 아닐 수 없다. 불은 우리에게 없어서는 안 되는 것이나 자칫 소홀히 다루면 무서운 화재를 일으킨다. 그러므로 늘 미리 점검하고 예방하는 자세가 필요한 것이다.
 밤이면 도둑을 걱정하는 것 역시 예나 지금이나 다를 바가 없다. 불이나 도둑은 미리 예고가 없다. 먼저 이쪽에서 미리 단속하고 방비하는 수밖에는 도리가 없는 것이다.
 지극히 생활적인 충고이나 동시에 매사에 미리미리 예비하고 단속하라는 상징적인 의미가 더 강하다고 보는 것이 옳을 듯하다.

치가편 237

7

아침 저녁 밥이 이르고 늦음을 보아 가히 그 집안의 흥하고 망하고를 점칠 수 있느니라. ──경행록

原文 景行錄에 云, 觀朝夕之早晏하여 可以卜人家之興替니라.

註 조석(朝夕) : 아침밥과 저녁밥. 조안(早晏) : 이르고 늦은 것. 복(卜) : 점치는 것. 흥체(興替) : 흥하고 망하는 것.

解義 이 글은 게으른 생활에 대한 하나의 상징적 경고이다. 아침 일찍 일어나, 식사도 일찍 끝내는 집은 그만큼 부지런한 집이다. 반대로 게으른 집에서는 아침식사도 늦게 마련이다.

'게으름은 녹과도 같다. 이것이 신체를 녹슬게 하는 빠르기란 노동이 피로케 하는 것보다도 더 심하다. 이에 비해 늘 사용하는 열쇠는 언제나 반짝거린다'는 말이 있다.

녹슬음이 번영을 가져올 리는 도저히 없다. 오로지 부지런히 노력하고 힘쓸 때 그 집안은 흥할 것이고, 게으름으로 녹이 슬어 삐걱거릴 때 그 집안은 저절로 망해 갈 것이다.

8

시집가고 장가드는 일에 재물을 따지는 것은 오랑캐나 하는 짓이니라. ──문중자(文仲子)

原文 文仲子曰, 婚娶而論財는 夷虜之道也니라.

註 문중자(文仲子) : 중국 수(隋)나라 때 학자 왕통(王通)을 가리킨다. 자기의 건의가 조정에 받아들여지지 않자 은퇴하여 후진 양성에 힘을 기울였다. 후에 이세민(李世民)을 도와 당(唐)나라를 일으켰으며, 어진 재상으로 이름 높은 방현령(房玄齡), 두여회(杜如晦), 위징(魏徵) 등이 다 그의 문인이다. 문중자(文仲子)란 그가 죽은 후에 제자들이 부른 시호이다.
혼취(婚娶) : 남녀의 결혼. 논재(論財) : 재물의 많고 적음을 논함. 이로(夷虜) : 오랑캐.

解義 혼인을 할 때 상대의 재물이 문제가 되는 것은 예나 지금이나 조금도 다르지 않았던 모양이다. 그러나 남녀간의 혼인이란 어디까지나 상대방의 품성이 중요한 것이다. 훌륭한 품성을 갖춘 사람이라면 다른 것은 볼 필요가 없다.

부부란 인류의 도에서 가장 큰 것이라고 볼 수 있다. 가장 신성해야 할 부부의 결합을 재물을 가지고 논한다면 너무나 비열한 생각이라 아니할 수 없다.

문중자는 혼인하는 데 있어 재물을 논하는 것은 오랑캐나 하는 일이라고까지 혹평을 가하고 있다.

안의편
(安義篇)

　유교의 정통적 개념에 의거한 부부·부자·형제·친척 사이의 윤리도덕에 관한 글이다. 그 중에서도 부부관계는 인륜의 근본으로서, 그 도덕률 또한 엄격해야 한다. 부자·형제 사이의 윤리규범 역시 그와 비슷하다. 모든 가치규범이 흔들리고 있는 현대생활에서 오히려 그 전통적 의미가 빛나는 글들이라 할 것이다.

1

　대저 백성이 있은 후에야 부부가 있고 부부가 있은 후에야 부자가 있으며, 부자가 있은 후에야 형제가 있는 법이니, 한 집안의 친족은 이 셋뿐이다. 이에서부터 나아가 구족(九族)에 이르기까지는 모두가 삼친(三親)에 근본을 두고 있으므로, 이것을 인륜에 있어 가장 중요하게 여기고 가히 돈독히 아니하지 못하리라.

—— 안씨 가훈(顔氏家訓)

原文 顔氏家訓에 曰, 夫有人民而後에 有夫婦하고 有夫婦而後에 有父子하고 有父子而後에 有兄弟하니 一家之親은 此三者而已矣라 自玆以往으로 至于九族이 皆本於三親焉이라 故로 於人倫에 爲重也니 不可不篤이니라.

註 안씨가훈(顔氏家訓) : 중국 북제(北齊)나라의 안지추(顔之推)가 지은 두 권의 책. 자자이왕(自玆以往) : 여기에서부터 비롯되다. 구족(九族) : 고조(高祖)로부터 증조(曾祖), 조부(祖父), 부(父), 본인, 아들, 손자, 증손(曾孫), 현손(玄孫)까지의 직계친(直系親)을 중심으로 하여 형제, 종형제(從兄弟), 재종형제(再從兄弟), 삼종형제(三從兄弟)를 포함하는 동종친족(同宗親族)을 일컫는 말이다. 삼친(三親) : 부부, 부자, 형제를 하나로 이르는 말. 불가부독(不可不篤) : 돈독히 아니할 수 없다의 뜻.

解義 치가편에서도 강조되었듯이 부부는 인륜의 근본이다. 먼저 부부가 있음으로써 부자가 있게 되고, 부자가 있음으로써 형제가 있을 수 있는 것이다. 이와 같이 해서 부부, 부자, 형제가 모인 것이 바로 가족이며, 이를 삼친(三親)이라고 한다. 그 외의 가깝고 먼 친척이 다 이 삼친으로부터 비롯되는 것이다.

2

형제는 손발과 같고 부부는 옷과 같으니, 옷이 떨어졌을 때는 새것으로 갈아입을 수 있으나, 손발이 잘린 곳은 잇기가 어려우니라.　　　　　──장자

原文 莊子曰, 兄弟는 爲手足하고 夫婦는 爲衣服이니 衣服破時엔 更得新이나 手足斷處엔 難可續이니라.

註 위수족(爲手足) : 여기에서는 수족과 같다로 풀이함. 갱득신(更得新) : 새것으로 갈아입다. 단처(斷處) : 끊어진 곳.

解義 신랄한 비유가 아닐 수 없다. 고대 중국의 대가족 제도에서는 반드시 나올 만한 경구로 보여진다. 전통적인 유가의 도덕 관념으로 볼 때도 부부 사이보다는 형제 사이가 우선되어야 했다. 따라서 형제는 수족과 같아 한 번 잘리우면 잇기 어려우나 부부란 의복과 같아 떨어지면 새것으로 갈아입을 수 있으니 그만큼 형제가 소중함을 역설한 것이다.
　오늘날처럼 부부 중심의 핵가족 사회에서는 그대로 통용되기 어려운 면이 있는 글이기도 하다.
　그러나 너무 자기 처자 본위의 이기적 생활을 하는 사람들이라면 한 번쯤 생각해 볼 만한 경구일 것이다.

3

부유하다고 친하지 않고 가난하다고 멀리하지 않아야 사람 가운데 대장부이며, 부유하다고 가깝게 지내고 가난하다고 멀리하는 것은 인간 중의 졸장부이니라.
　　　　　　　　　　　　　　　　　──소동파

原文 蘇東坡가 云, 富不親兮貧不疎는 此是人間大丈夫요
富則進兮貧則退는 此是人間眞小輩니라.

註 불소(不疎) : 멀리하지 않다. 소배(小輩) : 소인배. 졸장부.

解義 대장부와 소인배에 대한 소동파다운 명쾌한 단정이다. 대장부란 일반적으로 기개가 늠름하고, 정도를 걷는 것을 생활 규범으로 여기는 인물을 말한다. 반대로 소인배란 자신의 작은 이익을 위해서라면 얼마든지 얼굴과 행동을 바꿀 수 있는 비열한 인물을 의미한다.

품성이 광명정대하고 정도를 걷는 인물은 어떠한 경우에라도 빈부를 가지고 상대를 평가해 가까이하거나 멀리하는 일이 없다. 그러나 소인배는 자기의 이익만을 취하니 당연히 빈부의 차이로 상대를 평가할 수밖에 없다. 이는 비난받아 마땅한 비열한 생활태도이니, 마음에 새겨 교훈으로 삼아야 할 것이다.

준례편
(遵禮篇)

　유교사상에서 예(禮)는 만사의 근본으로 간주되어 왔다. '준례(遵禮)'는 이 예를 따른다는 의미로 풀이된다. 이 준례편에는 우리가 일상생활에서 반드시 실천해야 할 기본적인 예의범절을 비롯해 궁극적인 인간의 도에 관한 참된 예시에 이르기까지 여러 경구들이 포함되어 있다.

1

집안에 예의가 있음으로써 어른과 아이의 분별이 있고, 부녀자가 거처하는 방에 예의가 있음으로써 삼족(三族)이 화목하며, 조정에 예의가 있음으로써 벼슬에 차례가 있고, 사냥하는 데에도 예의가 있어야 군사(軍事)일이 숙달되며, 군대에도 예의가 있어야 무공(武功)이 이루어지느니라. ──공 자

原文 子曰, 居家有禮故로 長幼辨하고 閨門有禮故로 三族和하며 朝廷有禮故로 官爵序하고 田獵有禮故로 戎事閑하며 軍旅有禮故로 武功成이니라.

註 거가(居家) : 집안. 또는 집안에 거처함. 변(辨) : 옳고 그름을 가리다. 즉 분별하는 것. 규문(閨門) : 부녀자가 거처하는 안방. 삼족(三族) : 여기에서는 부부, 부자, 형제를 일컫는다. 전렵(田獵) : 사냥하는 것. 융사(戎事) : 군사일. 군려(軍旅) : 군대.

解義 '예가 아니거든 보지 말라. 예가 아니거든 말하지 말라. 예가 아니거든 움직이지 말라'는 말이 논어에 나온다. 공자가 얼마나 '예'를 중시했는지를 극명하게 나타낸 말이다.

그러한 공자가 가정생활에 반드시 필요한 예의범절을 간명하게 표현한 것이 이 준례편의 첫장이다.

가정에는 먼저 웃어른과 아랫사람 사이에 분별이 있어야 한다. 아랫사람은 웃어른을 깍듯이 공경하고 웃어른은 아랫사람을 사랑과 관용으로 감싸 줄 때 그 집안에는 먼저 법도가 설 것이다.

부녀자가 거처하는 방에 예의가 있다 함은 곧 부덕(婦德)을 가리킨 말이다. 한 집안의 생활을 규모있고 화목하게 이끌어 갈 책

임은 우선적으로 주부에게 있다. 그러므로 예의와 법도에 맞게 부덕을 실천해 갈 때 그 가정에는 평안이 깃들 것이다.

조정도 마찬가지다. 임금과 신하, 상관과 부하 사이에 예의가 있어야만 위계질서가 바로잡히고, 위계질서가 바로잡혀야만 모든 관리들이 자기 직분에 충실하게 될 것이다.

사냥터에서도 예의가 있어야 군사일이 제대로 조련되고 숙달된다. 군대도 예의가 있어야만 군기(軍紀)가 확립되고 용감한 무공을 이룰 수 있는 것이다.

결론적으로 서로간에 예의와 대의명분이 있을 때, '임금은 임금답게, 신하는 신하답게, 아버지는 아버지답게, 아들은 아들답게, 남편은 남편답게, 아내는 아내답게, 어른은 어른답게, 어린이는 어린이답게' 될 것임을 강조한 글이다.

2

군자에게 용맹만 있고 예의가 없으면 세상을 어지럽게 하고, 소인에게 용맹만 있고 예의가 없으면 도둑이 될 것이니라.
——공 자

原文 子曰, 君子有勇有無禮면 爲亂하고 小人이 有勇有無禮면 爲盜니라.

註 유용(有勇) : 용기가 있는 것. 무례(無禮) : 예의가 없는 것. 위란(爲亂) : 난을 일으키다. 세상을 어지럽히다.

解義 앞장과 맥락이 같은 글로 역시 예의의 소중함을 재삼 강조하고 있다. 군자란 범사에 예와 명분에 맞게 정도를 가는 인물을 일컫는 말이다. 그러한 군자가 용맹만 있고 예의가 없다면 행동이 거칠어져 세상을 어지럽게 만들고, 소인이 용맹만 있고 예의

가 없다면 도리를 모르므로 도둑이 되기 쉽다. 용맹과 예가 조화를 이루는 데서 훌륭한 인간이 될 수 있으며 따라서 큰 사업을 이룩할 수 있는 것이다.

3

 조정에서는 벼슬만한 것이 없고, 향리에서는 나이가 많은 것보다 더 나은 것이 없으며, 나랏일을 잘하고 백성을 잘 다스리는 데에는 덕만한 것이 달리 없느니라.
────증 자(曾子)

原文 曾子曰, 朝廷엔 莫如爵이요 鄕黨엔 莫如齒요 輔世長民엔 莫如德이니라.
(증자왈, 조정, 막여작, 향당, 막여치, 보세, 장민, 막여덕)

註 증자(曾子): 중국 춘추(春秋)시대 노(魯)나라의 사상가. 본명은 증삼(曾參)이며 증자는 그를 높여 일컫는 말임. 공자(孔子)의 제자로서 효행이 높았다. 안회(顔回), 자사(子思) 및 맹자와 더불어 사성(四聖)으로 일컬어진다. 향당(鄕黨): 마을. 치(齒): 나이. 보세(輔世): 세상을 돕는 것. 즉 나랏일을 잘하는 것. 장민(長民): 백성을 잘살 수 있게 이끌어 나가는 것.

解義 덕의 중요성을 강조한 글이다. 조정에서는 무엇보다 벼슬의 서열이 가장 중요하다. 마을에서는 가장 나이가 많은 연장자가 웃어른이 된다. 그것과 마찬가지로 백성을 잘살게 하고 올바른 길로 인도하는 데는 덕이 가장 소중한 것이다.
 공자는 '군자의 덕은 바람이요, 소인의 덕은 풀과 같다. 풀은 바람이 불면 반드시 바람에 쏠려 따르게 마련이다'라고 했다. 공자의 이 말씀 역시 백성을 이끄는 데는 덕만한 것이 없음을 강조한 글이라 할 것이다.
 좌구명은 '덕이 없는데도 복종하는 자가 많으면 반드시 스스로 멸망하고야 만다'는 경고를 보내고 있기도 하다.

4

늙은이와 젊은이, 어른과 아이는 하늘이 정한 차례이니, 올바른 이치를 어기고 도리를 상하게 해서는 안 될지니라.

原文 老少長幼는 天分秩序니 不可悖理而傷道也니라.
(노소장유) (천분질서) (불가패리이상도야)

註 천분(天分) : 하늘이 정해 준 것. 또는 하늘이 부여해 준 것. 패리(悖理) : 도리에 어긋나다. 상도(傷道) : 도덕을 해치는 것.

解義 오륜 중 장유유서(長幼有序)에 해당되는 글이라 할 것이다. 여기에서는 특히 그 질서가 하늘이 정해 준 것이니, 이를 거역함은 천륜을 거역하는 것임을 강조하고 있다. 나이 어린 사람이 웃어른을 공경하는 것은 하늘이 정해 준 질서이다. 따라서 아랫사람이 웃사람을 함부로 대하는 일이 있다면 그와 같은 행동은 도리에 위배되고 도덕을 해치는 것이다.

5

문 밖을 나설 때는 큰 손님을 만나는 것처럼 하고 방안에 들어올 때는 안에 다른 사람이 있는 것처럼 하라.

原文 出門如見大賓하고 入室如有人이니라.
(출문여견대빈) (입실여유인)

註 출문(出門) : 문 밖에 나서다. 대빈(大賓) : 큰 손님. 여유인(如有人) : 사람이 있는 것같이 하다.

[解義] 사람이 바깥출입을 할 때는 행동을 예의 바르고 정중하게 가져야 하며, 또 방에 있을 때에는 아무리 혼자 있을지라도 옆에 사람이 있는 것처럼 하여 마음가짐이 흩어지지 않도록 해야 한다. 홀로 있을 때일수록 근신하는 것은 바로 군자의 바른 자세라 할 것이다.

6

만약 다른 사람이 나를 중하게 여기기 원한다면 내가 먼저 그를 중하게 여기는 것보다 더한 것이 없으리라.

[原文] 若要人重我면 無過我重人이니라.
　　　　약요인중아　　　무과아중인

[註] 요(要) : 바라다, 원하다의 뜻. 중아(重我) : 나를 중하게 여기다. 무과(無過) : 이에서 지나는 것이 없다. 더 나은 것이 없다. 중인(重人) : 다른 사람을 중하게 여기다.

[解義] 사람은 누구든 인간관계에서 상대에게 소중한 존재이기를 바란다. 그러나 인간의 큰 속성이자 약점의 하나인 이기심이 '나는 그렇지 않더라도 상대방은 그렇기를……' 하고 원하는 데서 갈등은 표출되기 마련이다.
　그렇지 않고 내가 먼저 상대방을 소중하게 여기면 상대도 나를 소중히 여길 것이다.
　공자의 말씀에도 이와 유사한 유명한 경구 '남이 나를 알아 주지 않는 것을 걱정하지 말고 내가 남을 알지 못하는 것을 걱정하라' 하는 것이 있다.
　문제는 나에게 있지 남에게 있는 것이 아니다. 사랑도 나로부터 비롯되어야 상대도 감응해 오는 것이다. 우리가 일상을 살아나가는 데 명심해야 할 교훈이다.

7

아버지는 그 아들의 덕을 말하지 말고, 아들은 그 아버지의 허물을 말하지 않아야 하느니라.

原文 父不言子之德하며 子不談父之過니라.
　　　　부불언자지덕　　자부담부지과

註 부담(不談) : 이야기하지 않다. 과(過) : 허물.

解義 아비가 그 자식을 자랑하는 것은 예부터 팔불출에 속할 만큼 어리석은 짓으로 여겨져 왔다. 또한 그 아들이 아버지의 허물을 드러내 말하는 일도 금기사항이었다.

아들에게 잘못이 있을 때는 아버지는 그 아들을 위해 허물을 감추어 주고, 아버지에게 허물이 있을 때는 아들은 아버지를 위해 그 허물을 감추는 것이 부자 사이의 가장 자연스런 도리요, 인정이다.

맹자 진심편에도 그와 비슷한 다음과 같은 이야기가 나온다.

도응(桃應)이란 사람이 맹자에게 "순(舜)임금의 아버지가 살인을 했다면 순임금은 어떠했겠습니까?" 하고 물었다. 순임금의 아버지 고수는 심성이 몹시 사나워, 순임금이 아직 들에서 논가는 백성이었을 때 그를 몹시 미워했으며 죽이려고까지 한 일이 있었다.

아무튼 도응의 질문에 맹자는 "법대로 처리했을 것이다." 하고 대답했다.

"그렇다면 처형을 했겠습니까?" 하는 질문에 맹자는 다음과 같이 대답했다.

"순임금은 천하를 버리기를 헌 짚신 버리듯이 하고 몰래 업고 달아나 바닷가에 가서 살면서, 죽을 때까지 흔연히 즐거워하여 천하를 잊어버렸을 것이다."

이는 법대로 처리해 잡아들이긴 하겠으나, 순임금은 아들된 도리로, 임금으로서의 모든 것을 다 버리고 차라리 아비를 업고 달아났을 것이란 이야기이다.

논어 자로편(子路篇)에는 공자의 이와 비슷한 논단이 나온다.
어느 날 섭공(葉公)이 공자께 말했다.
"우리들 중에 정직한 사람이 있으니, 그 아버지가 남의 염소를 훔친 것을 아들이 증언했습니다."
이에 공자는 다음과 같이 대답했다.
"우리들 중의 정직한 사람은 그와 다릅니다. 아버지가 아들을 위해 숨겨 주고, 아들이 아버지를 위해 숨겨 주는데 정직한 것은 그 가운데 있습니다."
맹자는 천자의 지위보다 부자간의 정을 더 소중히 여겼고 공자 역시 부자간의 정을 떠나서는 윤리도덕은 성립되지 않는다고 보았던 것이다.

언어편
(言語篇)

　　공자는 '평생 선(善)을 행해도 한 마디 말의 실수로 이를 깨뜨린다'고 했다. 이처럼 말이란 약이 될 수도, 독이 될 수도 있는 양면성을 지니고 있다. 그리고 언어생활은 그 사람의 교양이나 배움의 정도를 가장 정확하게 나타내는 것이기도 하다. 따라서 말이 우리의 생활에서 얼마나 중요한지는 새삼 언급할 필요도 없을 것이다. 이 언어편은 이 말을 천금처럼 소중히 여기라는 금언들로 이루어져 있다. 부디 생활의 금과옥조로 삼아야 할 것이다.

1

말이 이치에 맞지 않으면 말하지 아니함만 같지 못하느니라. ──유 회(劉會)

[原文] 劉會가 曰, 言不中理면 不如不言이니라.

[註] 부중리(不中理) : 이치에 맞지 않다.

[解義] 앞에서도 인용했듯이 '일언천금(一言千金)'이란 말이 있다. 한 마디 말이 천금의 가치를 지닌다는 뜻이다. 물론 이 말 속에는 말을 함부로 하지 말라는 경고도 포함되어 있다.
 이치에 닿지 않는 말로 횡설수설하거나, 교언(巧言)으로 상대를 미혹시키는 말들은 차라리 아니함만 못한 법이다. 그리하여 '침묵은 금이다'라는 속담도 생겨났을 것이다.
 유회의 경구 역시 말에 신중하라는 교훈이 아닐 수 없다.

2

한 마디 말이 이치에 맞지 않으면 천 마디 말도 쓸데가 없느니라.

[原文] 一言不中이면 千語無用이니라.

[註] 천어(千語) : 천 마디 말. 곧 많은 말. 무용(無用) : 소용없다. 쓸데없다.

[解義] 우리의 속담에 '한 마디 말로 천 냥 빚을 갚는다'는 것이 있다. 그런가 하면 이미 인용한 것처럼 '평생 선을 행해도 한마디

잘못된 말로 이를 깨뜨린다'는 공자의 경구도 있다.

역시 '한 마디 말이 이치에 맞지 않으면 천 마디 말인들 무슨 소용이 있겠는가'와 통하는 교훈이 아닌가 한다.

3

입과 혀라는 것은 화와 근심의 문이며, 몸을 망치는 도끼와 같은 것이니라. ──군 평(君平)

原文 君平이 曰, 口舌者는 禍患之門이요 滅身之斧也니라.

註 군평(君平) : 인물 미상. 화환(禍患) : 재앙과 근심. 멸신(滅身) : 몸을 망치다.

解義 이 장 역시 말이란 잘 사용하면 약이 될 수도 있으나, 잘못 사용하면 병이 될 수도 있음을 보여 주는 글이다. '세 치 혓바닥으로 다섯 자의 몸을 죽일 수도, 살릴 수도 있는 것'이 말이다. 그러므로 입과 혀는 재앙과 근심의 문이며 몸을 멸망시키는 도끼가 될 수도 있는 것이다. 무릇 재삼 삼가고 신중해야 할 것이 말임을 마음에 새겨야 할 것이다.

4

사람을 이롭게 하는 말은 그 따뜻함이 솜과 같고 사람을 상하게 하는 말은 그 날카로움이 가시와 같으므로, 한 마디 말은 그 무게가 천금과도 같고 한 마디 말이 사람을 다침은 아프기가 칼로 베는 것과도 같으니라.

原文 利人之言은 煖如綿絮하고 傷人之語는 利如荊棘하여 一言半句가 重値千金이요 一語傷人에 痛如刀割이니라.

註 이인(利人) : 사람을 이롭게 하다. 면서(綿絮) : 솜. 이(利) : 여기에서는 예리함. 형극(荊棘) : 가시. 중치천금(重値千金) : 무게가 천금. 즉 가치가 있다는 뜻. 도할(刀割) : 칼로 베다.

解義 말의 속성을 참으로 간명하게 드러낸 글이 아닐 수 없다. 사람을 이롭게 하는 말은 그 따뜻함이 마치 솜처럼 부드럽다. 반대로 상처를 입히는 말은 그 날카로움이 가시와 같고 마치 예리한 칼날에 베이는 것이나 다름이 없다.

중국의 속담에도 '말 속에는 피를 흘리게 하지 않고도 사람을 죽이는 용이 숨어 있다'는 것이 있다.

그밖에도 말에 대한 경구나 속담은 일일이 헤일 수 없을 만큼 많이 있다. 모두 말이란 것이 얼마나 큰 해악을 끼칠 수 있는지를 잘 나타내 주는 것이라 할 것이다.

말이란 확실히 상대의 가슴에 상처를 낼 수도, 꽃을 피울 수도 있는 것이다. 적의로 가득 찼던 오해도 한 마디 말로 봄눈 녹듯 풀릴 수 있는 것이 곧 말의 힘이기도 하다. 말이 끼치는 해악 또한 무시할 수 없다.

그러나 무엇보다 중요한 것은 그 말에 진실이 담겨 있느냐의 여부일 것이다. 진실이 담겨져 있지 않은 말이란 모두 한낱 허공에 흩어지는 물거품에 지나지 않을 것이다.

5

입은 사람을 다치게 하는 도끼요, 말은 혀를 베는 칼이니, 입을 막고 혀를 깊이 감추면 몸이 어느 곳에 있더라도 편안할지니라.

原文 口是傷人斧요 言是割舌刀니 閉口深藏舌이면 安身處處牢니라.

註 할설도(割舌刀) : 혀를 베는 칼. 폐구(閉口) : 입을 닫다, 막다의 뜻.
심장설(深藏舌) : 혀를 깊이 감추다. 뢰(牢) : 견고하다.

解義 역시 앞장과 맥락을 같이 하는 글이다. 입을 사람을 상하는 도끼에 비유하고 말을 혀를 베는 칼에 비유해서 말을 삼갈 것을 강조한 것도 앞장과 흡사하다. 거의 같은 의미의 글을 반복해서 싣고 있는 것에 유의한다면 그 뜻이 좀더 확실해질 것이다.

6

 사람을 만나거든 공손하게 말하되 삼분(三分)만 하고, 자기가 지니고 있는 한 조각 마음까지 다 던지지 말라. 호랑이에게 세 입이 있는 것을 두려워하기보다 오직 사람의 두 마음을 두려워하라.

原文 逢人且說三分話하고 未可全抛一片心이라 不怕虎生三個口요 只恐人情兩樣心이니라.

註 삼분화(三分話) : 할 말이 열 마디가 있다면 그 가운데서 세 마디만 하라. 전포(全抛) : 다 던져 버리다. 불파호생삼개구(不怕虎生三個口) : 호랑이에게 세 입이 있는 것을 두려워하지 말라. 호랑이란 무서운 짐승이며 하나만 있는 입으로도 두렵기 짝이 없는데 만일 입이 세 개나 있다면 그 얼마나 두렵겠는가? 이것은 가상적인 말로서 다음에 나오는, 사람에게 두 가지 마음이 있는 것이 더 두렵다는 것을 강조하기 위한 표현이다. 양양심(兩樣心) : 두 가지 마음.

解義 현자의 입은 마음 속에 있고 어리석은 자의 마음은 입 안에 있는 법이다. 어리석은 사람만이 자기가 지닌 마음 한 조각까지 모두 던져 버린다. 호랑이에게 실제로 입이 세 개 있는 것은 아니다. 단지 사람의 두 마음이 입이 세 개나 있는 호랑이보다도 더 두려운 존재임을 나타내려는 비유일 뿐이다.

별다른 생각없이 한 말이 상대에게 가서는 마치 눈덩이처럼 불어나 다시 이편을 압박해 오는 일은 우리가 일상에서 자주 경험하는 것이다.
　최선의 상태는 '가장 좋은 일을 말하는 것보다 더 좋은 것은 그 말을 남겨 두는 것'이다.

7

　술은 지기를 만나면 천 잔도 적고, 말은 뜻이 맞지 않으면 한 마디도 많으니라.

　原文　酒逢知己千鍾少요 話不投機一句多니라.
　　　　주봉지기천종소　　　화불투기일구다

　註　지기(知己) : 나를 알아 주는 뜻이 맞는 친구. 천종(千鍾) : 천 잔. 종(鍾)은 잔. 투기(投機) : 의사가 서로 통하다.

　解義　마음 맞는 벗과 만나서 기울이는 술잔은 언제라도 달콤하고 유쾌한 법이다. 그러므로 천 잔을 마신들 많다 할 것인가. 하지만 뜻이 맞지 않는 말은 단 한 마디도 많다 할 것이다.
　언어란 서로가 마음과 마음을 전달하는 도구이다. 그러므로 마음이 통하지 않는 상대와는 한 마디 대화도 나눌 수가 없다. 말 자체가 필요없게 되는 것이다.

교우편
(交友篇)

　한 사람의 인격형성에 벗이 끼치는 영향은 매우 크다. 그 사람을 모르겠거든 그 친구를 보라는 말이 있는 것을 봐도 인생에서 벗이 차지하는 비중이 어느 정도인지 쉽게 알 수 있다. 이 교우편은 그처럼 소중한 우정에 관한 올바른 지침서이다. 그 중에서도 '학문을 좋아하는 사람과 동행하면 마치 안개 속을 가는 것과 같아서 비록 옷은 젖지 않아도 때때로 물기가 배어들고' 같은 대목은 참으로 탁월한 명문이라 할 것이다.

1

　착한 사람과 함께 있으면 마치 향기로운 지초(芝草)와 난초(蘭草)가 있는 방에 들어간 것과 같아서 오랫동안 그 향기를 맡지 않아도 곧 더불어 동화되고, 착하지 않은 사람과 함께 있으면 마치 절인 생선 가게에 있는 것과 같아서 오랫동안 그 나쁜 냄새를 맡지 않아도 또한 더불어 동화된다. 단사(丹砂)를 지니면 붉어지고 옻을 지니면 검어지니, 군자는 반드시 그와 함께 있을 자를 삼가야 하느니라. ──공　자

原文 子曰, 與善人居면 如入芝蘭之室하여 久而不聞其香이라도 卽與之化矣요 與不善人居면 如入鮑魚之肆하여 久而不聞其臭라도 亦與之化矣니 丹之所藏者는 赤하고 漆之所藏者는 黑이라 是以로 君子는 必愼其所與處者焉일지니라.

註 지란지실(芝蘭之室) : 지초와 난초가 있는 방. 문(聞) : 여기에서는 냄새를 맡다의 뜻. 여지화(與之化) : 그것과 더불어 동화되다. 포어(鮑魚) : 절인 생선. 사(肆) : 가게. 취(臭) : 냄새. 소장(所藏) : 지니고 있는 바. 소여처자(所與處者) : 더불어 함께 있을 사람.

解義 지초나 난초는 다 같이 향기로운 풀이다. 착한 사람과 함께 있게 되면 모르는 사이에 마치 이 지란(芝蘭)이 있는 방에 앉아 있는 것과 같아서 그와 같은 착한 사람이 된다. 그러나 착하지 않은 사람과 함께 있으면 저도 모르는 사이에 마치 냄새나는 절인 생선가게에 앉아 있는 것 같아서 그와 같이 나쁜 사람이 되기 쉽다. 주(朱)를 가까이하면 붉어지고 먹(墨)을 가까이하면 검어

진다는 말도 마찬가지 의미를 갖는다. 그렇기 때문에 우리는 함께 있을 사람을 신중히 선택해야 한다. 불가에도 공자의 말씀과 비슷한 다음과 같은 일화가 있다.

어느 날 석가가 두세 명의 제자와 함께 길을 걷고 있었다. 석가가 문득 한 제자에게 땅에 떨어져 있던 새끼줄을 집었다가 놓게 했다. 그리고는 손을 냄새 맡게 했다. 반대로 한 제자에게는 향을 넣었던 주머니를 집었다가 놓고 냄새를 맡게 했다.

생선을 묶었던 새끼줄을 집었다 놓은 손에서는 비린 생선 냄새가 났고, 향주머니를 집었던 손에서는 향기로운 냄새가 맡아졌다.

석가가 말씀했다.

"나쁜 벗과 어울리면 언젠가는 그렇듯 나쁘게 되고 좋은 벗과 어울리면 그 친구의 감화를 통해 반드시 착한 사람이 될 것이다."

공자의 말씀과 더불어 마음에 새겨야 할 교훈이 아닐까 한다.

2

학문을 좋아하는 사람과 동행하면 마치 안개 속을 가는 것과 같아서 비록 옷은 젖지 않아도 때때로 물기가 배어들고, 무식한 사람과 동행하면 마치 뒷간에 앉은 것과 같아서 비록 옷은 더럽혀지지 않지만 때때로 그 냄새가 나느니라.
　　　　　　　　　　　　　　　　　　　　──공자가어

原文 家語에 云, 與好學人同行이면 如霧中行하여 雖不濕衣라도 時時有潤하고 與無識人同行이면 如厠中坐하여 雖不汚衣라도 時時聞臭니라.

註 호학(好學): 학문을 좋아하다. 무중행(霧中行): 안개 속을 가다. 습의(濕衣): 옷을 적시다. 측(厠): 뒷간. 오의(汚衣): 옷을 더럽히다. 문취(聞臭): 냄새를 맡다. 냄새가 나다.

解義 앞장과 같은 의미를 지닌 글이다. 역시 좋은 벗을 사귀었을 때와, 좋지 않은 벗을 사귀었을 때 그 결과가 어떻게 되는지를 적절한 비유를 통해 분명히 보여 주고 있다.

학문을 좋아하는 사람과 함께 하고 있으면 비록 옷이 젖을 정도는 아니지만 마치 안개 속을 걷는 것처럼 자연 물기가 배어들고 냄새나는 무식한 친구와 함께 하면 마치 뒷간에 앉아 있는 것 같아서 옷이 더럽혀지지는 않는다 해도 배어든 냄새는 어쩌지 못하게 되는 것이다.

성경에도 슬기로운 사람과 어울리면 슬기로워지고 어리석은 자와 어울리면 해를 입는다는 말이 나온다.

그러므로 누구나 벗을 사귐에 상대를 잘 가려 신중히 해야 하니, 향기와 악취의 경계가 분명하지 않으면 안 되는 것이다.

3

안평중은 남과 사귀기를 훌륭하게 하였다. 한 번 사귀면 오래도록 상대를 공경하였느니라. ──공 자

原文 子曰, 晏平仲은 善與人交로다. 久而敬之은여.

註 안평중(晏平仲) : 중국 춘추(春秋)시대 제(齊)나라의 재상으로, 이름은 영(嬰), 평중은 자임. 구이경지(久而敬之) : 오랫동안 변함없이 공경하다.

解義 공자께서는 벗을 사귀는 데 대해서도 여러 가지 이야기를 여러 책에서 언급하고 있다. 여기에서는 특히 제나라의 재상 안영(晏嬰)이 사람 사귀기를 잘하는 것을 칭찬하고, 벗을 사귀되 그 요체는 오래도록 마음을 변치 않고 공경하는 것임을 일러 주고 있다.

술도 새술보다 오래 묵은 술이 더 맛이 있는 것처럼 친구도 새

로 사귄 친구보다는 오래도록 사귀고 그 마음을 깊이 아는 친구가 더 좋은 법이다.

　그리고 오래 사귄 친구 사이일수록 공자의 말씀대로 서로 존경하는 마음과 예의를 잃지 않도록 해야 진정한 우정을 영원히 간직할 수 있을 것이다.

4

　서로 얼굴을 아는 사람은 세상에 가득하여도, 마음 속을 아는 사람은 과연 얼마나 되겠는가?

原文 相識이 滿天下하되 知心能幾人고.
(상식) (만천하) (지심능기인)

註 상식(相識): 얼굴을 서로 알다. 능기인(能幾人): 몇 사람이나 되겠는가. 얼마 되지 않는다는 뜻.

解義 앞에서도 번다한 저잣거리에 살아도 마음을 열지 않으면 서로 아는 사람이 아무도 없다는 말이 나온다. 같은 의미로 서로 얼굴을 아는 사람이 세상에 가득 차 있어도 그 마음을 알 수 있는 사람은 몇이나 되겠는가.

　'열 길 물 속은 알 수 있으나 사람의 마음 속은 알기가 어렵다. 친구의 경우도 마찬가지다'고 말한 사람은 관중(管仲)이다.

　서로 마음 속을 털어놓을 수 있는 허심탄회한 친구를 갖기란 쉬운 일이 아니다. 우정이라는 나무를 잘 자라게 하려면 역시 때 맞추어 물을 주는 지혜와 노력이 필요한 것이다.

5

　술과 음식을 함께 먹을 형제는 천 명이나 되지만, 매우 위급하고 어려울 때 도와 줄 친구는 한 사람도 없다.

原文 酒食兄弟는 千個有로되 急難之朋은 一個無니라.

註 주식(酒食) : 술과 음식을 먹는 것. 급난지붕(急難之朋) : 위급하고 고난이 닥쳐왔을 때 서로 도울 수 있는 친구.

解義 부유하면 많은 벗이 모여들지만 빈한해지면 있던 벗도 멀어진다는 이야기는 여러 글에서 보인다. 이 글에서도 술과 음식을 나누어 먹을 친구는 수없이 많으나 역경에 처했을 때 도와 줄 친구는 한 사람도 없다고 했다.
　친구란 어려운 지경에 처했을 때 그 참모습을 알아볼 수 있다는 이야기는 예부터 수없이 많이 있어 왔다. 이 글 역시 진정으로 참된 벗을 갖기란 얼마나 힘든가 하는 데 대한 또 하나의 예시인 셈이다.

6

　열매를 맺지 않는 꽃은 심지 말고 의리 없는 친구는 사귀지 말라.

原文 不結子花는 休要種이요 無義之朋은 不可交니라.

註 불결(不結) : 맺지 않다. 자(子) : 열매로 해석. 종(種) : 여기에서는 심다로 풀이함.

解義 열매 없는 꽃나무는 꽃이 활짝 피어났을 때는 아름답지만 시간이 흘러 지고 나면 그뿐이다. 그러나 열매를 맺는 꽃나무는 만개한 꽃이 지고 나면 더욱 단단한 결실을 맺는다.
　우정도 마찬가지이다. 언뜻 진실된 친구인 듯이 보이다가도 어려운 일이 닥치면 어디론가 떠나 버리는 의리없는 친구란 열매를 맺지 않는 꽃나무와 같은 것이다. 그러니 처음부터 그러한 친구를 잘 분별해 사귀지 않도록 하라는 것이 이 글의 교훈이다.

그런가 하면 '오래된 친구를 새친구로 바꾸는 것은 열매를 팔아 꽃을 사는 것과 같다'는 말이 있다. 역시 어리석은 우정을 갖지 말라는 경고이다.

7

군자의 사귐은 물과 같이 맑고 소인의 사귐은 단술과 같이 달콤하다.

原文 君子之交는 淡如水하고 小人之交는 甘若醴니라.
(군자지교)   (담여수)   (소인지교)   (감약예)

註 담여수(淡如水) : 물처럼 맑은 것. 담(淡)은 담박(淡泊)의 뜻. 예(醴) : 단술.

解義 군자의 사귐이 물처럼 맑다 함은, 물은 담박하되 변함이 없듯이 군자의 사귐 역시 쉽게 변화되지 않는다는 의미이다. 반대로 소인의 사귐은 변덕스럽고 쉽게 변한다. 그리하여 그 당장에는 달콤하나 금방 상하고 마는 단술에 비교된 것이다.

군자는 학문으로써 벗과 사귀고, 벗이 됨으로써 서로의 인덕을 높여 나간다. 하지만 소인은 자신의 이익을 위해서 쉽게 벗을 취하고 또 쉽게 외면한다.

군자와 소인의 벗을 사귀는 태도에 대해 문중자(文中子)는 다음과 같은 말을 했다.

'군자는 먼저 그 벗을 택한 뒤에 사귄다. 소인은 먼저 사귀고 나서 벗을 택한다. 따라서 군자는 실수함이 적고 소인은 유한이 많게 된다.'

이 장과 맥락이 통하는 글이기에 옮겨 둔다.

8

길이 멀어야 말의 힘을 알고, 세월이 오래 지나야 사람의 마음을 알 수 있느니라.

原文 路遙知馬力이요 日久見人心이니라.
(노요지마력)   (일구견인심)

註 노요(路遙) : 길이 멀다. 마력(馬力) : 말의 힘. 일구(日久) : 기나긴 세월.

解義 짧은 길을 갈 때는 말에 어느만큼의 힘이 있는지 잘 알기가 어렵다. 하지만 먼 길을 떠나 보면 그 말이 조금 밖에 가지 않아 쉽게 지치는지 아니면 그 먼 길을 다 가도록 끄떡도 하지 않는지를 비로소 알 수 있게 된다.

사람의 마음을 이 말의 힘에 비교한 것은 참으로 적절한 비유가 아닌가 한다. 짧은 동안의 교제로는 상대의 마음이 어떠한지 제대로 알 길이 없다. 오랜 세월이 흘러가 서로 따뜻한 햇빛 아래도 걸어보고 폭풍우 속도 함께 지나 보아야 그의 참마음과 진실을 알 수 있게 되는 것이다.

부행편
(婦行篇)

　이 부행편은 유교적 관념에 입각한 부녀자의 덕에 관한 글모음이다. 예부터 한 집안의 아내와 어머니가 현숙한 덕을 고루 갖추고 있으면 그 남편과 아들이 입신출세할 것이요, 그렇지 못하면 그 집안은 일어서기 어렵다고 일컬어져 왔다. 가정생활에서 부녀자가 반드시 갖추어야 할 총명과 부덕은 오늘의 현대여성에게도 크게 귀감이 되리라 믿는다.

1

여자에게는 네 가지 덕의 아름다움이 있으니 첫째는 부덕(婦德)이요, 둘째는 용모요, 셋째는 말씨요, 넷째는 솜씨이니라. ——익지서

原文 益智書에 云, 女有四德之譽하니 一曰婦德이요 二曰婦容이요 三曰婦言이요 四曰婦工也니라.

註 예(譽) : 아름다움. 부덕(婦德) : 부녀자의 덕행. 부용(婦容) : 부녀자의 용모. 부언(婦言) : 부녀자의 말씨. 부공(婦工) : 부녀자의 솜씨. 즉 길쌈, 바느질 등.

解義 예부터 부녀자에 대해서 사덕(四德)이니 사행(四行)이니 하는 말이 있으니 곧 이 글에 나오는 부덕(婦德), 부용(婦容), 부언(婦言), 부공(婦工)의 네 가지를 말한다. 뒷장에 이에 대한 상세한 설명이 나와 있다.

2

부덕이라는 것은 반드시 재주있다고 평판이 뛰어남을 말하는 것이 아니요, 용모는 반드시 얼굴이 곱고 아름다움이 아니요, 말씨는 반드시 입담이 좋아 말을 잘함이 아니요, 솜씨는 반드시 손재주가 다른 사람보다 뛰어남을 말하는 것이 아니니라.

原文 婦德者는 不必才名絶異요 婦容者는 不必顔色美麗요 婦言者는 不必辯口利詞요 婦工者는 不必技巧過人也니라.

註 불필(不必) : 반드시 필요한 것은 아니다. 재명(才名) : 재주가 있다는 평판. 절이(絕異) : 특별히 뛰어나다. 미려(美麗) : 아름답고 고움. 안색(顔色) : 여기에서는 얼굴로 풀이됨. 변구(辯口) : 말솜씨가 좋은 것. 이사(利詞) : 말을 잘하다. 기교(技巧) : 재주. 과인(過人) : 사람을 지나치다. 즉 남보다 뛰어나다.

解義 이 글은 앞장의 사덕(四德)에 대한 설명으로 뒷장으로 이어져 더욱 상세한 내용이 나온다.

3

부덕이라는 것은 마음이 맑고 절개가 곧으며, 염치 있고 절도 있어 몸가짐을 고르게 하며, 행동거지에 수줍음이 있고, 동정(動靜)에 법도가 있는 것이니 이것이 곧 부덕이다.

부용이라는 것은 먼지나 때를 깨끗이 씻어 옷차림을 정결하게 하며, 목욕을 제때에 하여 한 몸에 더러움이 없는 것이니 이것이 부용이다.

부언이라는 것은 남이 본받을 만한 말을 가려서 하고, 예의에 어긋나는 말은 하지 말며, 마땅히 해야 할 때에 말해서 사람들이 그 말을 싫어하지 않는 것이니 이것이 바로 부언이다.

부공이라는 것은 길쌈을 부지런히 하며, 술 빚기를 좋아하지 말고 좋은 맛을 갖추어서 손님을 대접하는 것이니 이것이 바로 부공이니라.

原文 其婦德者는 淸貞廉節하여 守分整齊하고 行止有恥하며 動靜有法이니 此爲婦德也요 婦容者는 洗浣塵垢하여 衣服鮮潔하며 沐浴及時하여 一身無穢니 此爲婦容也요 婦

言者는 擇師而說하여 不談非禮하고 時然後言하여 人不厭
其言이니 此爲婦言也요 婦工者는 專勤紡績하고 勿好暈
酒하며 供具甘旨하여 以奉賓客이니 此爲婦工也니라.

註 정(貞): 절개가 곧다. 염(廉): 염치를 차리는 것. 절(節): 절도가 있음. 행지(行止): 행동. 치(恥): 부끄러움. 즉 수줍음. 유법(有法): 법도가 있음. 세완(洗浣): 옷을 씻다. 진구(塵垢): 먼지와 때. 선결(鮮潔): 깨끗한 것. 무예(無穢): 더러움이 없음. 택사이설(擇師而說): 다른 사람에게 본이 될 만한 말을 가려서 하는 것. 부담(不談): 말하지 않다. 비례(非禮): 예의에 어긋나다. 시연후언(時然後言): 때가 된 뒤에 말하다. 전근방적(專勤紡績): 오로지 길쌈을 부지런히 하다. 운주(暈酒): 술 빚는 것. 감지(甘旨): 맛있는 음식. 봉(奉): 대접하다.

解義 이 글에서는 앞장에 이어서 부녀자가 반드시 지켜야 할 네 가지 덕을 보다 상세히 설명하고 있다.

4

이 네 가지 덕은 부녀자로서 하나도 빠져서는 안 될 것이다. 행하기 매우 쉽고 이를 힘씀이 바른 데 있으니, 이에 의하여 나간다면 이것이 바로 부녀자로서의 범절이 되느니라.

原文 此四德者는 是婦人之所不可缺者라 爲之甚易하고 務
之在正이니 依此而行이면 是爲婦節이니라.

註 불가결(不可缺): 없어서는 안 되다. 위지심이(爲之甚易): 실천에 옮기기가 아주 쉽다. 부절(婦節): 부녀자의 범절.

解義 부녀자가 반드시 갖추어야 할 이 사덕은 그 중에서 하나라도

실행에 옮기지 않아서는 안 되는 것이다. 부녀자의 범절이란 바로 이 네 가지를 실천하는 데 있는 것이기 때문이다.

5

부인의 예절은 그 말이 반드시 곱고 가늘어야 하느니라. ── 태 공

原文 太公이 曰, 婦人之禮는 語必細니라.

註 어필세(語必細) : 말이 반드시 가늘어야 한다. 여기에서는 말이 반드시 곱고 가늘어야 한다로 풀이했음.

解義 예부터 부녀자의 말소리가 크고 거친 것은 하나의 금기였다. 또한 말이 많은 것도 악덕에 속했다. 따라서 이 글은 부덕을 지닌 여자는 말소리도 조용하고 고와야 됨을 강조한 것이다.

6

어진 아내는 남편을 귀하게 만들고, 악한 아내는 남편을 천하게 만드느니라.

原文 賢婦는 令夫貴요 惡婦는 令夫賤이니라.

解義 어진 아내는 그 값이 어떤 빛나는 보석보다 더하다는 말이 있다. 남자는 현처를 만나느냐, 악처를 만나느냐에 따라 그의 일생이 성공할 수도 있고 아니면, 완전히 틀어질 수도 있는 것이다. 물론 이것은 여자의 경우도 다를 바가 없다. 부부란 서로를 보완하고 이끌어 주는 관계에 있을 때 온전히 성숙된 모습을 보

일 수 있기 때문이다.
 그러나 아내의 역할이 좀더 크니, 둥지는 새에 달려 있고 가정은 아내에 달려 있다고 했다. 현명한 아내는 남편을 귀하게 하고 악처는 남편을 천하게 만든다는 것도 가정에서의 아내의 역할이 얼마나 소중한 것인지를 잘 나타내 주는 말이라 하겠다.

7

집안에 어진 아내가 있으면 그 남편이 뜻밖의 화를 만나지 않느니라.

原文 家有賢妻면 夫不遭橫禍니라.
(가유현처)   (부부조횡화)

註 부조(不遭) : 만나지 않다. 횡화(橫禍) : 뜻밖의 재앙.

解義 현명하고 어진 아내는 언제나 남편을 잘 공경하고 도와 준다. 따라서 남편은 늘 화평한 마음으로 세상일을 대할 수 있으니 뜻밖의 화를 만날 일도 없게 된다.
 이 글 역시 앞장과 마찬가지로 가정에서 아내의 역할이 얼마나 중요한가를 강조한 것이다.
 영국의 속담에 '악처는 남편이 탄 배를 난파시킨다'라는 것이 있다. 그 외에도 악처로 인해 남편이 잘못되는 것을 비유한 속담이나 경구는 수없이 많다. 반대로 부덕을 고루 갖추고 남편을 입신출세시킨 아내의 이야기도 많이 있다. 어느 쪽을 택할 것인지는 현명한 아내만이 알 것이다.

8

어진 아내는 육친(六親)을 화목하게 하고 간악한 아내는 육친의 화목을 깨뜨리느니라.

原文 賢婦는 和六親하고 佞婦는 破六親이니라.

註 육친(六親) : 가까운 친척. 영부(佞婦) : 간악한 아내.

解義 좋은 아내는 좋은 남편을 만든다. 그러나 악처를 만난 자에게는 지옥이 시작되는 것이 부부 사이이다.

친족간의 불화를 조장하는 데도 악처는 반드시 한몫을 한다. 그러나 어질고 현명한 아내는 친족간에도 화목과 평안을 가져오니, 이는 모두 아내의 손에 달린 것이다. 정숙한 아내는 순종하고 공경함으로써 남편은 물론 웃어른과 아랫사람들에게도 감화를 주기 때문이다.

증보편
(增補篇)

　원래의 명심보감은 부행편으로 끝이 난다. 이 증보편에서부터 팔반가·효행편 속편·염의편은 후세사람이 보충한 것으로 여겨진다. 물론 그 내용은 앞의 글들과 조금도 다르지 않은 명문들로 이루어져 있다. 이 증보편은 인간이 선한 행실을 쌓았을 때 돌아올 인과응보에 관한 기록으로, 그 비유와 인용이 날카로운 것이 특징이다.

1

착한 일을 쌓지 않으면 족히 이름을 이룰 수 없고, 악한 일을 쌓지 않으면 몸을 망치기에 족하지 못하거늘, 소인은 작은 선으로서는 이로움이 없다고 하여 행하지 않고, 작은 악으로서는 해로움이 없다고 하여 버리지 않는다. 그러므로 악이 쌓이면 가리울 수 없고, 죄가 크면 풀지 못하게 되느니라. ——주 역

原文 周易에 曰, 善不積이면 不足以成名이요 惡不積이면 不足以滅身이어늘 小人은 以小善으로 爲无益而弗爲也하고 以小惡으로 爲无傷而弗去也니라 故로 惡積而不可掩이요 罪大而不可解니라.

註 주역(周易) : 중국의 고전인 오경(五經)의 하나. 역경(易經)이라고도 한다. 주대(周代)의 문왕(文王), 주공(周公), 그리고 공자에 이르러 집대성된 철학서이다. 성명(成名) : 이름을 이루다. 멸신(滅身) : 몸을 망치다. 무(无) : 무(無)의 고자(古字).

解義 만고의 명언이다. 주역은 동양의 고전 중에서도 절실한 수양서요, 철학서로서 오랜 세월 불변의 자리를 지켜 왔다. 그 주역에 들어 있는 선을 권고하는 글 중에서도 이 구절은 특히 명문으로서 유명하다.

누구도 선을 쌓지 않고는 이름을 이룰 수 없다. 하찮은 선이라도 실천해 나가다 보면 큰 업적으로 떠오르게 된다. 반면 조그마한 것일지라도 악을 행하여 그것이 쌓이다 보면 저도 모르게 몸을 망치게 되는 것이다.

2

서리를 밟을 때가 되면 굳은 얼음이 얼 때가 올지니, 신하가 그 임금을 죽이고 자식이 그 아비를 죽이는 것은 하루아침이나 하룻저녁에 되는 일이 아니라, 오래 전부터 그 까닭이 점점 다가온 때문이니라. ——주 역

原文 履霜하면 堅氷至라 하니 臣弑其君하며 子弑其父가 非一旦一夕之事라 其由來者漸矣니라.

註 이상(履霜) : 서리를 밟는 것. 견빙(堅氷) : 굳은 얼음. 시(弑) : 자식이 아비를 죽이거나 신하가 임금을 죽이는 것. 일단일석(一旦一夕) : 하루아침이나 하룻저녁. 유래(由來) : 내력. 또는 까닭.

解義 주역 곤괘 문언전(坤卦 文言傳)에 나오는 구절이다. 이 글 앞에는 '착한 일을 많이 쌓은 집안에는 반드시 자손에까지 경사가 미치고 악행을 거듭하는 집안에는 자손 대대에 이르기까지 재앙이 오는 법이다' 하는 구절이 나온다.

무슨 일이든, 그것이 악업이든 아니면 선행이든 하루아침에 갑작스럽게 그 결과가 이루어지는 것이 아니며 자손 대대로 영향을 미친다는 것이다.

비유하면 서리가 내리고 나서 살얼음이 잡히고, 그 다음 얼음이 얼며, 이 일이 반복됨으로써 마침내 얼음이 두껍고 굳어지는 것과 같은 것이다.

신하가 임금을 시해하고 자식이 아비를 역살하는 일 같은 것도 그것이 어느 날 갑자기 그렇게 된 것이 아니라, 오랜 날 작고 큰 원한이 차곡차곡 쌓이다 어느 순간 폭발한 것뿐이다. 다시 한번 악행보다는 선행으로 착한 업을 앞날에 쌓아 두는 것이 중요함을 깨닫게 하는 구절이 아닐 수 없다.

팔반가
(八反歌)

　팔반가란 여덟 편의 반어적(反語的)인 노래를 담고 있다는 뜻이다. 그 주제는 일관되게 효(孝)에 관한 것이다. 특히 제 자식은 끔찍하게 아끼고 사랑하면서도 부모에게는 소홀한 여덟 가지의 예를 들어 그 경계로 삼고 있다. 오늘날처럼 핵가족화된 사회에서는 재삼 음미해 볼 만한 가치가 있는 경구들이 아닌가 한다.

1

어린 아이가 혹시 나를 꾸짖으면 내 마음은 기쁨을 느끼고, 부모가 나에게 화를 내면 나의 마음은 도리어 언짢아진다. 한쪽은 기쁘고 한쪽은 언짢으니, 아이를 대하는 마음과 부모를 대하는 마음이 어찌 이다지도 다른가. 그대에게 권하노니, 오늘 어버이의 노여움을 만나거든 어버이도 아이 대하듯 하는 마음으로 볼지니라.

原文 幼兒或罵我하면 我心에 覺懽喜하고 父母가 嗔怒我하면 我心에 反不甘이라. 一懽喜一不甘하니 待兒待父心何懸고 勸君今日逢親怒어든 也應將親作兒看하라.

註 유아(幼兒): 어린 아이. 이(罵): 꾸짖다. 각(覺): 느끼다. 환희(懽喜): 기쁨. 진노(嗔怒): 화를 내다. 반(反): 도리어. 불감(不甘): 달갑지 않다. 언짢다. 대아(待兒): 아이를 대하다. 현(懸): 차이가 큰 것. 야응(也應): 또한 ~인 것처럼 하라. 장친(將親): 여기에서는 부모의 노여움을 만나거든으로 풀이됨. 작아간(作兒看): 아이처럼 보라. 간(看)은 간주하다의 뜻.

解義 어린 자식이 혹 꾸짖으면 내 마음에 기쁨을 느낀다 함은, 자식의 일이라 노여움보다 대견함이 앞서는 까닭이다. 반대로 부모가 꾸짖으면 화가 나기도 하고 마음이 언짢아진다.

똑같은 일을 당했을 때 이렇듯 두 마음이 되니, 자식에 대한 것과 부모에 대한 마음 사이에는 너무 먼 거리가 벌어져 있는 셈이다. 허나 부모의 성냄을 당해도 아이에게와 같은 마음이 되어야 할 것이다. 부모님 섬기기를 자식 사랑하는 것과 같은 마음으로 할 때 비로소 '효'라고 할 수 있으며 자식도 그 본을 받게 될 것이기 때문이다.

2

 어린 자식들은 많은 말을 하지만 그대는 항상 듣기를 지겨워하지 않는데, 부모는 한 번 말을 하여도 잔소리가 많다고 여긴다. 그러나 이는 쓸데없는 것이 아니니 부모는 근심이 되어서 그리 하는 것이다. 부모는 흰머리가 되도록 긴 세월에 아는 것이 많으니라. 그대에게 권하노니 늙은이의 말을 공경하고 받들며, 그 가르침을 젖내 나는 입으로 옳거니 그르거니 하지 말라.

原文 兒曹는 出千言하되 君聽常不厭하고 父母는 一開口하면 便道多閑管이라 非閑管親掛牽이라 皓首白頭에 多諳諫이라. 勸君敬奉老人言하고 莫敎乳口爭長短하라.

註 아조(兒曹) : 어린 자식들. 천언(千言) : 여러 말. 즉 많은 말. 불염(不厭) : 싫어하지 않다. 개구(開口) : 입을 열다. 즉 말하다. 도(道) : 여기에서는 역시 말하다로 풀이됨. 한관(閑管) : 쓸데없이 남의 일에 간섭하다. 괘견(掛牽) : 걱정하다. 호수(皓首) : 머리털이 하얗게 센 것. 암간(諳諫) : 도움이 되는 말. 경봉(敬奉) : 공경해서 받들다. 유구(乳口) : 젖내 나는 입.

解義 앞장과 마찬가지로 자식 대하는 마음과 부모 대하는 마음의 다름을 설파한 것이다.

 아이들은 본래 많은 말을 재잘거리게 마련이다. 이때 대부분의 부모는 그것을 재롱으로 여겨 기쁘게 다 들어 주려고 애쓴다. 반대로 부모가 어쩌다 하는 이야기는 잔소리로 들린다.

 부모가 이야기하는 것은 간섭하고자 해서가 아니라 다만 자식 일이 걱정이 되기 때문이다. 백발이 되도록 쌓아온 경험과 연륜은 괜한 것이 아니다. 다 그만큼의 가치와 무게를 지니고 있다.

그러므로 젊은이들은 자식 사랑 귀한 줄로만 잘못 알지 말고 연로한 부모를 받들어 공경해야 한다. 그리고 그 유취가 가시지 않은 입으로 시비를 가리려고 들지 말아야 하는 것이다.

3

어린 아이의 오줌과 똥 같은 더러운 것은 그대 마음에 싫어하지도 꺼리지도 않으면서, 늙은 어버이의 눈물과 침이 떨어지는 것은 도리어 미워하고 싫어하는구나. 그대의 여섯 자나 되는 몸이 어디에서 왔는가. 아버지의 정기와 어머니의 피로써 그대의 몸은 이루어졌도다. 그대에게 권하노니, 늙어가는 사람을 공경하고 대접하라. 그들은 젊었을 때 그대를 위하여 힘줄과 뼈가 닳도록 애쓰셨느니라.

原文 幼兒尿糞穢는 君心에 無厭忌로되 老親涕唾零에 反有
憎嫌意니라 六尺軀來何處오 父精母血成汝體라 勸君敬待
老來人하라 壯時爲爾筋骨敝니라.

註 뇨분예(尿糞穢) : 오줌 똥의 더러운 것. 군심(君心) : 그대의 마음. 염기(厭忌) : 싫어하고 꺼리다. 체타령(涕唾零) : 눈물과 침이 떨어지는 것. 증혐의(憎嫌意) : 미워하고 싫어하다. 구(軀) : 몸. 부정(父精) : 아버지의 정기(精氣). 경대(敬待) : 공경해서 대접하는 것. 노래인(老來人) : 늙어가는 사람. 근골폐(筋骨敝) : 힘줄과 뼈가 닳아빠지다.

解義 '부모는 자식이 한 자만 하면 두 자로 보이고 두 자만 하면 석 자로 보인다'는 우리 속담이 있다. 누구든 부모는 자기 자식이 예쁘게만 보이고 좋게만 여겨진다는 뜻이다.

자기 아이의 더러운 것은 싫은 마음 없이 다 치우고 닦아 준다. 하지만 연로한 부모가 건강이 나빠져 눈물을 흘린다든지 침을 흘리면 이를 더럽고 고약하게만 여긴다. 오늘 내 몸 있음은 온전히 부모가 계시기 때문임을 너무 쉽게 잊어버리는 까닭이다. 하지만 부모는 젊은 시절, 지금 그대가 자식에게 하듯이 그대를 살과 뼈가 닿도록 힘들게 키웠던 것이다.

이 점을 명심할 때 효도의 마음은 절로 우러나지 않겠는가.

4

그대가 새벽에 저자에 가서 밀가루 떡과 흰 떡을 사는 것을 보긴 했으나 어버이께 드린다는 말은 별로 듣지 못하였고 대개는 자식에게 준다는 말을 들었다. 어버이는 아직 삼키지도 않았는데 아이는 벌써 배가 부르니, 자식의 마음을 어버이의 마음이 좋아하는 것에 비하지 못하리라. 그대에게 권하노니, 떡 살 돈을 많이 내어 사실 날도 얼마 남지 않은 늙은 어버이를 잘 받들어 봉양하라.

原文 看君晨入市하여 買餅又買餻하니 少聞供父母하고 多說供兒曹라 親未咥兒先飽하니 子心은 不比親心好라 勸君多出買餅錢하여 供養白頭光陰少하라.

註 신(晨) : 새벽. 병(餅) : 밀가루 떡. 고(餻) : 흰 떡. 소문(少聞) : 별로 듣지 못했다. 다설(多說) : 흔히 말하다. 말을 많이 하다. 담(咥) : 씹다. 광음소(光陰少) : 시간이 얼마 남지 않은 것.

解義 열 아들을 기르는 아버지가 있는가 하면 단 한 분뿐인 아버지도 제대로 받들어 모시지 못하는 아들도 있는 법이다. 자식 사랑은 내리사랑은 있어도 치사랑은 없다는 말이 그것을 잘 나타내 주고 있다.

저잣거리에 가서 먹을 것을 사도 자식에게 주려고 사지 부모에게 드리려고 산다는 말은 들어보지 못했다 함 역시 같은 의미의 말이다. 하지만 자식의 마음이 어찌 부모의 좋아하는 마음에 비길 만하랴. 그러므로 자식은 모름지기 그 부모를 받들고 공양하기에 힘쓰지 않으면 안 된다. 자식은 앞으로 오랜 날을 함께 할 수 있어도 부모는 이미 늙었으니 언제 이별할지 모르는 일이 아니겠는가.

5

시중의 약장수에게는 오직 아이를 살찌게 하는 약은 있으나 어버이를 튼튼하게 할 약은 없네. 왜 이 두 가지를 차별하는가. 아이도 병들고 어버이도 또한 병들었는데, 아이 고치는 일을 어버이 고치는 일과 비교할 것인가. 다리를 베더라도 그것은 어버이의 살이다. 그대에게 권하노니, 서둘러 어버이의 목숨을 극진히 보중하라.

原文 市間賣藥肆에 惟有肥兒丸하고 未有壯親者하니 何故 兩般看고 兒亦病親亦病에 醫兒不比醫親症이라 割股라도 還是親的肉이니 勸君亟保雙親命하라.

註 매약사(賣藥肆) : 약 파는 가게. 곧 약국. 비아환(肥兒丸) : 아이를 살찌게 하는 약. 장친자(壯親者) : 부모의 몸을 튼튼하게 하다. 양반(兩般) 두 가지. 의아(醫兒) : 아이의 병을 고치다. 할고(割股) : 다리의 살을 베어내다. 극보(亟保) : 극진히 보살피는 것. 쌍친(雙親) : 양친.

解義 약국에 아이를 살찌게 하는 약은 있어도 어버이의 몸을 건강하게 하는 약은 팔지 않는다는 비유는 통렬한 데가 있다. 이는 곧 사람들이 아이의 몸을 살찌게 만드는 약은 사가도 어버이의

몸을 튼튼하게 만드는 약은 사가지 않는다는 증거이다. 아이도 어버이도 병이 났다면 당연히 어버이의 병 고치는 것이 우선이고, 제 다리를 베어 부모의 약으로 쓴다 해도 그것은 부모에게서 받은 살임을 잊고 있는 것이다.

옛날 중국 초(楚)나라에 노래자(老來子)라는 사람이 있었다. 그는 오직 부모를 기쁘게 해드리기 위해 칠십 나이에도 색동옷을 입고 부모님 앞에서 아이처럼 어리광을 부렸다고 한다. 그런가 하면 한(漢)나라의 왕상(王祥)은 두꺼운 얼음장을 체온으로 녹여 잉어를 잡아 병중인 계모에게 바칠 만큼 극진한 효자였다.

그 정도에는 미치지 못한다 할지라도 모두 부모님을 극진히 공경하고 보살피는 일에 힘써야 할 것이다.

❻

부귀할 때는 부모를 봉양하기 쉬우나 부모는 항상 미안한 마음이 있고, 빈천할 때는 아이 기르기에는 어려우나 아이는 굶주리고 춥지는 않다. 한 가지 마음에 두 갈래 길이지만, 아이를 위함은 끝내 어버이를 위함과 같지 않다. 그대에게 권하노니, 어버이 모시기를 아이 기르듯이 하라. 모든 것을 집안이 넉넉하지 못해서 그렇다고 미루지 말라.

原文 富貴엔 養親易로되 親常有未安하고 貧賤엔 養兒難하되 兒不受饑寒이라 一條心兩條路에 爲兒終不如爲父라 勸君養親을 如養兒하고 凡事를 莫推家不富하라.

註 이(易):쉽다. 미안(未安):마음이 편안치 못함. 기한(饑寒):배고프고 추운 것. 양조로(兩條路):두 갈래 길. 즉 아이를 위하는 길과 부모를 위하는 길. 여양아(如養兒):아이를 기르는 것처럼 하는 것. 막추(莫推):뒤로 미루지 말라. 가불부(家不富):집안이 부유하지 못한 것.

解義 '오조사정(烏鳥私情)'이란 말이 있다. 까마귀가 자라면 그 어미에게 먹이를 물어다 먹인다는 뜻이다. 까마귀 같은 새도 자라면 제 어미를 봉양할 줄 알거든 하물며 인간으로 태어나서 불효해서는 안 된다는 경구로 자주 쓰이는 말이다.

더구나 까마귀는 부귀하거나 가난하거나간에 이에 상관하지 않고 어미를 봉양한다는 점에 주의해야 할 것이다. 그런데 인간은 인간답게 여러 가지 핑계거리를 마련한다. 지금은 돈이 없다거나 시간이 없다거나 부모님이 이쪽의 사정은 모르고 심하게 군다거나 여하튼 핑계가 모자랄 지경이다.

그런데 자기 아이에게는 어떤가. 반대로 어떻게든 잘해 줄 핑계가 없을까를 찾는 형국이다. 이렇듯 두 갈래 길에서 진정으로 부모를 위하는 효자라면 어버이 모시기를 자식 위하기보다 먼저 행해야 할 것이다. 집안이 넉넉하지 못하다는 것은 핑계거리에 불과 한 것이다.

7

어버이를 봉양하는 것은 단 두 분뿐인데도 언제나 형과 아우는 이를 두고 다투고, 아이를 기르는 것은 비록 열 명이더라도 모두 자기 혼자 떠맡는다. 아이가 배부르고 따뜻한지는 언제나 물어 보면서도 어버이의 배고프고 추운 것은 마음에 두지 않는다. 그대에게 권하노니, 어버이 받들고 섬김에 모름지기 힘을 다하여라. 그들은 그대를 기를 때 옷과 먹을 것을 그대에게 빼앗겼느니라.

原文 養親엔 只有二人이로되 常與兄弟爭하고 養兒엔 雖十人이나 君皆獨自任이라 兒飽煖親常問하되 父母饑寒不在心이라. 勸君養親을 須竭力하라 當初衣食이 被君侵이니라.

註 지유이인(只有二人) : 오직 두 사람이 있다. **즉 양친을 말하는 것이다.**
독자임(獨自任) : 혼자서 스스로 떠맡는것. 포난(飽煖) : 배부르고 따뜻한 것. 상문(常問) : 늘 물어 보다.

解義 부모님은 단 두 분인데도 그 봉양하는 것을 형제들간에 서로 맡으려고 하지 않아서 늘 다툼이 벌어지는 것은 예나 지금이나 다름이 없는 모양이다. 아니, 오늘날에는 그 양상이 좀더 심해졌다고나 할까. 그러나 제 자식을 기르는 것은 누구에게도 맡기려 들지 않는다. 자식을 위하는 마음은 지극히 간절하면서도 부모를 위하는 성의는 전혀 찾아볼 길이 없는 것이다.

자기 자식이 배부르고 따뜻한지는 늘 염려 근심하면서도 부모에게는 전혀 관심이 없는 사람도 흔히 있다.

옛말에 '아버지에게는 열 아들을 품을 가슴이 있으나 열 아들은 한 분 아버지를 모셔들이지 못한다'고 했다. 시경에도 '슬하에 일곱 아들이 있어도 한 분 어머니의 마음을 위로하지 못하네' 하는 시가 나온다.

오늘날에도 꼭 명심해야 할 교훈은 '부모는 그대를 기를 때 먹을 것, 입을 것을 그대에게 다 빼앗겼다'는 점이다. 어느 부모인들 자식 키울 때 최선을 다하지 않을까. 그러니 자식도 장성하면 부모를 모심에 최선을 다해야만 되는 것이다. 그렇지 않으면 저 까마귀만도 못한 미물이 되고 말 것이다.

8

어버이의 사랑이 빈틈없이 가득 찼는데도 그대는 그 은혜를 생각지 않으면서, 아이가 조금이라도 효도함이 있으면 그대는 곧 그 이름을 빛내려 한다. 어버이를 대접하는 것은 어둡고 자식을 대하는 것은 밝으니, 어버이가 자식 기르는 마음을 누가 알겠는가. 그대에게 권하노니, 부질없이 아이들의 효도를 믿지 말라. 아이들이 어

버이를 자기 자식과 같이 사랑함은 바로 그대에게 달렸
느니라.

原文 親有十分慈하되 君不念其恩하고 兒有一分孝하되 君
就揚其名이라 待親暗待兒明하니 誰識高堂養子心고 勸君
漫信兒曹孝하라 兒曹親子在君身이니라.

註 자(慈) : 자애로움. 곧 사랑하는 마음을 뜻함. 양기명(揚其名) : 그 이
름을 빛내다. 대친암(待親暗) : 부모를 대하는 것이 어둡다. 즉 부모에게
극진하지 못함을 이르는 말. 고당(高堂) : 부모. 만신(漫信) : 부질없이 믿
다. 군신(君身) : 그대의 몸.

解義 부모의 사랑은 감히 헤아릴 수 있는 것이 아니다. 부모는
자식의 일이라면 뼈라도 갈 각오가 되어 있기 때문이다. 그런데
도 자식은 그 은혜는 생각할 줄 모르고 단지 제 자식의 작은 효도
만 기뻐서 남들에게 자랑을 하고 자식의 이름을 빛내려 든다. 자
식을 대하는 것은 지극히 밝으나 부모를 대접하는 마음은 너무나
소홀하다. 그렇다면 어버이의 자식 기르는 마음을 누가 알아 주
겠는가.

아이들의 효도란 그렇게 믿을 만한 것이 아니다. 자신이 부모
를 그처럼 소홀하게 대접했으니 아이들이 당장은 효도한다지만
앞으로 자기가 부모에게 대하듯이 하지 않으리라는 것을 무엇으
로 보증할 수 있겠는가. 자신이 그 부모에게 효도를 해야만 자식
들도 그것을 본받아서 효도하는 자식이 되게 마련이다. 자신이
부모를 소홀히 한다면 자식들도 소홀히 하기 마련이다.

앞에서도 인용했듯이 '부모가 온 효자라야 자식이 반효자'라도
된다. 부모가 그 부모에게 효도하는 모습을 보고 자라면 그 자식
도 그것을 본받아 제부모에게 효도를 하게 되겠지만 불효한 것만
을 지켜보았다면 저도 그렇게 하게 마련인 것이다.

효행편 속편
(孝行篇 續篇)

　이 편은 효자·효부의 구체적인 실례와 일화를 들어서, 부모에게 효도할 것을 가르치는 글들로 묶여져 있다. 중국의 곽거에 비유되는 손순(孫順)의 일화나 도씨(都氏)의 효행 등은 하늘도 감동시켰다고 했다. 요즘 같은 메마른 세태에 경종이 되길 바랄 뿐이다.

1

　손순(孫順)이 집이 가난하여 그 아내와 함께 남의 집의 머슴살이를 하며 그 어머니를 봉양했다. 그런데 그들에게 아이가 있어 언제나 어머니가 잡수시는 것을 빼앗는지라, 순이 아내에게 일러 말하기를 "아이가 어머니의 잡수시는 것을 빼앗으니, 아이는 또 얻을 수 있거니와 어머니는 다시 구하기가 어렵소." 하였다.

　할 수 없이 마침내 아이를 업고 취산 북쪽으로 가서 묻으려고 땅을 팠더니 홀연히 매우 이상한 돌종이 나왔다. 놀랍고 이상히 여겨 시험삼아 두드려 보니 그 소리가 아름답고 사랑스러웠다.

　아내가 말하기를 "이같이 기이한 물건을 얻은 것은 아이의 복이니 아이를 묻어서는 안 됩니다."고 하였다. 순도 그렇게 생각하고 아이와 돌종을 가지고 집으로 돌아와서 종을 대들보에 달고 이것을 울렸다.

　왕은 멀리서 들려오는 종소리를 듣고 이상히 여겨 조사하도록 하고 그 사실을 듣자 말하기를 "옛날에 곽거(郭巨)가 아들을 땅에 묻었을 때에는 하늘이 금으로 만든 솥을 내리셨는데, 이제 손순이 아들을 묻자 땅에서 돌종이 나왔으니 앞뒤가 서로 꼭 맞는구나." 하고, 그들에게 집 한 채와 해마다 쌀 오십 석(石)을 주었다.

原文 孫順이 家貧하여 與其妻로 傭作人家以養母할새 有兒每奪母食이라 順이 爲妻曰, 兒奪母食하니 兒는 可得이어니와 母難再求라 하고 乃負兒往歸醉山北郊하여 欲埋

掘地러니 忽有甚奇石鍾이어늘 驚恠試撞之하니 春容可
愛라 妻曰得此奇物은 殆兒之福이니 埋之不可라 하니 順
이 以爲然하여 將兒與鐘還家하여 懸於樑撞之러니 王이
聞鐘聲이 淸遠異常而覈聞其實하고 曰昔에 郭巨가 埋子
엔 天賜金釜러니 今孫順이 埋子엔 地出石鐘하니 前後符
同이라 하고 賜家一區하고 歲給米五十石하니라.

註 손순(孫順) : 신라 모량리(牟梁里)사람. 경주(慶州) 손씨의 시조로, 신라 42대 흥덕왕(興德王) 때 신라의 삼기(三器)의 하나인 돌종을 얻은 효자임. 곽거(郭巨) : 중국 진(晋)나라 때의 사람으로, 중국의 대효자 중의 한 사람. 용작(傭作) : 고용인이 되다. 즉 머슴이 되는 것. 인가(人家) : 남의 집. 매탈모식(每奪母食) : 늘 어머니의 먹을 것을 빼앗다. 부아(負兒) : 아이를 업다. 북교(北郊) : 북쪽 교외. 굴지(掘地) : 땅을 파다. 심기(甚奇) : 매우 기이함. 경괴(驚恠) : 놀랍고 기이한 것. 시당지(試撞之) : 시험삼아 두드려 보다. 용용(舂容) : 울리는 소리. 태(殆) : 거의. 이위연(以爲然) : 그렇게 생각하다. 환가(還家) : 집으로 돌아오다. 현어량(懸於樑) : 대들보에 달아놓다. 청원이상(淸遠異常) : 맑고 멀리에서 들리며 소리가 이상한 것. 핵문기실(覈問其實) : 그 사실을 조사해서 듣다. 천사(天賜) : 하늘이 사람에게 내리는 은사. 금부(金釜) : 금으로 만든 솥. 부동(符同) : 부절(符節)을 맞춘 것처럼 서로 같다. 일구(一區) : 한 채. 세급(歲給) : 매년 주는 것.

解義 손순은 우리 나라 신라 사람이요, 곽거는 중국 진나라 사람으로, 효자로서 오늘까지 인구에 회자되는 인물들이다. 곽거의 이야기는 앞의 효행편 해의에도 인용한 바 있거니와 우리 나라에도 손순과 같은 효자가 있음은 자랑스럽고도 다행한 일이 아닐 수 없다. 지성이면 감천이라 했듯이, 두 사람의 지극한 효성에 하늘도 감동하여 복을 내리신 것이다. 오늘날에도 귀감이 되고 남을 인물들임을 절실히 깨닫고 효행에 힘써야 할 것이다.

2

 상덕(尙德)은 흉년과 열병이 유행하는 때를 만나서 그의 부모가 굶주리고 병이 들어 거의 죽게 되자, 밤낮으로 옷을 벗지 않고 정성을 다하여 편안하게 해 드리고 위로해 드렸다. 또한 봉양할 것이 없으면 자기의 넓적 다리 살을 베어 잡수시게 하고, 어머니께서 종기가 나자 입으로 빨아서 낫게 했다. 임금이 이 말을 듣고 어여삐 여겨 재물을 후하게 내리고, 또 그 집에 표창하는 뜻으로 정문(旌門)을 세울 것을 명하고, 비석을 세워 이 일을 기록하게 하였다.

原文 尙德은 値年荒癘疫하여 父母飢病濱死라 尙德이 日夜不解衣하고 盡誠安慰하되 無以爲養이면 則刲髀肉食之하고 母發癰에 吮之卽癒라 王이 嘉之하여 賜賚甚厚하고 命旌其門하고 立石紀事하니라.

註 상덕(尙德) : 신라 때의 효자. 그 효행이 극진해 나라에서 표창하고 효도한 사실을 돌에 새겨 비를 세웠고 그가 살던 마을을 효가리(孝家里)라 했다. 치(値) : 당하여, 만나서의 뜻. 연황(年荒) : 흉년이 드는 해. 여역(癘疫) : 전염병이 유행하다. 빈사(濱死) : 거의 죽게 되는 상태. 불해의(不解衣) : 옷을 벗지 않다. 진성(盡誠) : 정성을 다하다. 규(刲) : 찌르다. 베다. 비육(髀肉) : 넓적다리의 살. 발옹(發癰) : 종기가 나다. 연(吮) : 입으로 빨다. 유(癒) : 낫다. 가지(嘉之) : 어여삐 여기다. 사뢰(賜賚) : 임금이 은사를 내려 주는 것. 심후(甚厚) : 심히 두터운 것. 즉 아주 후하게. 정(旌) : 정문(旌門)을 세우는 것. 정문이란 효자・충신・열녀 등을 표창하기 위해서 그의 집 문 앞에 세우는 붉은 문이며, 간단하게 사실을 기록해 놓기도 한다. 입석(立石) : 비석을 세우다. 기사(紀事) : 일을 기록하는 것.

解義 이 글은 신라 사람 상덕(尙德)의 효행에 관한 기록이다. 상덕은 흉년이 들고 전염병이 유행하는 때를 만나서 그 부모가 굶주린데다 병에 걸려 거의 죽게 되자, 주야로 옷도 벗지 않고 정성을 다하여 간호했다. 또한 먹을 것이 없을 때는 넓적다리의 살을 베어 잡수시게 하였다. 또 어머니가 종기가 났는데 입으로 빨아서 낫게 해 드렸다.

이 소문이 임금에게 알려지니 임금은 상덕의 효행에 크게 감동했다. 그리하여 많은 물건을 내려 생활할 수 있게 해 주고, 그의 집 문 앞에는 정문을 세우고 비석을 세워 이 사실을 기록하도록 했다. 덕분에 그의 효행은 후세에 길이 빛나게 되었다.

3

도씨(都氏)는 비록 집은 가난하였으나 효성이 지극하였다. 숯을 팔아서 고기를 사다가 어머니의 반찬에 빠뜨리지 않았다. 어느 날 장에서 늦게 바삐 돌아오는 데 솔개가 별안간 고기를 채어 갔다. 도씨가 슬피 울며 집에 돌아와 보니, 솔개가 이미 그 고기를 집안 뜰에 던져놓고 있었다.

하루는 그 어머니가 병이 들어 때 아닌 홍시(紅柿)를 찾았다. 도씨는 감나무 숲을 헤매며 날이 저문 것도 모르고 있었는데, 호랑이가 나타나서 앞길을 가로막으며 올라타라는 시늉을 했다. 도씨는 호랑이를 타고 백여 리나 되는 산동네에 이르렀다.

밤이 되어 사람 사는 집을 찾아 자려고 하였는데 얼마 안 되어 주인이 제삿밥을 차려 주는데 보니 홍시가 있었다. 도씨는 기뻐하며 감의 내력을 묻고, 또 자기의 뜻을 말하였다.

주인이 대답하기를, 돌아가신 아버지께서 감을 즐기셨

으므로 해마다 가을이 되면 감 2백 개를 가려, 굴 안에 간직해 두는데, 5월이 되면 이 중 상하지 않은 것이 7, 8개에 지나지 않았다. 그런데 이번에는 쉰 개나 상하지 않은 것을 얻었으므로 이상하게 여겼더니 이것은 곧 하늘이 그대의 효성에 감동한 것이라고 하며, 스무 개의 감을 내어 주었다.

도씨가 감사한 뜻을 말하고 문 밖을 나오니 호랑이는 아직도 누워서 그를 기다리고 있었다. 호랑이를 타고 집에 오니 새벽닭이 울었다. 후에 어머니가 천명을 다하고 돌아가시자, 도씨는 피눈물을 흘렸다.

原文 都氏家貧至孝라 賣炭買肉하여 無闕母饌이러라. 一日은 於市에 晚而忙歸러니 鳶忽攫肉이어늘 都가 悲號至家하니 鳶旣投肉於庭이러라. 一日母病索非時之紅柿어늘 都가 彷徨柿林하여 不覺日昏이러니 有虎屢遮前路하고 以示乘意라 都가 乘至百餘里山村하여 訪人家投宿이러니 俄而主人이 饋祭飯而有紅柿라 都가 喜問柿之來歷하고 且述己意한대 答曰亡父嗜柿故로 每秋擇柿二百個하야 藏諸窟中而至此五月則完者不過七八이라가 今得五十個完者故로 心異之러니 是天感君孝라 하고 遺以二十顆어늘 都가 謝出門外하니 虎尙俟伏이라 乘至家하니 曉鷄喔喔이러라. 後에 母以天命으로 終에 都有血淚러라.

註 도씨(都氏) : 이조(李朝) 철종(哲宗) 때 사람으로 효행이 높았음. 무궐(無闕) : 빠짐이 없음의 뜻. 어시(於市) : 저잣거리에서. 망귀(忙歸) :

서둘러 바삐 돌아가다. **연(鳶)** : 소리개. **확육(攫肉)** : 고기를 채어 가다. **비호(悲號)** : 슬피 울다. **색(索)** : 찾다. **방황(彷徨)** : 헤매다. **시림(柿林)** : 감나무 숲. **일혼(日昏)** : 날이 저물다. **누차(屢遮)** : 가로막다. **전로(前路)** : 앞길. **이시승의(以示乘意)** : 타라는 뜻을 보이다. **아이(俄而)** : 얼마 지나지 않아서. **궤(饋)** : 대접하다. **제반(祭飯)** : 제삿밥. **차술기의(且述己意)** : 또 자기의 뜻을 말하다. **망부(亡父)** : 돌아가신 아버지. **기(嗜)** : 즐기는 것. 좋아하는 것. **장제굴중(藏諸窟中)** : 굴 속에 모두 보관하는 것. **완(完)** : 완전한 것. **심이지(心異之)** : 마음에 이상스럽게 여기다. **천감군효(天感君孝)** : 하늘이 그대의 효성에 감동해서의 뜻. **유(遺)** : 주다. **과(顆)** : 낱개. 낱알. **사출문외(謝出門外)** : 사례하고 나서 문 밖으로 나오다. **사복(俟伏)** : 누워서 기다리다. **효계(曉鷄)** : 새벽닭. **악악(喔喔)** : 닭의 울음 소리를 나타내는 말. **종(終)** : 여기에서는 죽음을 의미한다. **혈루(血淚)** : 피눈물.

解義 이 글은 지성(至誠)이면 감천(感天)이란 말을 다시금 생각하게 하는 고사(故事)이다. 도세의 지극한 효성이 숲속의 솔개와 호랑이는 물론이고 하늘까지 감동시킨 이야기가 아름답다.

염의편
(廉義篇)

　청렴결백과 의에 얽힌 미담들로 구성된 것이 이 염의편이다. 청렴결백과 참된 의리는 이미 앞장에서도 그 미덕이 여러 번 강조된, 군자가 반드시 실천해야 할 덕목이었다. 마지막 장에서 다시 한번 그 예화들을 살펴봄으로써 그 참된 의미를 되새겨볼 수 있을 것이다.

1

　인관(印觀)이라는 사람이 시장에서 솜을 파는데, 서조(署調)라는 사람이 곡식으로써 이것을 사가지고 돌아갔다. 이때 솔개가 그 솜을 채가지고 인관의 집에다 떨어뜨렸다.
　인관은 서조에게 이 솜을 되돌려 주며 말하기를 "솔개가 당신의 솜을 내 집에 떨어뜨렸으므로 당신에게 돌려 보냅니다."라고 하였다.
　서조가 말하기를 "솔개가 솜을 채어 당신에게 준 것은 하늘이 한 일입니다. 그러므로 제가 어찌 받겠습니까."라고 하였다.
　인관이 "그렇다면 당신의 곡식을 돌려 주겠습니다."라고 하였다.
　서조가 말하기를 "제가 당신에게 준 뒤에 두 번이나 장이 지났으니 곡식은 이미 당신의 것입니다."라고 하였다.
　이와 같이 두 사람이 서로 사양하다가 그 솜과 곡식을 모두 장에다 버렸다. 장을 맡아 다스리는 관원이 이 사실을 임금께 아뢰니 임금은 이 두 사람에게 다 같이 벼슬을 주었다.

原文 印觀이 賣綿於市할새 有署調者以穀買之以還이러니 有鳶이 攫其綿하야 墮印觀家어늘 印觀이 歸于署調曰鳶 墮汝綿於吾家라 故로 還汝하노라 署調曰鳶攫綿與汝는 天也라 吾何爲受리오 印觀曰然則還汝穀하리라 署調曰吾與

汝者가 市二日이니 穀已屬汝矣니라 하고 二人이 相讓이라가 幷棄於市하니 掌市官이 以聞王하여 並賜爵하니라.

註 인관(印觀)·서조(署調) : 두 사람 다 신라 때 사람으로 청렴하고 의리로 이름난 사람. 시(市) : 시장. 저잣거리 타(墮) : 떨어지다. 귀우서조(歸于署調) : 서조에게 돌려 보내다. 환여(還汝) : 그대에게 돌려 준다. 천야(天也) : 하늘이 시킨 것. 하위(何爲) : 어찌하여. 무슨 연유로. 여(與) : 주다. 곡이속여의(穀已屬汝矣) : 곡식은 이미 그대의 것이다. 상양(相讓) : 서로 양보하다. 병기어시(幷棄於市) : 나란히 함께 장에 버리다. 장시관(掌市官) : 장을 관장하는 벼슬아치. 이문왕(以聞王) : 이것을 임금에게 아뢰다. 병사작(並賜爵) : 나란히 벼슬을 내리다.

解義 이 글은 인관과 서조 두 사람의 청렴결백과 의리 있음을 통해 정도를 가는 사람에게는 반드시 좋은 결과가 있게 마련임을 강조한 것이다.

2

홍기섭(洪夔燮)이 젊었을 때 가난함이 심하여 말로 할 수 없더니, 어느 날 아침에 어린 계집종이 기뻐 날뛰며 돈 일곱 냥을 바쳐 왔다.

"이것이 솥 속에 있었사온데 이만하면 쌀이 몇 섬이요, 나무가 몇 바리입니다. 이것은 하늘이 주신 것입니다."

공이 놀라서 말하기를 "이게 무슨 돈인고?"하며, 곧 돈 잃은 사람은 찾아가라는 글을 써서 대문 위에 붙이고 기다렸다.

이윽고 성이 유(劉)라는 사람이 찾아와 글 뜻을 물었다. 공은 하나도 남김 없이 그 사실을 말하자, 유씨가 말하기를 "남의 솥 속에다 돈 잃을 사람은 없습니다. 이것은 하늘이 주신 것인데 왜 가지지 않습니까?"라고

하였다.

공이 말하였다.

"제 물건이 아닌데 어찌 가진단 말입니까?"

유씨가 꿇어 엎드려 말하였다.

"소인이 어젯밤 솥을 훔치러 왔다가 공의 집안 형편이 매우 쓸쓸함을 도리어 가엾게 여겨 이것을 놓고 돌아갔습니다. 이제 공의 마음이 높고 깨끗하여 욕심이 없음을 보고 감복해서 양심이 움직여 다시는 도둑질을 않기로 맹세하오며 공을 항상 모시기를 원하오니, 걱정 마시고 받아 주십시오."

공이 돈을 돌려주며 "당신이 좋은 사람 된 일은 좋지만, 돈은 가질 수 없습니다." 하며 끝내 받지 않았다.

후에 공은 판서가 되었고 그의 아들 재룡(在龍)은 헌종(憲宗)의 장인이 되었으며, 유씨의 집안도 신임을 얻어 몸과 집안이 크게 번창하였다.

原文 洪蘷燮이 少貧甚無料러니 一日早에 婢兒踊躍獻七兩錢曰此在鼎中하니 米可數石이요 柴可數駄니 天賜니다 公이 驚曰是何金고 卽書失金人推去等字하여 付之門楣而待러니 俄而姓劉者來問書意어늘 公이 悉言之한대 劉가 曰理無失金於人之鼎內하니 果天賜也라 盍取之오 公이 曰非吾物에 何오 劉가 俯伏曰小的이 昨夜에 爲竊鼎來라가 還憐家勢蕭條而施之러니 今感公之廉价하여 良心自發하여 誓不更盜하고 願欲常侍하나니 勿慮取之하소서 公이 卽還金曰汝之爲良則善矣나 金不可取라 하고 終不受러라 後

에 公(공)이 爲判書(위판서)하고 其子在龍(기자재룡)이 爲憲宗國舅(위헌종국구)하며 劉亦見信(유역견신)하여 身家大昌(신가대창)하니라.

註 홍기섭(洪耆燮) : 본관은 남양(南陽), 청렴하기로 이름이 높았으며, 벼슬이 판서에 이르렀음. 무료(無料) : 헤아릴 수 없다. 측량할 수 없다. 일일조(一日早) : 어느 날 아침. 용약(踊躍) : 좋아서 뛰어오르다. 헌(獻) : 드리다, 바치다. 정(鼎) : 솥. 시(柴) : 땔나무. 수태(數駄) : 몇 바리. 천사(天賜) : 하늘이 내리다. 실금인(失金人) : 돈을 잃은 사람. 추거(推去) : 찾아가다. 미(楣) : 문 웃설주. 부지문미(付之門楣) : 문 위에 붙여 놓는 것. 실언지(悉言之) : 빼놓지 않고 다 말하다. 과(果) : 진실로. 합(盍) : 왜 아니의 뜻. 부복(俯伏) : 꿇어 엎드리다. 소적(小的) : 소인(小人). 절정(竊鼎) : 솥을 훔치다. 소조(蕭條) : 매우 쓸쓸한 모양. 여기서는 지극히 가난한 것. 시지(施之) : 베풀다. 연(憐) : 불쌍히 여기다. 가세(家勢) : 집안의 형세. 염개(廉价) : 청렴하고 결백함. 서(誓) : 맹세하다. 갱(更) : 다시. 상시(常時) : 언제나 모시는 것. 위량(爲良) : 선량한 사람이 되는 것. 종불수(終不受) : 끝까지 받지 않다. 국구(國舅) : 부원군. 임금의 장인. 견신(見信) : 신임을 받다. 신가(身家) : 몸과 집안. 대창(大昌) : 크게 번창하는 것.

解義 홍기섭의 청렴결백했던 고사(故事)를 인용해, 하늘은 끝끝내 착하고 정도를 걷는 인물을 버리지 않고 돌보고 이끌어 준다는 점을 강조했다.

3

고구려 평원왕(平原王)의 딸이 어렸을 때 울기를 좋아하여, 왕이 장난삼아 말하였다.

"너를 장차 바보 온달(溫達)에게로 시집 보내겠노라."

그 딸이 자라 상부(上部) 고씨(高氏)에게 시집을 보내려고 했다. 그러자 공주는 "임금으로서 가히 거짓말을 할 수 없다."고 하며 굳이 사양하다가 마침내 온달의 아내가 되었다.

대저 온달은 집이 가난하여 거리로 다니며 빌어다가 그 어머니를 모시니, 그때 사람들이 이를 보고 바보 온달이라고 하였다.
　하루는 온달이 산 속에서 느티나무 껍질을 짊어지고 돌아오니 임금의 딸이 찾아와서 말하였다.
　"저는 바로 당신의 아내입니다."
　공주는 비녀와 장식품을 팔아서 밭과 집과 살림을 장만하여 매우 부유하게 되었고, 말을 많이 길러 온달을 도와 마침내 몸이 영화롭고 이름이 빛나게 되었다.

原文 高句麗平原王之女는 幼時에 好啼러니 王이 戲曰以汝로 將歸于愚溫達하리라. 及長에 欲下嫁于上部高氏한대 女以王不可食言으로 固辭하고 終爲溫達之妻하다. 蓋溫達이 家貧하여 行乞養母러니 時人이 目爲愚溫達也러라. 一日에 溫達이 自山中으로 負楡皮而來하니 王女訪見曰吾乃子之匹也라 하고 乃賣首飾而買田宅器物하여 頗富하고 多養馬以資溫達하여 終爲顯榮하니라.

註 평원왕(平原王) : 고구려의 제25대 임금. 온달(溫達) : 평원왕의 사위. 바보온달의 일화(逸話)로 유명한 인물. 평원왕의 공주와 결혼해 공주의 내조로 많은 무공을 세웠고 널리 후세 사람들에게 알려지고 있음. 호제(好啼) : 울기를 좋아하다. 희(戲) : 희롱하다. 귀(歸) : 시집가다. 우온달(愚溫達) : 어리석은 온달. 하가(下嫁) : 임금의 딸이 아랫사람에게로 시집가는 것을 말한다. 식언(食言) : 거짓말. 고사(固辭) : 굳이 사양하다. 행걸(行乞) : 다니면서 구걸하는 것. 시인(時人) : 그때 사람. 유피(楡皮) : 느티나무 껍질. 방견(訪見) : 찾아와 보다. 내(乃) : 곧, 바로. 자(子) : 여기서는 그대의 뜻. 필(匹) : 짝. 오내자지필야(吾乃子之匹也) : 나는 바로 그대의 짝이다. 수식(首飾) : 머리를 장식하는 물건들. 파(頗) : 매우, 아주. 자(資) : 도움을 주는 것. 현영(顯榮) : 이름을 이루고 몸이 크게 영

달(榮達)함.

[解義] 바보 온달과 평강공주의 이 일화는 너무도 유명하여 오늘날에도 모르는 사람이 없을 정도이다. 고구려 평원왕의 딸은 매우 총명하고 도의심이 강했던 모양으로 명문인 상부 고씨의 집안으로 시집 보내려 했으나 이를 거절하고 마침내 온달의 아내가 되었다.

아버지인 평원왕의 말을 식언으로 만들지 않기 위해서 자신이 직접 온달을 찾아가서 그의 아내가 된 것을 보아도 공주가 얼마나 대단한 인물이었는지 알 만하다. 공주는 그 뒤 온달을 도와서 집안을 일으키고, 그로 하여금 무예를 익히게 하고, 무공을 세우게 함으로써 이름을 빛나게 했다. *World Best*

Hye Won World Best

Hye Won World Best